文学阅读与细读

安徽省高等学校『十三五』规划教材

方习文 著

北京师范大学出版集团
安徽大学出版社

图书在版编目(CIP)数据

文学阅读与细读/方习文著.—合肥:安徽大学出版社,2018.8(2023.8重印)
ISBN 978-7-5664-1660-5

Ⅰ.①文… Ⅱ.①方… Ⅲ.①文学欣赏 Ⅳ.①I06

中国版本图书馆 CIP 数据核字(2018)第 160248 号

文学阅读与细读

方习文 著

出版发行:	北京师范大学出版集团 安 徽 大 学 出 版 社 (安徽省合肥市肥西路 3 号 邮编 230039) www.bnupg.com www.ahupress.com.cn
经　　销:	全国新华书店
印　　刷:	合肥远东印务有限责任公司
开　　本:	710 mm×1010 mm　1/16
印　　张:	16.25
字　　数:	223 千字
版　　次:	2018 年 8 月第 1 版
印　　次:	2023 年 8 月第 4 次印刷
定　　价:	43.00 元

ISBN 978-7-5664-1660-5

策划编辑:张　锐		装帧设计:李　军	
责任编辑:张　锐　刘婷婷　章亮亮		美术编辑:李　军	
责任印制:陈　如			

版权所有　侵权必究

反盗版、侵权举报电话:0551－65106311
外埠邮购电话:0551－65107716
本书如有印装质量问题,请与印制管理部联系调换。
印制管理部电话:0551－65106311

目 录

开场白 …………………………………………………………… 1

与阅读有关的几个问题 ………………………………………… 11

 01 什么是阅读 ………………………………………………… 13
 02 阅读什么 …………………………………………………… 17
 03 阅读的准备 ………………………………………………… 24

汉语语言文字的特点 …………………………………………… 29

 01 汉字的特点 ………………………………………………… 33
 02 汉语语言观念 ……………………………………………… 36
 03 汉语表达与组合 …………………………………………… 46

词义与语义的解悟 ……………………………………………… 53

 01 咬文嚼字 …………………………………………………… 56

02 语境与语义 ……………………………………… 66
　　03 言外之旨 ………………………………………… 75

文学的形式美 …………………………………………… 85
　　01 "说什么"与"怎么说" …………………………… 89
　　02 汉语文学的形式美 ……………………………… 92
　　03 有意味的形式 …………………………………… 107

文本细读的传统 ………………………………………… 111
　　01 孔子与《诗经》 ………………………………… 113
　　02 细读与"微言大义" ……………………………… 121
　　03 细读与感悟 ……………………………………… 127
　　04 细读与评点 ……………………………………… 135

细读方法举隅——还原法 ……………………………… 139
　　01 还原作品 ………………………………………… 142
　　02 聚焦形象 ………………………………………… 146
　　03 走进情境 ………………………………………… 153

细读方法举隅——个性化阅读 ………………………… 159
　　01 个性成长 ………………………………………… 161
　　02 独立判断 ………………………………………… 165
　　03 批判思维 ………………………………………… 170
　　04 自我发现 ………………………………………… 175

细读方法举隅——比较对照阅读 ………………………… 179

　　01　发现异同 ………………………………………… 182
　　02　揭示承变 ………………………………………… 188
　　03　洞悉因果 ………………………………………… 192
　　04　比较中外 ………………………………………… 196

细读方法举隅——知人论世 ……………………………… 203

　　01　人物品鉴 ………………………………………… 207
　　02　作品品读 ………………………………………… 214
　　03　作家品评 ………………………………………… 218

细读的尺度 ………………………………………………… 227

　　01　求究本义 ………………………………………… 232
　　02　感知整体 ………………………………………… 237
　　03　尊重文学 ………………………………………… 240
　　04　细辨"人""文" …………………………………… 246

开场白

　　读书如同一个人的成长,它是一个渐进的过程,拔苗助长则欲速而不达。应该经历的东西还是要去经历,这是人生必不可少的历练。用哲学话语说,人要在实践中不断摸索成长。

为什么在汉语言文学专业大一新生中,开设《文学阅读与细读》这门课程,其主要目的有三个。

第一,培养阅读兴趣与习惯。

随着信息化技术的发展和智能化浪潮的来临,传统意义上的阅读价值观与阅读方式受到挑战,阅读能给我们带来什么?我们是否还需要阅读?我们应该怎样阅读?这些已经成为当下讨论阅读绕不开的新话题。应该承认,今天有很多人不怎么读书,或者说读书不多。对于一般人我们也许难以作硬性要求,但是对于专业人士,我们还是应该有高要求。汉语言文学专业的学生要对阅读充满兴趣,要有很好的阅读习惯,其重要性无须作更多的强调。只要是在文史方面取得一定成就的、从事文教工作比较得心应手的人,大多博览群书,坚持读书与思考。黄山谷说:"人不读书,则尘俗生其间,照镜则面目可憎,对人则语言无味。"他们对于读书求知的自我要求与境界很高。当然,一个人对于一件事物的兴趣,对于一种行为的习惯养成,也不是天生就形成的,而是后天不断培育的结果。培养阅读的兴趣与习惯也是如此。子曰:"学而时习之,不亦说乎?"只要坚持去学习,就会慢慢体会到其中的快乐与愉悦。

公民读书的问题早就引起有识之士的关注。1995 年,联合国教科文组织确定每年 4 月 23 日为"世界读书日",其宗旨是希望散居在全球各地的人们,无论是年老还是年轻,无论是贫穷还是富有,无论是患病还是健康,都能享受阅读带来的乐趣,都能尊重和感谢为人类文明作出巨大贡献的文学、文化、科学、思想大师们,都能保护知识产权。

确定4月23日作为"世界读书日",是因为4月23日是西班牙作家塞万提斯的忌日,也是加泰罗尼亚地区大众节日"圣乔治节",这一天也是莎士比亚去世的纪念日。每年的这一天全世界都会举行各种形式的纪念与庆祝活动。

第二,多读原著尤其是读经典才是正门捷径。

什么是原著?原著即最初的著作。一般而论,译本、缩写本、删节本、改编本以及以原著为基础生成的其他文本,严格意义上说都不是原著。所以读书还要有一点版本学的知识,不能随便找一本书就读。

什么是经典?顾名思义就是能够流传后世的佳作,是典范性、权威性、影响性的著作。中国古代文化将书籍分为"经史子集"四大类,既是类型划分,也包含价值判断。

原著是从作品的存在属性方面而言的,经典是从作品的价值与影响方面而言的。读原著一定比读其他转化性的文本更重要、更专业。读经典自然要读经典原著。这些都是阅读需要注意的问题。

博览的好处,如《文心雕龙》的作者刘勰所言:"凡操千曲而后晓声,观千剑而后识器;故圆照之象,务先博观。"你把原著读了,经典读了,自然会有感同身受的看法和独立的判断,专业能力想不提高都难,当然这也需要时间。毛泽东说:"你要知道梨子的滋味,你就得变革梨子,亲自吃一吃。"强调要在体验与实践中去认识世界与事物。他进一步强调:"没有调查,就没有发言权。"从阅读的角度看,有没有阅读,有没有深入体会与思考,决定人的见识与感受是否与众不同。

很多人常常对文学表达看法,甚至议论文学作品中的人物,这些人中不乏级别很高的学者,很多思想与见识说起来头头是道,但有些也是高谈阔论,泛泛而谈,有时也经不住内行人的推敲,里面甚至包含一些常识性错误。没有看过《红楼梦》这部经典,单凭看影视剧,或者看了书的某个章节片段,或者从别人那里道听途说,就敢大谈"红学",那就有点缺乏自知之明,甚至有点不负责任了。老老实实的做法就是花时间,静心多读原著与经典。

第三,逐步提高专业性的阅读能力。

一部作品,读过以后怎么理解,怎么分析,怎么判断,这叫解读。一般人也阅读文学作品,有些人的阅读兴趣很浓,阅读量很大,但是其阅读并不专业。专业的学习是既要知其然还要知其所以然。阅读有什么规律,解读有什么方法,这些都是需要指导与训练的。

《红楼梦》中有一段"香菱学诗"的故事,写香菱爱诗、迷诗乃至入魔、终有长进的成长经历。香菱的进步固然与自身的喜爱、悟性、迷恋、勤奋有关系,但是得"名师"指点却是其进步不容忽视的重要原因。这位"名师"就是林黛玉。林黛玉为什么可称为名师呢?第一,她有一套因材施教的办法,既抓住香菱爱诗、好学、勤奋、聪慧的特点,同时又严格要求,不急于求成、拔苗助长。第二,她知道什么样的诗歌才是真正的好诗,而要做到这一点,就要做到"循序渐进",所谓"苟日新,日日新,又日新",要有看得见的进步。黛玉就是按照写作和阅读规律来逐步推进的,是按照"好诗"的标准引导香菱渐入佳境。她教香菱"学会阅读",在阅读中感悟,在写作中反思。怎么阅读呢?黛玉显然很懂行,读书先读什么,后读什么;读哪些诗歌,怎么懂得诗歌好在何处?

> 且说香菱见过众人之后,吃过晚饭,宝钗等都往贾母处去了,自己便往潇湘馆中来。此时黛玉已好了大半,见香菱也进园来住,自是欢喜。香菱因笑道:"我这一进来了,也得了空儿,好歹教给我作诗,就是我的造化了!"黛玉笑道:"既要作诗,你就拜我作师。我虽不通,大略也还教得起你。"香菱笑道:"果然这样,我就拜你作师。你可不许腻烦的。"黛玉道:"什么难事,也值得

去学！不过是起承转合，当中承转是两副对子，平声对仄声，虚的对实的，实的对虚的，若是果有了奇句，连平仄虚实不对都使得的。"香菱笑道："怪道我常弄一本旧诗偷空儿看一两首，又有对的极工的，又有不对的，又听见说'一三五不论，二四六分明'。看古人的诗上亦有顺的，亦有二四六上错了的，所以天天疑惑。如今听你一说，原来这些格调规矩竟是末事，只要词句新奇为上。"黛玉道："正是这个道理，词句究竟还是末事，第一立意要紧。若意趣真了，连词句不用修饰，自是好的，这叫做'不以词害意'。"香菱笑道："我只爱陆放翁的诗'重帘不卷留香久，古砚微凹聚墨多'，说的真有趣！"黛玉道："断不可学这样的诗。你们因不知诗，所以见了这浅近的就爱，一入了这个格局，再学不出来的。你只听我说，你若真心要学，我这里有《王摩诘全集》你且把他的五言律读一百首，细心揣摩透熟了，然后再读一二百首老杜的七言律，次再李青莲的七言绝句读一二百首。肚子里先有了这三个人作了底子，然后再把陶渊明，应玚，谢，阮，庾，鲍等人的一看。你又是一个极聪敏伶俐的人，不用一年的工夫，不愁不是诗翁了！"香菱听了，笑道："既这样，好姑娘，你就把这书给我拿出来，我带回去夜里念几首也是好的。"黛玉听说，便命紫鹃将王右丞的五言律拿来，递与香菱，又道："你只看有红圈的都是我选的，有一首念一首。不明白的问你姑娘，或者遇见我，我讲与你就是了。"香菱拿了诗，回至蘅芜苑中，诸事不顾，只向灯下一首一首的读起来。宝钗连催他数次睡觉，他也不睡。宝钗见他这般苦心，只得随他去了。

（曹雪芹《红楼梦》）

黛玉作为一位老师，其高明之处就在于施行了符合教育规律的方法。

她的以下几点做法依然具有现实意义。第一是因材施教,激发动力。第二是注重方法,循序渐进。第三是严格要求,民主管理。这其中就包含读书的方法。读谁的书,先读什么后读什么,哪些是基本阅读,哪些是延伸阅读,哪些精读,哪些泛读,这些阅读安排既符合香菱的实际,也符合文学阅读和创作打好基础、逐步提升的规律。

文学史中常常有很多有趣的争论。

> 闲居少邻并,草径入荒园。
> 鸟宿池边树,僧敲月下门。
> 过桥分野色,移石动云根。
> 暂去还来此,幽期不负言。

(贾岛《题李凝幽居》)

贾岛初次前往京城参加科举考试,一天他在驴背上想到了两句诗:"鸟宿池边树,僧推月下门。"又想着用"敲"字来替换"推"字,反复思考没有定下来,便在驴背上持续吟诵,并伸出手来做着推和敲的动作。当时韩愈临时代理京城事务,正带车马出巡。贾岛不知不觉走到韩愈仪仗队的第三节,还在不停地做推敲的手势,于是一下子就被韩愈的侍从推搡到韩愈面前。当韩愈知晓贾岛是因为作诗不确定用"推"字好还是用"敲"字好,而忘了回避时,便停下车马思考了好一会儿,对贾岛说:用"敲"字好。因为月夜访友,即使友人家门没有闩,也不能莽撞推门,敲门表示你是一个懂礼貌的人,而且更能衬托出月夜的宁静,读起来也响亮些。两人并排骑着驴马,一同谈论作诗的方法,彼此舍不得离开,共处好几天。"推敲"这个词汇由此而来。

唐代诗人杜牧有一首诗《江南春》:"千里莺啼绿映红,水村山郭酒旗风。南朝四百八十寺,多少楼台烟雨中。"有人就说,千里莺啼绿映红。千里,谁看得见,谁听得见,不如改成"十里"。鲁迅先生有一篇散文叫《秋夜》,开篇第一句话是:"在我的后园,可以看见墙外有两株树,一株是枣树,还有一株也是枣树。"这是一种很特别也很新颖的表达,这是废话还是独特,需要作专业性分析与评价。

围绕"读",要解决三个问题:第一是爱读,第二是真读,第三是会读。

《论语》中记载这样一件事情。陈亢问伯鱼:"你在老师那里听到过什么特别的教诲吗?"陈亢是孔子的学生,伯鱼是孔子的儿子。陈亢问这句话是别有用意的,他想知道孔子对儿子的教育和对学生的教育是不是有不同,是否内外有别。伯鱼回答说:"没有呀。有一次他独自站在堂上,我快步从庭里走过,他说:'学《诗》了吗?'我回答说:'没有。'他说:'不学《诗》,就不懂得怎么说话。'我回去就学《诗》。又有一天,他又独自站在堂上,我快步从庭里走过,他说:'学礼了吗?'我回答说:'没有。'他说:'不学礼就不懂得怎样立身。'我回去就学礼。我就听到过这两件事。"陈亢回去高兴地说:"我提一个问题,得到三方面的收获,听了关于《诗》的道理,听了关于礼的道理,又听了君子不偏爱自己儿子的道理。"

这件事值得我们体味孔子为人处世的特点:内外无别,一视同仁。从教育上看,孔子重视阅读经典,尤为重视在阅读中得到什么。

读书如同一个人的成长,它是一个渐进的过程,拔苗助长则欲速而不达。应该经历的东西还是要去经历,这是人生必不可少的历练。用哲学话语说,人要在实践中不断摸索成长。

那么阅读和一个人的成长有什么关系呢?简单地说阅读就是启蒙开智,开阔视野,丰富阅历,健全心智。一个人在现实世界中要启蒙开智,需要有好家长、好老师和好朋友,但随时随地具备这样的条件是很难的。要开阔视野,我们就要到处游历,可是无论怎么游历,空间、时间、经历与经济是有限的,更重要的是,我们不可能到达过去或者未来的某个地方,所以无论如何努力,视野开阔都是有限的。一个人的一生无论阅历怎么变化,其实还是简单的生活、工作而已。而更重要的是,人的心智健全是需要培育与修炼的,人生的真相其实唯有"苦短"二字,而读书则是解决人生问题的有效形式。

学者止庵原毕业于医学专业，没有经过专门的中文教育，四十岁以后才开始做一个读书人。谈到读书，他说过这样一段话：

> 读书的意义就在于和一个作者的交流。因为书里面装着一个作者的灵魂，他辛辛苦苦写书，实际上是在把自己生命中的一部分搬出来，做了这么一个东西。这个作者死了，他希望这本书能活得长一点，能有更多他不相识的人遇到这本书，能跟这本书里面的他有所交流，这对他来说就是他生命的延续。当然有一天这本书也死了，那这人就彻底死掉了。读书给我们的作用就在于，它给我们一种潜在的、更多的知识。如果我们接受这么一种人生观，读书对我们就是有用的：这就是法国作家加缪说的，重要的不是活得最好，而是活得最多。我觉得读书其实是使我们活得最多的一种最好的方式。比方我们读一本小说，小说里有个人物，他活了一辈子。我自己本来活一辈子，我读完它，又多活了一辈子，再读完那本，又多活了一辈子。这样一个人就可以活得很多。但是如果我什么都不知道，我就只活了自己一辈子，区别就在这里。所以这标志着两条路，愿不愿意活得更多，才能谈到能有什么作用。
>
> 我们读书时也常常会叹为观止，确实觉得有些人在某些地方写得非常好，有的是你能想到的，有的是你想不到的。其实我们读书还是想在世界上见一点高人，我们还是嫌周围的人不够高。也许我们成天见的人都面目可憎，但只要读书，一会孔子来了，一会庄子来了，一会卡夫卡来了，你的生活就会很丰富。其实我们读书不就是为了这个？
>
> （止庵《读书是为了遇见高人》）

思考与练习

一、以"阅读的现状"为题,撰写一篇文章。

二、读书对于人生究竟有什么意义与价值?

三、整理材料,并讲述一个"……读书"的故事。

与阅读有关的几个问题

广义的阅读,其实是接受信息的一种形式。每一个人都是通过阅读和这个世界打交道的。狭义的阅读,可以依据阅读的目的与性质作具体界定。

广义的阅读,其实是接受信息的一种形式。每一个人都是通过阅读和这个世界打交道的。狭义的阅读,可以依据阅读的目的与性质作具体界定。阅读,这种人人都习以为常的行为,有没有一些特殊的规律可寻呢?如果作更深入的思考,我们会发现这是一个很有意思的问题。

01
什么是阅读

研究阅读,就是研究"阅读者"与"阅读物"之间的关系,尤其是要研究与阅读行为相关的现象。

阅读行为最直观的一个表现就是用眼睛去看。

失明的人无法用眼睛阅读,但是善良的人们发明了盲文,解决了盲人的阅读问题,很多盲人借此可以阅读,可以接受教育,有些人甚至成了伟大的文学家。据说《荷马史诗》的作者就是一位盲人。美国女作家海伦·凯勒也是一位伟大的作家,她就是在艰难的环境下阅读、思考与写作的,《假如给我三天光明》就是她的代表作。她在文章中写道,拥有一双眼睛是多么幸福的一件事。在感官的世界中,视觉是最令人赏心悦目的。不过她也告知我们,"也许人类的悲哀便在于此,拥有的东西不去珍惜,对于得不到的却永远渴望。""读一本好书就是与一颗伟大的心灵对话。""你一定也想让目光停留在你珍爱的东西上,以便在黑暗即将来到之前把它们一一记住。"这些失明的文学家用他们的文字证明,人的高贵人格和人类的精神追求与这个人身体是否健全无关。

眼睛本来就是用来看东西的。只要睁开眼睛,这个世界就扑面而来。人会根据眼睛的观察作出反应、认知与判断,实施各种行为。《兰亭集序》写到"游目骋怀",就是用眼睛欣赏自然山水。如果我们撇开阅读动机、阅读期待不谈,单就阅读行为本身而论,就有一个值得思考的问题:欣赏眼前的一片风景与阅读捧在眼前的一本书,到底有什么不同?

阅读可以有多种不同的方式。一般人阅读喜欢静坐静读。阅读既要有书可读,又要有时间读书,环境最好安静。但是如果没有充裕的时间,又要坚持读书怎么办?欧阳修有"三上"读书法:马上、枕上、厕上。"马上"是指骑在马上看书,类似于今天有些人利用乘坐交通工具的时间看书。这些人不仅是热爱读书的人,也是充满智慧的人。很多人抱怨生活忙忙碌碌,没有时间读书,其实有些时间是可以利用的。又看了书,又打发了枯燥无味的时光,一举两得,不失为可敬而聪明的做法。"枕上"是指睡觉前看书,那时安静,看书能让自己放松,阅读效果很好。人每天都要睡觉,睡前利用一点时间看书,日积月累阅读量也是可观的。"厕上"就是指利用上厕所的时间看书。大学者钱钟书先生就有这个习惯,据说他就是利用上厕所的时间看完《二十四史》的。当然阅读还有很诗意的方式,明月清风,红袖添香,倒不像读书,而像一种仪式,一种诗意化的生活。从这个角度看,阅读不只是读书,而是与一个人的生活习惯、情趣包括行为方式有关。

一般人习惯无声阅读,不打扰别人,也不喜欢别人打扰。不过,要求不一样,习惯不一样,读书就会有很多不同的读法。譬如中小学生在晨读课上就是眼睛盯着课文,嘴里发着声音,文字看到哪儿,声音同步诵读到哪儿。这时的阅读是伴随着声音的,所以,阅读不光用眼睛看,还可以用声音去诵读。甚至还有人有一种习惯,就是伴随着声音去读书,虽然有时候不一定发出很高分贝的声音。我们还可以伴随其他因素阅读。譬如语文课,老师可以一边讲,你可以一边听,一边看书,其实不少同学,未必预习过新课文,阅读是在老师的指导、讲解、训练等方式下完成的。

还有,我们听一个人讲故事,我们看一本图文并茂的小人书,我们观看由文学著作改编的电影、电视剧,譬如《西游记》《红楼梦》,是不是也是一种阅读呢?严格来说,这也是文学阅读的一种形式。只是阅读到了一定阶段,或者具备一定条件,就强调最好要直接读原著与经典。但是因为各种原因,接触文学的形式与手段从来就不是单一的,而是有着丰富多彩的形式。

譬如讲故事就是一种很古老、很普遍同时很重要的文学传播形式。

说它很古老,是指在文字还没有发明之前,或者说在公众文化程度不高的时代,很多知识、很多文学都是口耳相传的。很多民族的神话、传说都是通过口语方式保留下来的。中国小说的发展与繁荣,也是与口语文学密切相关的。譬如长篇小说,是沿着宋代话本形式逐渐演变发展的。话本就是说书人的底本,后来有人觉得这个话本可以单独作为阅读文本,不需要到茶楼酒肆去听说书,话本可以随时读,随时看,还可以收藏。于是口语、书面语分化了。说书人依然存在,说书人的好本子也可以印成书面文本。不过从章回体、从每一章结束都要说"欲知后事如何,且听下回分解"依然可以看到话本的痕迹。

说它很普遍,是指小孩子在识字启蒙之前,幼儿的文学教育都是通过讲故事来实现的。从声音到图画再到文字,一步一步地推进,概莫能外。通过讲故事交流、休闲,依然是日常交往中常见的方式,会讲故事的人是深受欢迎的,讲故事依然作为一种职业。广播中,依然有广播评书,电视中有电视评书。

说它很重要,主要是指声音、直观的各种形象包括影像都是文学存在的方式与传播的手段。从这一点来说,今天的文学存在方式更加多样化。它可以是声音,可以是影视作品,甚至可以是数字化产品,包括网络文学、动漫、游戏、广告、流行歌曲等多媒体形态。这些现象其实都是阅读行为的一部分,这其中有很多问题值得大家进一步思考与研究。譬如口语文学、书面文学到底有什么不同,它们之间到底有什么关系;譬如网络文学、网络文学阅读和传统的书面文学、书面文学阅读到底有什么不同,它们之间到底有什么关系,这些都值得深入思考。

古代并没有"阅读"这个词汇,而是用很多单音节字如"观""品""读"等来表示今天"阅读"的意思,但每一个字推敲起来意思并不一样。刘勰《文心雕龙·知音》中说:"夫缀文者情动而辞发,观文者披文以入情;沿波讨源,虽幽必显。世远莫见其面,觇文辄见其心。"连续用"观""披""觇",形象生动地说明阅读的特点。简单理解,阅读的"阅",是无声地看,阅读的"读"是有声地看。由此看出,古人读书是注重诵读的,语文课让学生有声诵读其实还是这个传统的延续。

根据目的与功能不同,可以将阅读方法划分成以下四种情况。

第一种是信息式阅读法。这类阅读的目的只是为了了解情况。我们阅读报纸、广告、说明书等属于此类。对于大多数这类资料,读者应该使用一目十行的速读法,眼睛像电子扫描仪一样在文字间快速浏览,及时捕捉自己所需的内容,舍弃无关的部分。任何人想及时了解当前形势或者研究某一段历史,速读法是必不可少的,然而,阅读是否需要中断、精读或停顿下来稍加思考,应视所读的材料而定。

第二种是文学作品阅读法。文学作品除了内容之外,还有修辞和韵律上的意义。因此阅读时应该非常缓慢,自己能听到其中每一个词的声音,不要偷懒而不动嘴唇,例如读"压力"这个词时,喉部肌肉应同时运动。阅读诗词更要注意听声音,即使是一行诗中漏掉了一个音节,也能听得出来。阅读散文要注意它的韵律,聆听词句前后的声音,还需要从隐喻或词与词的组合中获取自己的感知。文学家的作品，唯有充分运用这种接受语言的能力，才能汲取他们的聪明才智、想象能力和写作技巧。

第三种是经典著作阅读法。可以用这种方法来阅读哲学、经济、军事和古典著作。阅读这些著作要像读文学作品一样放慢速度，读者的眼睛经常要离开书本，对书中的一字一句细加思索，捕捉作者的真正用意，从而理解其中深奥的哲理。值得注意的是，如果用经典著作阅读法阅读文学作品，往往容易忽略文学作品的特色。

第四种是麻醉性阅读法。这种阅读只是为了消遣。如同服用麻醉品那样使读者忘却了自己的存在，飘飘然于无限的幻想之中。这类读者一般对自己的经历和感受不感兴趣，把自己完全置身于书本之外。

这门课讲"阅读"，主要还是研讨阅读书面文学的行为。这是最普遍、最主流化，也是最基本的行为。

02
阅读什么

因为阅读的对象是语言文字，那么，语言文字在哪里呢？大家会说在"书"中，所以阅读又叫读书。但是，再追问一句"什么是书"或者"书是什么呢"，这个看似简单的问题一下子就变得复杂起来。我们今天讲的"书"，其实就是用纸质作为材料的印刷品，包括书籍、报纸、杂志等。这个不难理解。但是展示语言文字的载体其实很多，只要能够雕刻、印刷的材料，都可在上面看见语言文字。只要是作为"被看"对象的物体，都可能是语言文字书写的载体，里面的语言文字都可能吸引人们的注意。

古代"刻木记事"，符号就是刻在木头上的，后来符号刻在龟甲兽骨上，叫"甲骨文"，再后来符号刻在青铜器上，叫"铭文"。还有刻在石头上、山崖上、墓碑上的。春秋战国时的文字写在竹简木片上。"韦编三绝","韦"就是指串联竹简的牛皮筋。后来出现"帛书",将文字写在白色的绢布上。当然造纸术发明后,纸质的文献就出现了。

今天的"书"出现了新的形式,电脑屏幕、手机屏幕、移动电子阅览器成为书的新的载体。这些现象说明语言文字以不同的方式存在于我们生活的各种空间。这些语言文字存在的方式会导致阅读方式的不同。

这里要提出一个重要概念:文本。

一张报纸,一本杂志,一部图书,这些都是具有意义与价值的载体,是一种"文本",即被看的对象。

市场上,有各种版本的《红楼梦》供人们选择,它们都是一种文本。人们为什会关注这些版本?是因为它和《红楼梦》的内容之间存在密切关系。会读书的人,对于"书"是很讲究的。我们讲一本书质量好,不是简单讲这本书出版质量好,不是盗版书,而是指它的内容准确、真实、可信。虽然一本书经过很好的设计和印刷,本身就具有欣赏甚至收藏价值,但是从性质上说,它依然是一种载体、一种外壳,即"第一文本",这就像人穿在身上的衣服一样。

什么是"第二文本"呢?语言文字形成的具有完整、独立价值与意义的作品是"第二文本",这就像衣服里包裹的生命体才是完整、独一无二、真正具有意义与价值的存在。这是我们阅读的真正对象与目标。一本书,如果束之高阁,或者堆放在仓库里,那么它和其他商品、货物其实没有什么差异。我们讲很多文章没有价值,不值得看,就说一堆废纸,甚至说制造文字垃圾。这些都是对"第二文本"的评价。所以,"第二文本"也可以说是我们面对的本体。

"文本"问题是一个重要的问题,也是一个复杂的问题。有两点需要特别强调。

第一,不是所有的书都可以随便拿来阅读。"第一文本"也是需要考究的，就像会打扮的人不会乱穿衣服。反过来，"衣服"也是认识这个人的一个重要信息。"闻香识人"，以貌取人，也是有一定道理的。这里牵涉到文献学、版本学的问题。这些都是一门独立的学问，希望大家不要忽视这个问题，不过这不是我们目前关注的重点。

第二，虽然我们面对的是"第二文本"，也就是一部具体的文学作品，但是要进行阅读与解读，就要围绕"第二文本"，具有系统性的"文本结构意识"。系统性的"文本结构意识"表现为"第二文本"是处在"第一文本"甚至更复杂的情境中，不是孤立存在的。同时，"第二文本"也是由很多"小文本"与"主体性文本"组合而成的，它们都和人们要阅读的文学作品有着密切的联系。为了进一步说明这个问题，这里举一个例子。

《狂人日记》是鲁迅的第一篇白话小说，是现代中国新文学的第一篇杰出作品，具有里程碑的价值与意义。你要读《狂人日记》，你会想在哪里才能找到这篇小说。这时候，你其实在寻找"第一文本"，找到"第一文本"才能接触"第二文本"。找到"第一文本"主要有三种形式：第一种是《狂人日记》写于1918年4月，发表于1918年5月15日出版的《新青年》杂志。你要找到这份杂志。第二种是这篇小说后编入鲁迅小说集《呐喊》。你要找到这部小说集。第三种是"文选"，就是各式各样的"作品选"。

这几种"文本"都会提供《狂人日记》这篇小说，但是，实际上，你得到的阅读信息与阅读感受是什么样的？譬如1918年5月15日出版的《新青年》杂志上的《狂人日记》，还是竖排繁体的，挤在很多文章中间。你会想，这篇小说为什么会发表在这份刊物上？这是一份什么样的刊物？它和这篇小说有什么关系？你的阅读与解读有了新的认知角度。我曾经写过一篇文章《〈狂人日记〉是如何被催生的？》就是从这个角度思考的。因为鲁迅说，这篇小说是在和几位朋友探讨问题时，朋友建议他何不将自己的意见发表出来，鲁迅就写了这篇小说，然后还补了一句"从此以后一发而不可收"，居然成了小说家。我的疑问是：鲁迅为什么要写小说而不是诗歌、散文、政论体之类，为什么要塑造"狂人"这个形象，为什么要发表在《新青年》上。我详细考察了当时与鲁迅有关的当事人、鲁迅与《新青年》之间的关系，进一步弄清楚当时发生的事情。运用的主要方法就是关注"第一文本"与"第二文本"之间的影响关系。

那么"第二文本"又有什么特征呢？

文本一般由标题、作者、正文构成。标题其实只是作品的名字；作者就是告诉你这是谁写的，是谁的作品；正文才是你要阅读的主体部分。有些人阅读马虎，不太关注"标题"及"作者"，规范阅读包括专业性阅读，则十分重视这几个方面的内在联系。

标题里面有大学问。《红楼梦》其实有很多名字，比如《石头记》《脂砚斋重评石头记》《情僧录》《风月宝鉴》《金陵十二钗》《还泪记》《金玉缘》等。《红楼梦》为什么有这么多名字？这里面有很多值得探讨的东西。《阿Q正传》，"正传"本来和"正史"一样，是真实客观记录的人物传记。阿Q本来就是小说虚构的人物，怎么会有"正传"，鲁迅在小说的一开始，交代为什么写阿Q这个人物时，带有一点调侃的味道。他说"言归正传"，"正传"的意思和"言归正传"的"正传"意思是不一样的。鲁迅这么处理，是别有用意的。杜甫的诗歌《蜀相》《春夜喜雨》，前者告诉我们，他写的蜀相是诸葛亮，是参观武侯祠有感而发；后者告诉我们季节、时间、触景生情的对象以及心情，对于理解正文十分重要。所以，一般文学作品都有非常明确的标题，告诉人们写作时的信息或者作品中的信息。值得注意的是，有的作品有标题，但是意义含糊，有的直接用"无题"代替。"无题"并不是作者不想命名，而是有意为之。这和有些人写文章，文章写完了才随意弄一个标题不同。那他为什么用"无题"呢？这恰恰就营造了还没有阅读原文就留下一个巨大的疑问这样一种情境。唐代李商隐有一组"无题诗"，怎么理解、怎么解读，至今还在探讨和争论。大家知道《诗经》，原来名字叫《诗》或者《诗三百》，《论语》中都是这样指称的。后来在后面加一个"经"

字叫它《诗经》。中国古典文献分为"经史子集",以"经"居首,而"经书"之首又是《诗经》,《诗经》实际上是一部文学作品,怎么就变成了"经"?这些都是值得思考的问题。

有人也许觉得"作者"不是很重要的信息,只是表明作品是谁写的。有人甚至认为,人名不重要,关键看作品好不好,所以很多人看书,记不住作者的名字。其实作者的名字是很重要的信息,因为它向读者表明了作品的创作者是谁,并指向作者的关注点,即这个人和作品到底有什么关系。

"作者"的形式有时候很特殊。譬如《诗经》是周王室为了了解社会情况,让采诗官到民间采风,汇编而成的。这三百多首到底是谁写的?采诗官是不是作了润色?这些问题对于理解每一首诗歌都很重要。但是这些信息都丢失了,所以对《诗经》中的诗歌如何理解,到今天仍有争论。如果作者身份更明确一些,或者作者具体信息更多一些,也许争议会少很多。古代学者提出"诗无达诂",也许和《诗经》的这种现象有关。

古代作者的人名是十分复杂的一门学问,因为一个作者名字很多。譬如宋代文豪欧阳修:姓欧阳,名修,字永叔,号醉翁、六一居士,谥号文忠,世称欧阳文忠公,死后又不断被追封更名。譬如韩愈,他的文集叫《韩昌黎集》,"昌黎"是他的世称。杜甫的文集叫《杜工部集》,"工部"是他的官名,杜甫曾任检校工部员外郎,因而得名。了解这些知识,都是专业阅读的一部分。

有的文本作者存在争议。譬如《金瓶梅》作者是"兰陵笑笑生",这个人是谁,今天依然不确定。《红楼梦》作者,前八十回是曹雪芹,后四十回是高鹗,实际情况是否如此,今天依然存在争论。到了现代,作者有了"笔名"。"鲁迅"就是周树人的笔名,现在大家一般用这个笔名称呼他,很多人不知道他的真实姓名。鲁迅写《阿Q正传》时,笔名是"巴人",很多人以为作者是一位四川人,来自今天四川东部、重庆一带,其实"巴人"是指

"下里巴人"中的"巴人",用以表明自己的作品通俗,也带有自谦的意思。这篇小说最初就是发表在《晨报副刊》"开心话"栏目,的确是通俗好玩的作品。因为是连载,所以《阿Q正传》的章节也是根据报纸版面设计的。可见,从笔名到文字内容,到篇章结构,与它发表时的情况都有内在关系。

如此说来,文章标题或者作品名称、作者署名,都是借以进一步了解正文的重要信息,是不能轻易忽视的。当然,阅读与解读的主要对象是我们称之为"第二文本"的主体性部分,也就是"正文"部分。

值得注意的是,在作品的正文部分中可能会存在"文本套文本"的现象,这就形成非常复杂的结构,当然也就包含着非常复杂的意义。举鲁迅《狂人日记》的例子来说明这一问题。

先从外观来看这个文本的开始部分。

> 某君昆仲,今隐其名,皆余昔日在中学时良友;分隔多年,消息渐阙。日前偶闻其一大病;适归故乡,迂道往访,则仅晤一人,言病者其弟也。劳君远道来视,然已早愈,赴某地候补矣。因大笑,出示日记二册,谓可见当日病状,不妨献诸旧友。持归阅一过,知所患盖"迫害狂"之类。语颇错杂无伦次,又多荒唐之言;亦不著月日,惟墨色字体不一,知非一时所书。间亦有略具联络者,今撮录一篇,以供医家研究。记中语误,一字不易;惟人名虽皆村人,不为世间所知,无关大体,然亦悉易去。至于书名,则本人愈后所题,不复改也。七年四月二日识。

> 一

> 今天晚上,很好的月光。

> 我不见他,已是三十多年;今天见了,精神分外爽快。才知道以前的三十多年,全是发昏;然而须十分小心。不然,那赵家的狗,何以看我两眼呢?

我怕得有理。

二

……

阅读者就是从第一个字开始,通过眼睛扫描认读进入阅读状态的。下文以上述材料为例,进一步解释"文本"的概念及特征。

以标题来看,这是一篇出自狂人之手的日记。"日记"自古有之,"日记体小说"则鲜见,因为一般小说都用"故事体""叙事体"。古代有一种"笔记体",如纪晓岚《阅微草堂笔记》,严格意义上与现代"日记小说"有所不同。能不能用日记的方式写小说?日记是对自己生活的记录,记载着今天做什么事情、见什么人、买什么书等。有的如果加上描写、叙事、抒情,主题突出,内容完整,则可能会成为一篇有欣赏价值的文学作品。《狂人日记》就属于这一类。不过"狂人"不是真实生活中的人,而是虚构出来的,日记体也是作者借用的体裁。耐人寻味的是,作者为什么用这样一种方式?

假如不想在标题上纠缠,我们可以直接去看小说的正文,也就是狂人写的日记的内容。但是,在阅读正文之前,文章突然多出一段文字,注意这段文字居然是用文言文写的,介绍的是狂人的一些信息,同时告诉读者这本日记怎么得到的,弄得像真实发生的一样。其实对于日记内容来说,这一段实在是可有可无,甚至画蛇添足,故弄玄虚,因为这也是虚构的。但是这显然是作者的精心安排与设计。

接着,作者作了如下编排与叙事:有兄弟俩都是我的同学好友,多年未见。听说哥哥生病,我就前去探视,却得知生病的是弟弟。弟弟曾经得过"迫害狂",不过如今好了,去外地当差了。哥哥就把弟弟的日记拿来给我看,我觉得其中有些内容对于研究医学的人有用,就整理了一下,把它拿出来发表,然后这是"日记"内容。实际上这篇小说在内容上是有两个

"文本"的。一个文本是"狂人日记",一个文本是"我的说明",两个合起来才是小说的整体,只不过主要内容是"日记"。我们在阅读与解读时既要注意到"主要内容",也要注意到两个"文本"的关系。

"文本套文本"在叙事文学中十分普遍。大家都听说过一个古老的故事:很久以前,在深山古庙里,小和尚要老和尚讲故事。老和尚说:"很久以前,在深山古庙里,小和尚要老和尚讲故事……"我们最终没有听到具体的故事内容,但是这些文本套文本的形式其实也是"故事"的一部分,在"重复"中规避其实不会讲故事的尴尬。

总之,阅读的对象是语言文字,凡是出现在阅读视野中的文字包括图片等信息,都需要我们有心、细心,甚至耐心去对待。它们都是阅读中不可或缺的美丽的风景。"文本"是一个复杂又专业的问题,应该引起我们的重视与注意。

03
阅读的准备

阅读要"爱读""真读""会读"。阅读和其他工作一样,需要做好准备工作。可以说没有准备是做不好任何工作的。生活中常常有这样两种人,一种人被迫做事情,没有真正内在的动力,又不得不做,于是消极应付;一种人有想做的目标与热情,但是在技巧与方法上不注意学习与训练,结果导致效率低下,更为糟糕的是,效率低下或者挫败感会导致他放弃追求目标。

《如何阅读一本书》说:

> 拿同样的书给不同的人阅读,一个人却读得比另一个人好这件事,首先在于这人的阅读更主动,其次,在于他在阅读中的

每一种活动都参与了更多的技巧。这两件事是息息相关的。①

这里面提到三个重要概念：一是主动性，二是阅读活动，三是参与技巧。实际上就说明阅读是一项需要前期准备的工作。阅读的准备工作主要包括三个方面：阅读心理层面的准备、阅读目标与计划层面的准备、阅读材料与辅助工具层面的准备。

阅读心理层面的准备主要解决的是"阅读主动性"的问题。一个人在阅读上拥有"主动性"，实际上和阅读价值观、阅读观念与阅读情感等密切相关。

阅读的价值观就是回答"阅读有什么用"的问题。如何理解"何为用"，这直接决定了人的目标与行为选择。近些年中国人均阅读量偏低，和其他国家相比存在很大差距。中国历来崇尚读书，诗书传家，耕读不忘，如今却因工作忙碌放弃了读书，即便是读书，也是功利化的，只要目标一实现，就不再愿意读书。而且越来越多的人热衷于娱乐文化消费。研究表明，一个民族是否具有强大精神力、真正内在修养、持续创新能力都和其是否崇尚阅读有关。所以很多国家，包括我们国家，都高度重视公民阅读素养的提高。其实爱阅读的人和有很好的阅读习惯的人，都是首先确立了阅读价值观的人，或者说坚信阅读重要的人。有了这样的认识，才能有阅读的主动性，而不会轻视阅读，或者轻言放弃阅读。

阅读目标与计划层面的准备对于阅读同样重要。什么时候阅读，阅读什么样的书，怎么完成自己的阅读计划，怎么克服阅读可能面临的障碍与阻力，这些都是需要做好计划与准备的。大学阶段，阅读一开始还是伴随着完成"学业"的需要，是一种目标规定，在慢慢适应的过程中，我们逐渐培养了阅读兴趣与习惯，也逐渐培养了阅读的主动性，当这种主动性一

---

① ［美］莫提默·J.艾德勒，［美］查尔斯·范多伦.如何阅读一本书［M］.北京：商务印书馆，2015：10

旦确立,我们就会有自己的阅读计划与安排。其中有一些人很快就感受到阅读带来的乐趣,并能围绕自己的成长,开始有针对性的、系统性的阅读。总之,阅读的"主动性"及"计划性"差异导致了读者的分化。

王国维在《人间词话》中说:

> 古今之成大事业、大学问者,必经过三种之境界:"昨夜西风凋碧树。独上高楼,望尽天涯路",此第一境也。"衣带渐宽终不悔,为伊消得人憔悴",此第二境也。"众里寻他千百度,蓦然回首,那人却在灯火阑珊处",此第三境也。

其实这也是阅读的境界。这三种境界的关键词,第一个是"独",阅读是一种"独"的行为,"独",孤独也好,独自、独立也好,心中藏理想的人,一定会去向高人讨教,去找高人切磋,这些高人有时不在身边热热闹闹的生活里,而是在书里。知道自己的人生目标,默默走自己的人生道路,不仅需要心存高远,同时要有毅力与意志。第二个关键词是"不悔"。付出太多,奉献太多,也许不一定有结果,很多人会怀疑自己的选择是否正确,会自责选择的不当。这就是后悔。"悔"带来的结果是"改",改变自我或者放弃坚持。殊不知人生中,为自己难舍难弃的一件事情付出,一定是充满艰辛的。屈原说"路漫漫其修远兮,吾将上下而求索",说的也是这样的道理。第三个关键词是"在"。生活中有很多努力真的没有现实结果,但是,阅读不同,只要坚持,就一定会有收获。所以我相信《论语》开篇"学而时习之,不亦说乎?有朋自远方来,不亦乐乎?人不知而不愠,不亦君子乎?"说的其实也是读书的道理。阅读就像与来自远方的朋友见面,那是快乐的事情。读书人有时不被身边人所理解,那也不必生气,既走自己的路,又保持自己的君子风度,那不是挺好的吗?

阅读面的扩大,阅读目标的确立,通常会根据一个人的兴趣与需要而有所不同,这样就会出现泛读、精读、点读等多种形式。

泛读是广泛阅读，并非肤浅阅读，它强调的是快速、积累和感受。泛读的最高境界是又快又好。精读则是逐词逐句，完整深刻地理解与把握文本，专业性技巧要求更高。点读并不是一定要将整本书看完，而是根据需要阅读其中的一部分。不求全看，但求"为我所用"。这几种方式，就像旅游，泛读就是随便走走看看，精读就包含着实地考察的功能，点读就是选择其中某一个景点看。一般阅读者会根据阅读目标的不同，将几种形式灵活组合起来运用。

在阅读材料与辅助工具层面，阅读者也要做好充分的准备。阅读材料，就是我们需要阅读的书。阅读材料的获得通常有以下几种途径，第一是自我购买。爱读书的人是喜欢买书的。年轻时会经验不足乱买书，也会因为经济压力控制自己的买书行为。但是从乱买书到会买书，甚至看书、买书、藏书，都是一个人的成长过程。今天有很多电子阅读器，阅读电子书便宜、快捷、方便，是一种新的阅读方式，但是专业性阅读尤其是"精读"与"点读"还是要和纸质的书籍打交道。其原因是，这些纸质书在内容上准确可信，所谓"白纸黑字，立此为证"，它是一种信息证据。当然也方便我们进行平行对照。譬如很多小说有很多版本，从初次发表的版本到修订本，可能会有差异，这些差异是值得研究的问题。纸质书还可以反复阅读与核实，在书中添加自己的标注与标记。

阅读材料的获取在今天变得丰富与便利，也就是说，想找到自己需要的阅读材料，不是一件困难的事情，这与信息匮乏、传播速度缓慢甚至文化封锁的时代是不可同日而语的。孔乙己是爱书如命的人，但是他想看书只能去偷，结果被人家暴打。书籍匮乏的年代，爱看书的人只能到处借书，如果买不起，或者买不到，就抄书，这就出现了手抄本，手抄本的问世成为一种独特的文化现象。这些情形在今天可能不会再出现了。

图书馆是阅读者的圣地。那里环境雅静，资料丰富，可以解决阅读者面临的阅读难题。阅读爱好者有自己特殊的成长记忆，这些记忆常常与

"一本书""一家书店""一座图书馆"密切联系在一起。

　　阅读准备还包括阅读辅助工具的准备。古人读书,可能在自己拥有的书籍上,随时作标注,譬如重要的句子、值得推敲的段落,甚至标注疑问,这叫"圈点";有些还在书籍空白的地方标识自己简短的看法,或者表明态度,这叫"点评"。"圈点""点评""总评",今天依然是老师批改作文的主要方法。还有些阅读者会在书中夹上纸条,做上各种记号。当然还有人喜欢摘录书中的词句等,有的还会做成卡片,有人还有写读书笔记的习惯。所以阅读不只是奉书而览的简单行为,它其实伴随着相应的丰富的活动,而且每一项活动都有技巧要求,这就是为什么说会读书的人,"阅读中的每一种活动都参与了更多的技巧"。阅读会遇到文字、语义上不清楚的内容,还需准备相应的工具书,以便随时解决碰到的问题。过去阅读必须有字词之类的工具书,今天只要做有心人,查询核实也可以通过手机轻松解决。

思考与练习

一、用一个月时间阅读《论语》。(注意版本选择,可边读边转译为白话)

二、苏东坡有这样的文字:

忽闻河东狮子吼,拄杖落手心茫然。

夜饮东坡醒复醉,归来仿佛三更。家童鼻息已雷鸣。敲门都不应,倚杖听江声。

三月七日沙湖道中遇雨。雨具先去,同行皆狼狈,余独不觉。已而遂晴,故作此词。

查找这些文字的文本出处及其背后的故事。

汉语语言文字的特点

文字是文化的载体,服务于文化,同时又促进文化的发展。语言是文化的代码,文字对语言的记录突破了语言在时间、空间方面的局限。离开了文字,文化不可能传播和传承。

语言分为口语与书面语，口语在前，书面语在后，两者相互作用与影响。书面语出现的前提是文字的出现，所以书面语是用文字符号书写的语言。汉语是世界上运用最为广泛的语言之一，也是联合国官方语言之一。阅读汉语文本，首先要建立对汉语，包括语言文字的感情，了解汉语语言文字的特点，这对于汉语阅读尤为重要。这里试举一例。有一首英文小诗，人们用不同的汉语诗歌形式对其进行了翻译，通过这种翻译与对照，我们能够清晰地看出汉语文学的特点与魅力。

　　You say that you love rain,

　　but you open your umbrella when it rains...

　　You say that you love the sun,

　　but you find a shadow spot when the sun shines...

　　You say that you love the wind,

　　but you close your windows when wind blows...

　　This is why I am afraid;

　　You say that you love me too...

【普通版】

　　你说你喜欢雨，但是下雨的时候你却撑开了伞；

　　你说你喜欢阳光，但当阳光播撒的时候，你却躲在阴凉之地；

你说你喜欢风,但清风扑面的时候,你却关上了窗户。
我害怕你对我也是如此之爱。

【文艺版】
你说烟雨微茫,兰亭远望;
后来轻揽婆娑,深遮霓裳。
你说春光烂漫,绿袖红香;
后来内掩西楼,静立卿旁。
你说软风轻拂,醉卧思量;
后来紧掩门窗,漫帐成殇。
你说情丝柔肠,如何相忘;
我却眼波微转,兀自成霜。

【诗经版】
子言慕雨,启伞避之。
子言好阳,寻荫拒之。
子言喜风,阖户离之。
子言偕老,吾所畏之。

【五言诗版】
恋雨偏打伞,爱阳却遮凉。
风来掩窗扉,叶公惊龙王。
片言只语短,相思缱绻长。
郎君说爱我,不敢细思量。

【七律版】
江南三月雨微茫,罗伞叠烟湿幽香。
夏日微醺正可人,却傍佳木趁荫凉。
霜风清和更初霁,轻蹙蛾眉锁朱窗。
怜卿一片相思意,犹恐流年拆鸳鸯。

从上人们不难看出汉语的博大精深和无穷魅力。

文字是文化的载体,服务于文化,同时又促进文化的发展。语言是文化的代码,文字对语言的记录突破了语言在时间、空间方面的局限。离开了文字,文化不可能传播和传承。例如,历代古书的失传现象非常严重,孔子研究六部古书:《诗》《书》《礼》《乐》《易》《春秋》,其中《乐》在战国时代就已失传,于是"六经"变成了"五经"。我们今天已无法系统地了解《乐》的内容,这说明文字记载对文化传播的重要性。反过来,我们今天了解历史,物质层面留下来的器物十分有限,沧海桑田,物是人非。

从记录的层面看,古代没有录音、录像条件,能够保存历史文化的就是文字记载。孔子是影响中国社会最重要的人物之一,与其说是孔子的影响力,不如说是《论语》的影响力。中国是唯一一个文明没有中断的文明古国,文化的统一性与传承性依然使我们这个国家具有强大的生命力,语言文字在其中发挥了重要作用。有人说,是语言文字统一了中国,因为中国语言文字历经几千年,大抵没有大的变化,中国人可以跨越地区与民族的差异,通过阅读去了解并传承古今中华优秀传统文化。

01
汉字的特点

汉字有悠久的历史,从目前已知的最早的甲骨文算起,汉字已有三四千年的历史。在漫长的发展过程中,汉字不断地为适应汉语进行内部调整。汉字在造字之初,以象形、指事、会意为手段,后来,随着汉语词汇的扩大,逐渐发展出形声的造字方法。形声造字法,一半表示词语义类,一半表示词语读音,简洁方便,成为汉字主要的造字方法。在汉字发展过程中,社会不断对汉字提出新的要求,同时汉字书写工具的不断改善也为汉字形体的发展提供了条件,汉字形体先后经历了甲骨文、金文、小篆、隶书、楷书等字体的变化。汉字书写也由此使汉字成为最优美的文字之一。优美到什么程度呢?它已成为一种艺术——书法艺术。汉字的书法艺术是任何其他文字所无法相比的。

就汉字的表意方式来说,汉字是表意文字。世界上的文字分为两个大类:表意文字与表音文字。这种分类是以文字形体直接显示的信息是语义还是语音来确定的。例如,英语 black 直接拼出了意义为"黑"的这个词的声音,从而成为这个词的载体。汉语"黑"则用火焰从烟囱冒出来意会烟熏致黑的意义,从而成为这个词的载体。世界文字大多源于图画文字,表音和表意是图画文字发展的两大趋势。世界上许多古老的文字,例如非洲的古埃及文字、西亚的美索不达米亚的楔形文字等,都经历过由图画文字向表意文字发展的过程,但是这些表意文字很快失去了使用价值,变得不可释读。唯有汉字在数千年的历史发展中,顽强地维护着自己的表意文字特点,成为世界上最古老、最有严密系统的表意文字。

汉字由此成为好懂好用的文字。例如,"被"是一个形声字兼会意字。如果从形声字的角度来看,"被"字左边的"衣"字旁表示意义,说明被子属于衣物一类;右边的"皮"字在造字的时代和"被"的读音相似,表示这个字的读音,但是随着时间的推移,"皮"和"被"的读音变得不一样了,逐渐失去了它表音的功能。如果从会意字的角度来看,用皮做的衣物就是"被"。被的最初意义指的是一种小被子,到了后代,在被的本义基础上又引申出"蒙受"等意义。

汉字很形象,直观达意。汉字是象形文字,其显著的特点是字形和字义的联系非常密切,具有明显的直观性和表意性。汉字的表意性使汉字成为世界上单位字符信息量最大的文字,因此容易辨识,利于联想,这也为加快阅读速度带来极大的便利。汉字有着区别于世界其他各种语言的根本特点,这就是汉语语法自身的特殊性,即"意合"。无论是词组合成句子,还是单句组合成复句,首先考虑的因素往往是语意的配合,而不是语法形式的使用,只要几个负载着重要信息的关键词语在意义上大致搭配得起来,就能言简意赅地达到交际目的,这几个词就可以组合在一起,这就是所谓的"意合"。汉语语法的这一特点,使它结构独特,灵活多变,颇多隐含,注重意念,其意合性、灵活性和简约性是其他语言所不能比的。汉语语法的上述特点,有利于我们在阅读中运用意会的方式来进行感知和理解,这给加快阅读速度提供了极大的便利。

汉字信息量是最大的。研究表明:汉字作为一个复杂的文字符号系统,其信息熵很高。研究的基本方法是:逐渐扩大汉字容量,随着汉字容量增大,信息熵的增加趋缓;汉字增加到 12370 个以后,信息熵不再有明显的增加。我国科学家指出:汉字的容量极限是 12366 个汉字,汉字静态平均信息熵的值(平均信息量)是 9.65 比特。通过用数理语言学中著名的齐普夫定律核算,汉语是当今世界上信息量最大的文字符号系统。通过比较,拼音文字的信息熵小,差别不大,汉字的信息量最大。

汉字是世界历史上连续使用时间最长的文字,中国历代皆以汉字为主要官方文字。隶变是汉字发展史上的一个里程碑,汉字发展至汉朝隶书时被取名为"汉字"。鲁迅说,汉字三美:声音美、形体美与意义美,即"三美俱":意美感心;音美感耳;形美感目。[①] 通过汉语文学创造,汉字的价值、生命力与影响力将进一步得到提升。

---

① 鲁迅.汉文学史纲要[A]鲁迅全集(第九卷)[C].北京:人民文学出版社,2008:354~355

02
汉语语言观念

对于中国人而言,汉语语言文字不只是用来记载、表达、认识世界与自我的工具,凭借人们对其的特殊情感与态度,它已成为联系民族统一、文化皈依、精神依恋、家国兴盛的客观载体。汉语具有强大的生命力,体现在几千年中华民族朝代更替、民族交融的过程中。为什么汉语文化尤其是儒家文化没有消亡?因为汉语文化自身具有"征服性"的魅力。近一两百年,只有一种语言具有世界性的影响力,那就是"英语",不过"英语"的影响力除了依靠"莎士比亚"外,还依靠外在"征服"手段。在这场文化较量中,汉语文化也出现过各种各样的改革,但是汉语依然稳定存在,其原因是中国人对汉语的内在情感与态度并没有变,汉语"变"的是如何更好地服务于社会与生活。如今也有人讨论,随着中国崛起,汉语是不是也可以成为"国际性语言"。实际上,在国际交往中,汉语已经显示出蔓延发展的态势。未来情形难以预测,但是汉语的生命力是毋庸置疑的,因为汉语已经渗透到每一个中国人的血液中,是我们生命中的文化基因。为什么"少小离家老大回,乡音无改鬓毛衰"?"乡音无改"可能不是不想改,而是根本改不掉。余光中的《乡愁》,一首小诗,打动海峡两岸同胞的心,诗中就有一种展示汉语魅力的隐喻:汉语使人们超越差别与冲突,回到可以皈依的精神共同体中。

这些情感与态度,可以从以下几个方面理解与把握。

(一)语言崇拜

原始人类赋予语言一种神秘的力量,认为它可以改变自然、社会和人的命运,对它奉若神明,这就是语言崇拜。语言崇拜源于语言巫术,在巫术中，用咒语就可以降妖除魔，这样语言就有了特殊的魔力。人们相信人的灵魂附在人的名字上，叫一个人的名字就可以把他的灵魂招去，在《西游记》和《封神演义》中都有叫人的名字把人的灵魂招去的描写。中国人的语言崇拜有很多种表现形式，我们在这里谈谈语言运用中的趋吉避凶和对姓名的避讳。

趋吉避凶是每个民族都有的习俗，而利用语言进行趋吉避凶则反映了人们对语言的崇拜。汉语同音词多，汉民族有重含蓄、忌直言的文化心态，因此人们往往利用同音词进行谐音取义，委婉地表达自己的心愿。例如，人们希望"年年有余"，因"鱼"与"余"同音，因此"鱼"就特别受宠，春节的时候，人们往往要吃鱼来预祝年年有余，而且一般不能把鱼吃完，否则就是无鱼（余）了；年画往往以"鱼戏莲叶间"作为题材，因"莲"谐音"连"，"莲"和"鱼"谐音"连年有余"；如果是画鲇鱼戏水，则谐音"年年有余"；如果是画一缸金鱼，则又用"鱼"来谐音"玉"，取义"金玉满堂"。"喜"和"福"也是汉民族喜欢的字眼，因"喜鹊"中有一个"喜"字，"蝙蝠"之"蝠"与"福"同音，因此"喜鹊"和"蝙蝠"就成了吉祥的象征。年画中，画喜鹊登梅枝，谐音"喜上眉（梅）梢"；画喜鹊登梧桐，即为"同（桐）喜"；在门上画五个蝙蝠即为"五福临门"；画五个蝙蝠围绕一个"寿"字，即为"五福献寿"。在中国传统婚俗中，人们往往请长辈或年长妇女中的吉祥人（子孙满堂、儿女双全者）撒枣、花生、桂圆和生栗子于寝床，"枣"谐音"早"，"桂"谐音"贵"，"栗"谐音"利"，"花生"取"各种花色都生"，即儿女齐全之意，全部的意象合起来，取"早生贵子""早生利子""子孙满堂"之意。

在利用谐音构成吉利词语的同时，人们也利用谐音避开一些与"凶险"义相关的词语，这就是语言禁忌。禁忌在古代的社会生活中占有很重要的位置，禁忌产生于原始民族对于超自然力的崇信，语言禁忌产生于人类对语言灵物的崇拜与信仰。据统计，广州话忌讳的词很多，人们常用谐音的方式避忌，如"空屋"叫"吉屋"，因"空"与"凶"同音；"雨伞"叫"雨遮"，因"伞"与"散"同音。现在北京的许多地名是用谐音的方式对原地名的改进之名,如"辟才胡同",原名"劈柴胡同";"甘雨胡同",原名"干鱼胡同";"丞相胡同",原名"绳匠胡同";"贵人关",原名"鬼门关";"雅宝胡同",原名"哑巴胡同";"墨竹胡同",原名"母猪胡同"。

姓名避讳是中国特有的一种语言禁忌,指对君主和尊长的名字不能用汉字直接写出其形,不能在口中直呼其音。避讳之风起于周,成于秦,盛于唐宋,直到民国以前才被废除,前后长达两千年。避讳是对字形、字音、字义的回避。汉语有大量同义词、同音词,汉字字形可拆合,避讳之风能长时期地存在,与汉字汉语在形音义方面的特点不无关系。

解放军有一位功勋卓著的大将叫粟裕。他去世后,骨灰被撒在他曾经战斗过的沂蒙老区,《解放军报》头条刊发新闻,新闻的生命在于真实,但是真实并不排斥情感存在。这个标题是:"将军乘风去,昨夜宿蒙山。"翻译过来就是,将军去世了,昨夜悄悄将其骨灰撒在沂蒙山,从此长眠在这里。有意思的是,不久苏联领导人赫鲁晓夫也去世了,《解放军报》同样头版刊发新闻:"赫鲁晓夫死了。"汉语表达"死亡"的词汇非常丰富。单就避讳来说,就有几十甚至数百之多,譬如屈原曾经写诗纪念为国牺牲的将士,诗题叫《国殇》。国王去世叫"薨",高僧去世为"圆寂""坐化"。写粟裕去世的新闻中,哪一个交代了去世的信息呢?"乘风去"。古人有"仙逝""西归"等词汇,似乎没有"乘风去",这是用典,苏轼有词:"我欲乘风归去,又恐琼楼玉宇,高处不胜寒。"苏轼词的意思是向往天上宫阙,是生者的心理幻想。这里作了巧妙的转化,里面有三层意思:第一是将军不幸去世,第二是骨灰是飞机乘风播撒的,第三是希冀将军真正成仙长存。

汉字避讳也可以通过"字形""字义""字音"来实现。

通过字形进行避讳的有缺笔、拆字、删字等。缺笔避讳即将讳字的最后一两个笔画省略。这种方式大概始于唐代,唐乾封元年《于志宁碑》的"世"作"卅"。宋人避赵匡胤讳,"胤"一般写作"胤"。拆字避讳是将讳字拆开,取其中的一部分来代替讳字,如北魏孝明帝名诩,尉诩便改名作"羽";五代晋君主名叫石敬瑭,于是姓敬的须改姓文。删字避讳是指,姓或名如果是由两个字组成,就将犯讳的那个字删掉,如姓"淳于"的为了避唐宪宗讳,改姓"于";"王世充"为了避唐太宗"世民"之讳,改名"王充"。颜真卿《元结墓碑》把"张维瑾"写作"张瑾",是为了避父讳"维贞"。

通过字义进行避讳,是指用同义、近义字代讳字,这种方式在秦代就已出现。秦庄襄王名子楚,于是秦国讳"楚",称"楚"国为"荆"。实际上,"楚"和"荆"是同一种植物的两个名称。秦始皇讳"正",故改"正月"为"端月"。汉承秦制,亦有改字法。汉代讳"邦",当时所刻石经,如《尚书》"安定厥邦"、《论语》"邦君为两君之好""何必去父母之邦",其中的"邦"皆以"国"代。

通过字音进行避讳,是指通过同音字、近音字代替讳字。司马迁的父亲名谈,司马迁在《史记》中改"张孟谈"为"张孟同",改"赵谈"为"赵同"。范晔的父亲名泰,范晔在《后汉书》中改"郭泰"为"郭太",改"郑泰"为"郑太"。晋朝邓岳,因犯晋康帝讳,改为狱,岳和狱是音、义全同的异体字。苏氏讳"序",苏轼为人作序用"叙"字。

避讳的规定是很严格的,连"观世音"菩萨也要服从禁忌。为了避唐太宗李世民的"世"字,她只好改称"观音"了。因为避讳,在中国历史上出现了许多离奇古怪的事情。唐代兴起避嫌名的风气,就是说,不但父祖的正名要避讳,和正名同音、近音的字也要避讳。诗人李贺因父亲名晋肃,所以他一生不应进士举。在等级森严的时代,触犯尊者名讳被视为扰乱封建秩序,是绝对不允许的行为。

语言崇拜现象今天依然存在,对于这种现象,要具体问题具体对待。对于封建迷信要坚决反对,今天依然有测字算卦的人,利用民众崇拜心理,借助一点汉语文化知识与三寸不烂之舌,想要达到敛财的目的,这是需要警惕的。对于说话交际的礼仪及有益无害的民俗,则要予以理解,并加以尊崇。中国人办喜事,要择吉日、贴婚联、讲吉语,这都是几千年民俗生活的延续。

"文字"是可敬可畏之物,教书认字的先生令人心生敬畏,所以先生也就被摆上了供奉的牌位,曰:"天地君亲师"。识字启蒙不是简单考学求职的途径,是长大成人的首要大事。不仅如此,敬惜字纸,也就是敬惜带字的纸,在中国具有悠久的传统。《燕京旧俗志》记载:"污践字纸,即系污蔑孔圣,罪恶极重,倘敢不惜字纸,几乎与不敬神佛,不孝父母同科罪。"于是,就出现了劝人敬惜字纸的善书,也就是所谓的"惜字功律"。"敬惜字纸"是中国古代文化传统中的一种美德,代表着古人敬重文化的思想。字纸,代表的是文化。敬惜字纸,也就是要求敬重和爱护文化。汉字是中华文化的根基和重要组成部分,是承载中华民族精神与情感的重要载体。

弘一大师即李叔同先生皈依佛门,潜心修行,曾经盛赞同时期的高僧印光大师:"大德如印光法师者,三百年来一人而已。"这位印光大师就十分重视"敬惜字纸"的教育。他说:"师严道专,人伦表率,道德学问,是效是则。养我蒙正,教我嘉谟,不敬其师,何能受益。字为至宝,远胜金珠,人由字智,否则愚痴。世若无字,一事莫成,人与禽兽,所异唯名。"

所以,不建立对汉语心存敬畏、承传文化的情感,汉语阅读又从何谈起呢?

(二)汉语与认知

人总是处在不断认识客观事物包括认知自我的过程中。我们是怎么认知的呢?其实很简单,就是用语言文字。譬如,有人说:"这是一个全球化的时代。"这是一个人对这个时代的判断,他用了一个判断句,对象是"时代",关键词是"全球化",表示特征。另外一个人会问:"什么是'全球化'?你说的'时代'是指什么时候?"于是这个人又运用他认为合适的语言回答这两个问题。结果证明,双方在认知世界的时候,差别与交流都是通过运用语言文字表达出来的。反过来说,是语言制约和影响了我们认知这个世界。

汉字反映了先民对这个世界的认识,体现了很多朴素的思想。通过梳理文字创作和发展的脉络,我们基本上可以摸清中国文化发展的脉络。下面以"巫"字为例,对"巫师"这种文化在中国的地位和作用作一个诠释。

靈——筮——毉——醫——诬

这是非常有特点的一组字。第一个字"靈"在甲骨文中就出现了。上面是雨字头,下面的三个口,是豆大的雨点往下滴,结合起来就是"零星""零落"的"零"的本字,表示雨一滴滴的往下滴。那么,与巫师的"巫"合在一起,这就是巫师祈雨的一个写照。在巫师的舞蹈祈求之下,天上开始下雨了,一滴滴的下来,所以当时商朝的巫师实际上是国家政权的控制者,他们的身形是灵动的,他们的预言是灵验的,这就是靈字的概念。

竹字头的"筮",是"卜筮"的"筮",表示用竹签或者蓍草来进行占卜。这个字甲骨文没有,只有金文才有。金文是周朝的文字,也就是我们所传说的"文王演易"有了易的概念,有了用蓍草进行占卜的方法,这个字才被创造出来,所以甲骨文里没有。所以那个时候的巫师,地位是很高的,享受的是国师级的待遇,很受尊崇。

再往下,就是巫字底的"毉",这是"医生"的"医"最早的一个字形。这时巫师在与国王的政权斗争中基本落下风,王权开始战胜了神权,巫师是做不了国师了,去当医生吧,跳跳大神,给人治病还能混口饭吃。所以,在这个战国文字里面,这个医是巫字底的。

到了战国末期的文字,比如篆文,医生的毉就换了,把巫字底换成了西字底,这是一个很有趣的现象。因为在战国晚期,医生就是正规的凭科学手段治病的医生,医生的风头已经完全盖过了跳大神的原始医生。司马迁在《史记·扁鹊仓公列传》中写道:"信巫不信医,六不治也。"扁鹊治病也是有一个要求,就是凡是请巫师诊断过的病人,他是一律不予诊治的。所以那时,巫师被排除出了医生队伍。

最后是诬告的"诬",这个字在篆文中并没有出现。直到唐宋时期,这个"诬"才被创造出来。诬妄之言,这个时候的巫师、占卜师已经彻底沦落为社会的下九流,他们说的话,就是虚妄之言,是诬告的诬、诬蔑的诬。

梳理这些汉字产生的字形和它们发展的脉络,我们就能清晰地勾勒出巫师在中国文化中地位没落的过程,所以这是很有趣的课题。

中国人关注语言与社会实际的关系大概开始于春秋战国时期。春秋战国是社会制度发生大变革的时期,一些表示称谓和社会伦理道德的名词发生了很大变化,这引起了先秦诸子对"名""实"关系的关注。"名"即指名称、词语,"实"是指"名"所指示的观念、实际。最早提出"名""实"问题的是春秋时代的孔子。面对当时大夫专权、政出家门、礼崩乐坏的局面,他把语言和政治伦理联系在一起,认为"君不君,臣不臣"的社会现实都是由于名实的颠倒,他把"正名"看作社会和政治改革的核心,提出通过"正名"来重建旧礼制。其"正名"的涵义包括两个方面,一方面是用政治伦理标准来匡正一些表示名分的词的涵义,如《论语·颜渊》:"齐景公问政于孔子,孔子对曰:'君君,臣臣,父父,子子。'"另一方面,要求人们在运用语言时,按各自的名分来选择词语,在《论语·子路》中孔子说:"名不正,则言不顺;言不顺,则事不成;事不成,则礼乐不兴;礼乐不兴,则刑罚不中;刑罚不中,则民无所错手足。"

孔子之后的先秦学者,如尹文子、墨子、荀子等也对"名""实"问题发表过看法,有的学者是从一般词语和词语所指的角度进行阐述,其中荀子提出的"约定俗成"理论第一次阐明了语言的社会本质,正确地说明了词的意义和客观事物之间的关系,他在《荀子·正名》中说:"名无固宜,约之以命,约定俗成谓之宜,异于约则谓之不宜。名无固实,约之以命实,约定俗成谓之实名。"

但是,由于孔子在中国传统文化中的崇高地位和深刻影响,孔子从语言的社会功用出发提出的"正名"问题在历史上产生了重要影响,使中国人对"名""实"的思考并没有像西方人讨论词与物那样带有浓厚的思辨色彩,而是始终关注语言的政治伦理作用和社会实践作用。人们纷纷把语言和政治伦理联系起来,阐释对语言社会功用的认识,如汉代毛公在《毛诗序》中强调诗同政教的关系,称:"上以风化下,下以风刺上。"这样就把《诗经·国风》说成和政教结合、和美刺结合的诗了。曹丕《典论·论文》提出"文章经国之大业,不朽之盛事"的看法。有人甚至将语言的社会作用上升到可以决定国家命运的程度,比如汉代刘向在《说苑》中说:"出言陈辞,身之得失,国之安危也。"

在关于"名实"关系的讨论中,人们认识到语言是对客观存在的反映,是人性、天道或事物本质属性的表现,因此就可以"循名"而"责实",语言其实就成为人类认识世界的中介。孔子说:"不知言,无以知人也。"就是指根据一个人的言辞来判断他的品行。《易传·系辞下》也提出人性不同、言辞不同的说法:"将叛者其辞惭,中心疑者其辞枝,吉人之辞寡,躁人之辞多,诬善之人其辞游,失其守者其辞屈。"将要背叛的人言语会流露出惭愧,心中有疑惑的人言语会枝蔓不定,善良的人话语简洁质朴,躁动的人话多,诬陷善人的人话语游移闪避,有失操守的人说话语气不敢强硬。实际上,人的言辞与人的品行并不总是一致的,但把语言作为人类认识世界的中介无疑是正确的。

(三)说话的智慧

无论是说话还是写文章,汉语都有自身独特的观念、价值与表达的智慧。

刘向《说苑·善说》:"夫辞者乃所以尊君重身、安国全性者也,故辞不可不修而说不可不善。"古人特别重视言辞的内容,特别注重言辞的内涵,提出言辞应该诚信,比如《论语》:"耻其言而过其行。"孔子以言过其实为可耻。《礼记·表记》也表达了相近的意思："君子耻有其辞而无其德。"《易传·乾卦》提出了"修辞立其诚"的观点,唐代注释家孔颖达对这句话的注释是："外则修理文教,内则立其诚实。"郭绍虞说"修辞立其诚"就是"立言要重在诚"。

为了内容表达的需要,人们特别注意语言的传达效果。我国方言容易产生歧异,要取得好的传意效果,首先就是要使用共同语。孔子是山东人,他平时说的大概是山东话,但他在读《诗经》《尚书》的时候、在行礼的时候,使用的是"雅言"。《论语·述而》:"子所雅言,《诗》《书》、执《礼》,皆雅言也。"我国历史上一直存在着口语共同语,书面交际的需要又使中国人特别重视规范书面语和文字。

为了取得好的语言传达效果,古人还特别重视说话的场合、对象、时机、分寸。如《论语·乡党》:"孔子于乡党,恂恂如也,似不能言者。其在宗庙朝廷,便便言,唯谨尔。"要求人们在不同的场合用不同的说话方式:在乡党,在长辈前,应温顺、谦让,像不会说话;而在宗庙和朝廷这样讲礼仪、讲政治的场合,则应辩论是非,但又要注意态度谨慎而又恭敬。关于说话的对象,《论语·乡党》说:"朝,与下大夫言,侃侃如也;与上大夫言,訚訚如也。"上朝时,与下大夫说话,态度和悦;与上大夫说话,态度刚直,因为他们的社会地位不同。而说话的时机也要把握好,才能言之有效,《论语·宪问》说:"夫子时然后言,人不厌其言;乐然后笑,人不厌其笑;义然后取,人不厌其取。"《墨子》则说:"虾蟆蛙蝇,日夜而鸣,舌干擗然而不听。今鹤鸡时夜而鸣,天下振动。多言无益?唯其言之时也。"说话的分寸也不能忽视,《荀子·非相》中就说:"言而当,知也。"所谓"当"就是合乎道德规范的要求,只有达到"当",才是有智慧的语言。

在言语形式方面,一向存在着追求质朴和追求华美这一对矛盾。追求言辞质朴的主张,如孔子提出"辞达而已矣",即文辞能表情达意就可以了,又提出"文质彬彬",即形式和内容应和谐统一。老子也不主张言辞的夸饰,《老子·五六章》提出"知者不言,言者不知",智慧的人不一定话多,夸夸其谈的人不一定有智慧。《老子·八一章》提出"信言不美,美言不信。善者不辩,辩者不善",意思是可靠的话不求动听,动听的话不一定可靠;善良的人不必善辩,善辩的人不一定善良。汉代扬雄主张不要以辞害意,他在《法言·吾子》中说:"或曰:'女有色,书亦有色乎?'曰:'有,女恶华丹之乱窈窕也,书恶淫辞之淈法度也。'""淫辞"是指过分夸饰的辞,"淈"是扰乱的意思,淫辞会扰乱法度。王充在《论衡·超奇篇》中主张:"实诚在胸臆,文墨著竹帛,外内表里,自相副称,意奋而笔纵,故文见而实露也。人之有文也,犹禽有毛也。毛有五色,皆生于体。苟有文无实,是则五色之禽,毛妄生也。"要求实诚和文墨相称,文采和内容相称,反对文不符实。

  对言语华丽文采的追求,《左传》中就有明确表述:"言之无文,行而不远。"再如,曹丕主张不同文体对言语修辞有不同要求,文学作品比其他文体应有更多的文采,他在《典论·论文》中说:"夫文体同而末异,盖奏议宜雅,书论宜理,铭诔尚实,诗赋欲丽。"陆机主张在用词上要创新,他的《文赋》说道:"谢朝华于已披,启夕秀于未振。"意思是不用早上已开过的花,要用晚上未开放的花。葛洪则更明确地表示赞同汉赋极尽铺排繁彩之能事的做法,他在《抱朴子·钧世》中说:"《毛诗》者,华彩之辞也,然不及《上林》《羽猎》《二京》《上都》之汪涉博富也。"认为《毛诗》虽然很有文采,但在汪洋恣肆方面不如汉赋。萧统是《文选》的编者,他把文学与经、史、子分开,十分看重文学作品的文采,主张文学应该踵事增华。他在《文选序》中说:"若夫椎轮为大辂之始,大辂宁有椎轮之质?增冰为积水所成,积水曾微增冰之凛。何哉?盖踵其事而增华,变其本而加厉。物既有之,文亦宜然。""椎轮"是无辐条的原始车轮,"大辂"是古代华美的大车,大辂由椎轮逐步演变而成,比喻事物的进化由简到繁,由粗到精,文章也是如此。

追求文采对语言表现力的极大丰富和对文学的发展具有非常积极的意义,从汉赋和魏晋骈文,再到唐诗、宋词、元曲、明清小说,中国文学对修辞的不断追求和创新,对汉语表现力的不断挖掘是其发展的重要因素。如果对形式美的追求,会以牺牲内容为代价,则不可取。左思在《三都赋》序中就主张征实,指出汉赋中文不符实的地方:"然相如赋《上林》,而引'卢橘夏熟';扬雄赋《甘泉》,而陈'玉树青葱';班固赋《西都》,而叹以'出比目';张衡赋《西京》,而述以'游海若',假称珍怪,以为润色。若斯之类,匪啻于兹。考之果木,则生非其壤;校之神物,则出非其所。于辞则易为藻饰,于义则虚而无征。"他认为上林苑不能生长卢橘,甘泉宫没有玉树,西都没有比目鱼,西京没有海若神,这种为了辞藻美丽而文不符实的做法,是非常不可取的。左思的批评至今仍有现实意义。

03
汉语表达与组合

句子是表达意义的最小单位,句子是由词汇组合而成。句子与句子形成句群,继而形成段落,完成篇章。汉语的句子组合与表达具有自身的特点。

这里补充说明一个问题。在中西文化交流与差异比较的很长一段时间内,我们对西方文化盲目崇拜并对自身文化自卑自贬,这种心态随着"中国崛起"又带有一定的盲目自信与过度贬低对方的成分。其实这都是文化心理不健康的体现。这里提几个基本立场:第一,东西方文化的差异性是客观存在的,但是东西方文化也具有共性,这种共性是东西方文化交流的基础。第二,不能因一时一地之得失将文化差异转化为文化优劣的依据。一时一地之得失具有复杂的原因,要从历史、发展的眼光看文化差异。譬如近现代中国落后了，这是客观现实，落后的原因很复杂，但是中国也曾经有过辉煌的历史。当代中国的崛起举世瞩目，难道可以说西方文化总是先进的，中国文化总是落后的？所以，不能简单将"差异"转化为"优劣"的评价，这种文化价值观不正确。第三，文化差异引致文化交流甚至文化融合。西方先进的思想文化科技是我们应该学习、引进和转化的。这是一个复杂的问题，也是一个值得争论的问题。譬如，有人说中国近现代科学技术落后，有人将原因归为中国文化在这方面有落后性与保守性，因为中国人热衷"道"，不太看得起"技"，所以科学技术逐步落后。但是也有人说，中国人不太看得起"技"，并不意味着中国人不会"技"，只要想求"技"，中国人的智慧与创造力是无穷的。所以中国科学技术也曾经辉煌过，中国科学技术有自己的独特性，中国的科学技术依然在赶超世界。只不过西方人侧重对"上帝"与"真理"的追求，中国文化侧重对"天""人"的关注。总之，要科学对待，具体分析。

　　东西方思维的确存在差异，西方人重逻辑、分析、理性，中国人重整体、本质与感悟。譬如对于知识，西方人会不断对知识进行严格分类，对每一门知识会进一步细分，同时说明它们建立的逻辑或者证据。中国文化也分类，也讲究具体化、明确化，但给人感觉是只要抓住本质，是否合乎逻辑并不重要。中国人将文献进行汇编，只粗略分为"经史子集"，仔细分析一下，"经书"中《诗经》其实是文学，《尚书》是官方文书，《易经》究竟是哲学还是预测学方面的书似乎难以界定。因为它们是最"本质"的必读书，是儒家经典，所以为"经"。子部收录诸子百家著作和类书，包括儒家、兵家、法家、农家、医家、天文算法、术数、艺术等十四类，几乎包罗万象。这叫"四部分类"，《四库全书》就是这样来的。对于"文学"，西方人会不断追问"什么是文学""文学有哪些形式""它为什么会是这样"等，不断将问题向深度与广度推进。中国人谈文学，首先提"文学"到底有什么作用，写得如何。所以孔子说《诗经》的作用有四个方面——兴、观、群、怨。"诗三百,一言以蔽之,曰'思无邪'。"并不绝对将"文学"作为独立的研究本体与对象,这和西方有很大不同,究其原因,关键还在于东西方思维方式的差异。

据说至今保留下来的最古老的诗歌是《弹歌》,仅仅八个字:"断竹,续竹;飞土,逐肉。"这是一首远古民歌,反映了原始社会狩猎的生活。字面意思是砍断竹子,竹子接上做成弹弓,用土块做成弹子射击野兽,众人纷纷追逐、捕获受伤的猎物。这里是四个句子,两字动宾结构,简练含蓄,意境、动作、时间、过程与结果,都包含其中。注意句子没有"主语",实际上行为的主体不是一个,到底是谁,读者自己想象。再譬如"关关雎鸠,在河之洲",如果按照一般行文叙述应该是"在河之洲,雎鸠关关",在什么地方出现什么事物发生什么现象。如果按原文排列,就是听见了声音,才发现了什么地方有什么事物。最有趣的是,"关关雎鸠"应该是"雎鸠关关","关关"是拟声词,这里是作为描写声音特征的形容词,还是作为伴随声音的动词呢,还不确定。词语组合似乎没有特别的外在约束。那么是什么秘密让它们具有合理性呢?汉语句子的组合具有意念性,即情感性强,同时具有音律性,合辙押韵,好听。再举一个例子:"枯藤老树昏鸦,小桥流水人家。"六个词汇平行排列,它们为什么出现,它们之间有什么关系,它们到底表达什么意思,句子本身没有提供任何其他信息,但是它是诗文中经典的句子之一。"冷冷清清,凄凄惨惨戚戚"更是奇特称绝的句子。曾经有人开玩笑说,汉语有时"不讲理",它具有自己的独特性,中国人在阅读时一点儿都不觉得奇怪。汉语给人的整体性印象是,汉语句子的组合具有跳跃性、自由性,同时具有意念流动的色彩。

再譬如杜甫《秋兴八首》中有这样两句诗:"香稻啄余鹦鹉粒,碧梧栖老凤凰枝。"这两句诗历来争议不断。争议的焦点有两个方面:第一,这两句诗怎么理解;第二,诗人为什么要这样写。

叶嘉莹解释道,这两句诗的常态表达应该是"鹦鹉啄余香稻粒,凤凰栖老碧梧枝"。如果杜甫用常态表述,那么诗句"句法平顺,变成写实的句子,就是说,眼前就真的有鹦鹉吃剩下的香稻米,真的有凤凰栖落而且终老在碧梧枝上了"。但"杜甫要写的是开元天宝的盛世人民生活的富足和安乐,那时候稻米多得不但人吃不了,连鹦鹉都吃不了,而且当时道路上碧梧之多之美之茂盛,似乎真能把凤凰都能引上去"。"凤栖梧桐"也是中国的古老传说之一,后比喻"贤才""贤君"的互爱关系,今天依然用"筑巢引凤"表示建立良好的人才环境与投资环境。"碧梧栖老凤凰枝"还表示贤君盛世,人才拥至。

周振甫曾经这样解释:

"香稻啄余鹦鹉粒,碧梧栖老凤凰枝。"照字面看,像不好解释,要是改成"鹦鹉啄余香稻粒,凤凰栖老碧梧枝",就很顺当。为什么说这样一改就不是好句呢?原来杜甫这诗是写回忆长安景物,他要强调京里景物的美好,说那里的香稻不是一般的稻,是鹦鹉啄余的稻;那里的碧梧不是一般的梧桐,是凤凰栖老的梧桐,所以这样造句。就是"香稻——鹦鹉啄余粒,碧梧——凤凰栖老枝",采用描写句,把重点放在香稻和碧梧上,是侧重的写法。要是改成"鹦鹉啄余香稻粒,凤凰栖老碧梧枝",便成为叙述句,叙述鹦鹉凤凰的动作,重点完全不同了。再说,照原来的描写句,侧重在香稻碧梧,那么所谓鹦鹉啄余,凤凰栖老都是虚的,只是说明香稻碧梧的不同寻常而已。要是改成叙述句,好像真有鹦鹉凤凰的啄和栖,反而显得拘泥了。说鹦鹉啄余还可解释,说凤凰栖老显然是虚的。

杜诗《游何将军山林》(十首)之五也有这样的诗句:"绿垂风折笋,红绽雨肥梅。"如果是写成"绿笋风垂折,红梅雨绽肥"就直白了。李后主有句"红豆啄残鹦鹉粒",与此同理。这种非常态的句子组合方式显得别致而具有创意。

英语与汉语相比有一个明显特征,那就是主格宾格明确,词汇非常丰富,具有复杂的时态性表述要求,同时句子主从关系围绕主干不断延伸形成树状结构。譬如夏洛蒂·勃朗特的《简·爱》第二十章有这样一段话:

> 有一件事特别使我惊奇,就是,并没有人来来去去,并没有人到英格拉姆园宅去拜访:不错,那是在二十里外,在另外一郡的边界上了;不过对一个热忱的爱人,这距离算得了什么?对罗彻斯特先生这样老练不倦的骑马人,这不过骑马一早晨的路程罢了。

这样一大段话,其实只有一句话,其主干是"有一件事特别使我惊奇",围绕这个句子主干的其余表达都是从句。其实从句里面还套从句,有好几层意思。汉语一般不会这样表达。我们试着将其翻译如下:

> 我心存疑惑。两方并没有人走动,也没有人到那边去。那里处于两县交界,只有二十多里。罗彻斯特要真的爱她,他马术高超,赶过去也就一个早晨罢了。

汉语表达一般具有语义有序展开的特点,从某一个时空点出发,有层次、有秩序地推进。如《弹歌》:"断竹,续竹;飞土,逐肉。"

> 一天的下半天,没有一个顾客,我正合了眼坐着。忽然间听得一个声音,"温一碗酒。"这声音虽然极低,却很耳熟。看时又全没有人。站起来向外一望,那孔乙己便在柜台下对了门槛坐着。(鲁迅《孔乙己》)

汉语表达讲究哪些该说,哪些不该说,哪些先说,哪些后说,哪些详说,哪些略说,虽然对于不同的人表达不一样,但都讲究句子清清楚楚、明明白白、简洁顺畅。现代汉语曾经受到过西方语言思维、方式与表达习惯的影响,随着大量表现复杂关系"连词"的出现,不断修饰、连缀的长句子同时也出现,甚至曾经还出现"欧化"倾向。但对于善于驾驭汉语表达的人来说,还应注意到表达的有序性,保持句子干净流畅。

> 我想到希望,忽然害怕起来了。闰土要香炉和烛台的时候,我还暗地里笑他,以为他总是崇拜偶像,什么时候都不忘却。现在我所谓希望,不也是我自己手制的偶像么?只是他的愿望切近,我的愿望茫远罢了。(鲁迅《故乡》)

这是一段表达心绪复杂的文字,"我""想""害怕",采用了对比手法,并根据"不同""同""不同"逐步推进,交代得很清楚。

> 过后,整个草原沉浸在夜静中。如果这时你披上一件皮衣走出蒙古包,在月光下或者繁星下,你就可以朦胧地看见牧群在夜的草原上轻轻地游荡,夜的草原是这么宁静而安详,只有漫流的溪水声引起你对这大自然的遐思。(碧野《天山景物记》)

这个例子说明句子可用"连词"来表达——"如果""就""只有",不仅不枯燥,还很好地交代了句子与句子之间的联系,偏长的句子增加了悠长的抒情意味。

句子表达什么,句子与句子如何组合排列,使其成为意思完整、有序清晰的句群,可以通过对"时间性""动作连贯性""心理活动"以及"连词"运用等的掌握来实现。

较为复杂的汉语表达还具有视点平移的特点。汉语文学写作有"静观"表达方式,即一个人处在某个地点对眼前事物的静静欣赏与感悟。静观有的"观"的是"眼前景",有的是"心中景",有的既是"眼前景"又是"心中景",这就导致用文字语言呈现眼前之物时,动静、声色、虚实等词语可以灵活处理在"景"中。

"两只黄鹂鸣翠柳,一行白鹭上青天。"这两句诗,人们能"看见"的事物应该只有翠柳、白鹭、青天。黄鹂是藏在树丛中的,诗人是通过声音得出这种判断的。其实未见但是如在眼前,这就是平移组合。黄鹂之"黄"、"白鹭"之"白"不是真的能看见,但是诗句中的四种颜色"黄""翠""白""青",虚虚实实,平移组合,意味丰富。黄鹂鸣柳在下,是静态,白鹭飞行在上,是动态,都是平移排列形成对仗的结果。

> 月亮升起来,院子里凉爽得很,干净得很,白天破好的苇眉子潮润润的,正好编席。女人坐在小院当中,手指上缠绞着柔滑修长的苇眉子。苇眉子又薄又细,在她怀里跳跃着。(孙犁《荷花淀》)

这段叙述文字具有序列性,从月亮、院子、女人、苇眉子逐渐推移展开,它是以环境、物象来衬托人物之美,"苇眉子"的一段文字是写人物还是写动作娴熟还是写"苇眉子",多重意义在文字中平移,所以阅读时不是对事件运动的简单理解,还应被句子交融的意味与美感所吸引。而说"这段话"的人,他在哪里?他怎么这么观察仔细且感同身受?他说的是"眼前景"还是"心中景"。这就是汉语句子组合及表达的特点,这里面还有很多值得思考与研究的现象与问题。

思考与练习

一、考证"学""习""诗""美"字形、字义的演变。

二、将《雪夜访戴》扩写成千字白话小说。

三、尝试将《荷塘月色》改写成文言散文、旧体诗歌。

词义与语义的解悟

  任何一篇优秀的文学作品都是作家用词汇编织出的精美艺术品,真正的阅读绝不是粗放、肤浅、泛泛的阅读,而是落实到每一个词汇和每一个句子的阅读。

一般而言,经过十几年语文教育,学生都具有初步阅读的基础与能力。譬如对于难度不是特别大的文本,可以自己进行粗读、略读,能够感受其中的情理,能够叙述其中的主要内容,能够表达自己的感受与看法。

阅读的基本要求是从词义开始的。词汇组成句子,句子组成句群,句群组成段落,段落组成篇章。句子从外在形式上看,是由文字构成的词汇通过组合连缀与排列形成的。所以阅读的过程,是通过理解一个个词汇的意义,进而理解一个个句子的意义,从而逐步理解文本的意义。

譬如孟浩然的《春晓》:"春眠不觉晓,处处闻啼鸟。夜来风雨声,花落知多少。"这首诗歌写春天,平易浅近,自然天成,朗朗上口,易读易记。究其原因,首先在于诗中每个词汇都是很容易理解的词汇。五个字一句,排列成诗句,构成一首五言绝句。如果有人对这首诗歌的意义理解不同,那可能是因为他对词义的理解有差异。这首诗歌写的是一个早春早晨的景象,对两个词汇的意义如何理解很关键。第一个词汇是"晓"。"晓"有两个意思,第一个意思是"天刚亮的时候",第二个意思是"知道""知晓"。"春晓"是"春天的早晨"还是"春天醒过来了",这就要联系到第二个词汇"春眠"。"春眠"是"人在眠"还是"春在眠",于是理解就不太相同了。

这首诗歌写春天,不知不觉地,鸟语花香,春色盎然,使人欣喜。朱自清的现代散文《春》是这样写春天的。

盼望着,盼望着,东风来了,春天的脚步近了。

一切都像刚睡醒的样子，欣欣然张开了眼。山朗润起来了，水涨起来了，太阳的脸红起来了。小草偷偷地从土里钻出来，嫩嫩的，绿绿的。园子里，田野里，瞧去，一大片一大片满是的。坐着，躺着，打两个滚，踢几脚球，赛几趟跑，捉几回迷藏。风轻悄悄的，草软绵绵的。桃树、杏树、梨树，你不让我，我不让你，都开满了花赶趟儿。红的像火，粉的像霞，白的像雪。花里带着甜味儿；闭了眼，树上仿佛已经满是桃儿、杏儿、梨儿。……

　　一首简短的诗歌，一篇活泼轻盈的小散文，其基本主旨差不多，但是阅读感受却不同。什么原因？词汇的运用不一样，作品赋予词汇的意义与感受不一样。一个含蓄自然，使人想象；一个描写具体，生动在目。

　　所以，文学阅读与解读，有一个基本要求，就是要落实到每一个词汇，"字字落实，句句过关"。元代文学家元好问有一句诗"文须字字作，亦须字字读"，说作品是作家一个字一个字写出来的，当然也要一个字一个字地阅读。有些作家对自己要求十分严格，如杜甫"语不惊人死不休"，不把话说得让读者称颂他是不罢休的，于是"吟成一个字，捻断数根须"，为了找到合适的字，反复推敲，以致捻掉了几根胡须。所以，任何一篇优秀的文学作品都是作家用词汇编织出的精美艺术品，真正的阅读绝不是粗放、肤浅、泛泛的阅读，而是落实到每一个词汇和每一个句子的阅读。

01
咬文嚼字

　　美学家朱光潜写过一篇短文叫《咬文嚼字》，他主张要"领略运用文字所应有的谨严精神。本着这个精神，他随处留心玩索，无论是阅读或写作，就会逐渐养成创作和欣赏都必需的好习惯。它不能懒不能粗心，不能受一时兴会所生的幻觉迷惑而轻易自满。文学是艰苦的事,只有刻苦自励推陈翻新,时时求思想情感和语文的精炼与吻合,你才会逐渐达到艺术的完美"。① 如何咬文嚼字呢?

首要的自然是识字辨义。"人生启蒙识字始",也有人说"人生聪明识字始",就是说识字是一个人启蒙或者聪明的开始。前一段时间热播的汉字书写大赛,不只推动了大众对汉字的热爱、记忆与运用,同时也是一场文化教育。因为记住一个汉字,是同这个汉字的音形义密切联系在一起的,这里面有很多规律,了解那些造字的智慧、文字的含义对人也是一种文化教育。不了解这些规律,不去反复揣摩,就不可能深刻记忆与准确识别这些汉字。今天有些人还嘲笑别人"咬文嚼字",其实这是相当无知的行为,因为说话写文章本来就要求准确,准确就要"咬文嚼字"。所以,"说文解字"是了解中国语言文字的基本功。

这里要提醒两个问题。

第一个是繁体字的问题。阅读古籍会碰到繁体字,如果不能够识别繁体字,也就是字都不认识,自然是谈不上阅读的。当然古代还有很多词汇今天不太使用,这也增加了阅读难度,譬如"沉鱼落雁,闭月羞花"等表现古代女子美丽的词汇。还有些词被今天的新词所替代。譬如《诗经·蒹葭》,"蒹"是没有长出穗的芦苇。"葭"是初生的芦苇。古代人的词汇分得比今人细致,意思也更加丰富,将"蒹葭"翻译成"芦苇"似乎又不太恰当。总之大家需多读古书,增加自身相应的知识储备。

第二个是古书句读的问题。古代语文教育,第一是识字写字教育,第二就是句读教育。"童子之师,授其书而习其句读",说的就是这个意思。古代没有标点符号,标点符号的发明与运用,不仅利于提高阅读速度,同时标点符号也成了具有独立意义与价值的一种语言符号。因为句读不

---

① 朱光潜.谈文学·咬文嚼字[M].桂林:漓江出版社,2011:67

同,一些古书中的内容就有不同的解释。

《论语·泰伯》:"民可使由之不可使知之。"句读不同,意思大不相同,第一,"民可使由之,不可使知之"(老百姓可以让他们听从指使,不可以让他们了解为什么要这样做的理由)。第二,"民可使,由之;不可使,知之"(老百姓素质好,就让他们自己去做;如果素质不好,就应该想办法让他们知道怎么去做)。"民可使由之不可使知之"还可以句读成这样:"民可使,由之不可使,知之"(老百姓可以利用,随着他们,但是又不能利用,那就要教育他)。"民可使由之?不。可使知之"(能随便让老百姓自由去做吗?不能,要先让他们懂得道理)。"民可使由之?不可。使知之"意思和前一句差不多,但是句式是不同的。这些句读,导致句子意思有很大的不同,甚至意思截然相反。

古代有一位皇帝得到一把古扇,让臣子在扇子上抄录唐代诗人王之涣的《凉州词》:"黄河远上白云间,一片孤城万仞山。羌笛何须怨杨柳,春风不度玉门关。"臣子题扇时无意间漏掉了一个"间",皇帝大怒,要责罚这位臣子。臣子灵机一动,说他抄的不是唐诗,而是一首小令。他朗诵道:"黄河远上,白云一片,孤城万仞山。羌笛何须怨,杨柳春风,不度玉门关。"皇帝虽知道这是臣子的狡辩,但最终也就付诸一笑。这个野史故事其实帮助年轻人提高了对句读的兴趣。再譬如杜牧的《清明》:"清明时节雨纷纷,路上行人欲断魂。借问酒家何处有?牧童遥指杏花村。"也可以改成小令:"清明时节雨,纷纷路上。行人欲断魂。借问酒家何处,有牧童,遥指杏花村。"

很多人以为句读是古人的事情,今天不需要了,其实未必。爱尔兰乔伊斯有一部小说《尤利西斯》,最后一章(第18章)一千多行,除了两个句号之外没有标点,句子与句子没有隔断,连成一个文字链,读起来十分费劲。是作者故弄玄虚吗?不是。他想表现人物意识的流动,人物在特定状态下的意识流动就是无序的。这种形式是为内容服务的,这段内容后来被不同的研究者句读与解读,成为一个经典案例。

譬如,在"文革"期间,群众都有读报学习的要求,读得不好就会闹出笑话。有一次一位读报者将"南京市长江大桥"就读成"南京市长——江大桥",弄得大家以为南京市换了一位新市长。把"已经取得学历的和尚未取得学历的干部都要………"读成"已经取得学历的和尚,未取得学历的干部都要……"

今天是白话文时代,句子不再由一个音节构成,而是长短不一,有的句子因为增加了修饰的成分而变得很长,需要通过准确的断句才能准确地表达相应的意思,否则会引起歧义或者误解。

譬如:我没说他偷了我的钱包。表达时断句、语气与行为的表现导致其意思不同。

"(我)/没说他偷了我的钱包",强调我没说,也许是别人说的。

"我/(没)/说他偷了我的钱包",强调我坚决没说。

"我没/(说)/他偷了我的钱包",强调我没说出来,也许是我做了一个动作,暗示了一下。

"我没说/(他)/偷了我的钱包",强调我没说是他偷的,也许是别人偷的。

"我没说他/(偷)/了我的钱包",意思是,我又没说他偷,也许他拿了我的钱包、骗了我的钱包、抢了我的钱包。

"我没说他偷了/(我)/的钱包",意思是,他没偷我的钱包,也许他偷了别人的钱包。

"我没说他偷了我的/(钱包)",意思是,也许他偷了我的钱、偷了我的包,那我也没说。

断句在今天依然是很重要的阅读素养,因为断句本身就包含着是否理解了句子的涵义与情感,理解得越准确、越深刻,断句就断得越恰当。朗读最能看出一个人断句的本领,同时也最能看出阅读水平的高低。

中国语言文字博大精深。今天的人若想读懂古书,不经过教育与训练肯定不行。即使不存在句读的问题,很多文字大家也不一定认识,即使认识也未必能明白其意思。阅读困难首先是面临识字辨义的问题,也就是字要认得,意思要明白,否则寸步难行。譬如屈原《离骚》开篇:

> 帝高阳之苗裔兮,朕皇考曰伯庸。
> 摄提贞于孟陬兮,惟庚寅吾以降。
> 皇览揆余初度兮,肇锡余以嘉名:
> 名余曰正则兮,字余曰灵均。

不借助工具书与参考资料不可能准确理解这段文字。这里就要求,阅读古书除了需要耐心与细心之外,还要借助参考书或者"注译本""注释本""校注本",从而使阅读能力逐步提升。

词义的一般知识也应该了解。词义就是词汇的含义。一般字典都会有解释。它具有三种形式:本义、引申义与比喻义,一个句子可能会使用其中的一种。"本义",也叫"基本义",指一个词的最初含义。如"兵"的本义为"武器"。"引申义"指词的本身引申出来的意义。如"打"这个词①他打了人;②打掩护;③打理公司。第①句中使用的是它的本义;而第②③句中使用的是它的引申义。"比喻义",是指通过本词打比方产生的固定词义。比如"尾巴"一词原指"动物身体末端突出的部分",但在下面这两个句子中词义却产生了比喻义。①当天的作业要当天完成,不能留尾巴。②他甩掉了尾巴。在第①句里,"尾巴"指"残留部分";第②句里,"尾巴"指"跟踪或尾随别人的人"。

杜甫有一组诗《江畔独步寻花》,共七首,下面是其中广受称颂的一首。

> 黄四娘家花满蹊,千朵万朵压枝低。
> 留连戏蝶时时舞,自在娇莺恰恰啼。

读懂这首诗，先要弄懂每个词汇的意思。难懂的词汇有"蹊"，指小路，这个词汇今天不常用，这里的"蹊"写的是花开的地点。"流连"这个词汇，会让人想起"流连忘返"这个成语。"流连"是什么意思呢？今天一般解释为"留恋"，因为喜欢而舍不得离开。孟轲《孟子·梁惠王下》："从流下而忘返谓之流，从流上而忘返谓之连。"这里指作者舍不得离开，在欣赏蝴蝶围着花朵翩翩起舞的美景。"自在"就是自由自在，无拘无束。"恰恰"在今天被理解为"刚好""正好"。这里作这样理解似乎也行得通。"娇莺"，实在是贴切绝妙的表达，"娇"是美好可爱的意思，很早就用作女性的名字，据说大禹所娶的涂山氏，其名就叫女娇。娇美是一种美，令人回味。那么作者是怎么知道一只鸟很娇美呢？他是从鸟叫声感受到的。"恰恰啼"就是指恰到好处的叫声。实际上在古代"恰恰"是一个连着一个的意思，鸟儿发出一声连着一声的娇美的叫声，花香鸟语，富有生机生趣，如理解为"恰好"显得含糊生硬。阅读至此，一般人会觉得基本读懂了此诗的意思。这首诗既写到一幅美景，又透露了作者心情。

实际上，还有一些词汇人们似乎读懂了，似乎又不太懂。其中的"啼"字，并非"啼哭"，而是"啼叫""啼鸣"，或者说是"歌唱"，与"戏蝶"的翩然舞蹈结合，则更能够表现春天充满盎然生机的气象。之所以用"啼"字不用"莺歌燕舞"的"歌"字，一是因为"啼"字更能够突显莺鸣之清丽与婉转，二是因为押韵的需要，这"啼"字与"千朵万朵压枝低"属于同一韵。如果与金昌绪《春怨》中"打起黄莺儿，莫教枝头啼。啼时惊妾梦，不得到辽西"比较，就可以发现这相同的"啼"，涵义与意味是不一样的，饱含了不同的情绪。杜诗表现的是欢愉、欣喜的心情，金诗表现的是怨怅、伤感的情怀。读《江畔独步寻花》，最容易让人忽略的是"黄四娘"，"以今推古"，读者或以为这"娘"字就是"老太婆"，其实，这"娘"当与"杜十娘""杜丽娘""红娘"的"娘"同义，是指"年轻漂亮的女子"。"黄四娘"就是黄家排行第四的妙龄少女。依理可推，黄家还应该有一娘二娘三娘。这样一群美丽的姑娘与千万朵姹紫嫣红的花相互映衬。杜甫到江畔独步寻"花",结果也寻着了"花",那花填满了小径,姹紫嫣红,姿态各异,群芳竞妍,而更重要的"花"似乎却是"黄四娘"。她并没有直接出场,但这"满蹊"的招蜂引蝶的"花"从侧面烘托出"黄四娘"这朵花的娇丽绝俗。至此还可以联想到崔护《题都城南庄》中的句子:"去年今日此门中,人面桃花相映红。人面不知何处去,桃花依旧笑春风。"着实让人着迷。

汉语词汇还存在很多特殊现象,譬如成语、歇后语、谚语等,都极大地丰富了汉语文学的表现力。譬如,成语是长期沿用的固定短语,来自古代经典或著作、历史故事和人们的口头故事。成语的意思精辟,往往隐含于字面意义之中,不是其构成成分意义的简单叠加。成语中的文字未必难于识别,但是它的文字组合是固定的,意思也是固定的,如果不注意或是望文生义,阅读与写作就会犯错误。譬如"目无全牛",可能会被理解为看东西支离破碎,没有整体性,其实际意思是"某项技艺达到了极高的境界,已经超越了事物本身"。"弹冠相庆"会被理解为大家为成功高兴、庆贺,但实际是贬义词,特指不正当的事情获得成功时暂时得意的表现,类似于"小人得志"。"危言危行"容易理解为危险的言语与行为,"危"的本义是"高而惧",而这里的"危"是正直、正襟危坐的意思。"危言危行"的意思是堂堂正正说话做事。"文不加点"很容易被理解为写文章没规矩没章法,句子混乱。其实际是指一个人很有才华,写文章又快又好。

汉语词汇特殊现象中最值得注意的就是用典。用典,也就是用事,是一种修辞手法。引用古籍中的故事或词句,可以丰富而含蓄地表达有关的内容和思想。

刘勰在《文心雕龙》里诠释"用典",说是"据事以类义,援古以证今",即以古比今,以古证今,借古抒怀。用典从作者角度看,是才华的体现,表现了作者博览群书,博闻强识。从作品本身看,则增加了文章丰富、含蓄甚至深刻的意义。从效果看,有的用典生硬,只追求文辞华丽,而好的用典既要师其意,又要不露痕迹,所谓"水中着盐,饮水乃知",方为佳作。从手法上看,有明典、暗典、翻典。明典,就是用典明显,容易看出来;暗典是用得不露痕迹,其实里面藏典;翻典就是作者灵活运用,引用典故时,反其意而用之。

如王维《相思》:"红豆生南国,春来发几枝。愿君多采撷,此物最相思。"传说古代有一位女子因丈夫死在边疆,哭于树下而化为红豆,于是红豆又称"相思子",常用以象征爱情。再如《出塞》:"秦时明月汉时关,万里长征人未还。但使龙城飞将在,不教胡马度阴山。"三、四句借用飞将军李广的典故。《史记·李将军传》中说:"(李)广居右北平,匈奴闻之,号曰汉之飞将军。"清人沈德潜认为这首诗"盖言师劳力竭,而功不成,由将非其人之故;得飞将军备边,边烽自熄"。因此,三、四句是借用飞将军李广批评当时领兵远征主将的典故。

> 更能消、几番风雨,匆匆春又归去。惜春长怕花开早,何况落红无数。春且住,见说道、天涯芳草无归路。怨春不语。算只有殷勤,画檐蛛网,尽日惹飞絮。
>
> 长门事,准拟佳期又误。蛾眉曾有人妒。千金纵买相如赋,脉脉此情谁诉?君莫舞,君不见玉环飞燕皆尘土!闲愁最苦!休去倚危栏,斜阳正在,烟柳断肠处。
>
> (辛弃疾《摸鱼儿·更能消几番风雨》)

此词下片用了两个典故。一开始就以汉武帝陈皇后失宠的典故,来比拟自己的失意。"长门事"至"脉脉此情谁诉"一段文字,说明"蛾眉见妒",自古就有先例。陈皇后被打入冷宫——长门宫,是因为有人忌妒她。她后来拿出黄金,买得司马相如的一篇《长门赋》,希望用它来打动汉武帝的心,但是她所期待的"佳期",仍很渺茫。这种复杂痛苦的心情,对什么人去诉说呢?"君莫舞"的"君",是指那些忌妒别人来邀宠的人,"舞"字,包含着高兴的含义,意思是说:你不要太得意忘形了,你没见杨玉环和赵飞燕后来不都是死于非命吗?安禄山攻破长安后,兵乱中唐玄宗被迫将杨玉环缢死于马嵬坡。赵飞燕是汉成帝的皇后,后来被废黜为庶人,终于自杀。"皆尘土",用《赵飞燕外传》附《伶玄自叙》中的语意。伶玄妾樊通德能讲赵飞燕姊妹故事,伶玄对她说:"斯人(指赵氏姊妹)俱灰灭矣,当时疲精力驰骛嗜欲蛊惑之事,宁知终归荒田野草乎!"

毛泽东曾经有一首诗《七律·人民解放军占领南京》:

> 钟山风雨起苍黄,百万雄师过大江。
> 虎踞龙盘今胜昔,天翻地覆慨而慷。
> 宜将剩勇追穷寇,不可沽名学霸王。
> 天若有情天亦老,人间正道是沧桑。

毛泽东是一位伟大的革命家、政治家,还是一位伟大的诗人。他的诗歌写得好同他博览群书有关,所以他的用语可谓非同凡响。这首诗表达了解放军横渡长江、占领南京,中国社会将沧桑巨变的心境。上面讲到的用词、成语、用典都在这首诗歌中有所体现。

"苍黄"同"仓皇",本意是说南京国民党军队遭到解放军突袭而溃败,"苍黄"兼有变色的意思,在修辞上叫"双关"。"虎踞龙盘"是成语,形容地势优异,尤其是指军事地势。用的典是三国时诸葛亮看到吴国都城建邺(今南京市),说此地"钟山龙盘,石头虎踞,此帝王之宅"。这里用典的意思是指南京,"虎踞龙盘"又如何,照样不堪一击,而且将来会比过去更好。"慨而慷"也是用典,曹操《短歌行》"慨当以慷,忧思难忘。何以解忧,唯有杜康"。这是建安文学的特征,慷慨悲凉,但是毛泽东在变用时,留下了慷慨豪情,去掉了忧思。"宜将剩勇追穷寇",字面意思是希望解放军一鼓作气,将敌方残余部队都消灭。"剩勇",是剩余的勇气吗?剩余的勇气又怎能够担当大任?其实这里有典故。《左传》记载,齐国将军高固在齐晋战场上说"欲勇者贾吾余勇",意思是批评有的人胆子太小,到我这里来买我富足的、用不完的勇气。"剩勇"就是余勇,太多、富足外溢的勇气,这是对解放军军心士气的歌颂。"穷寇"也是用典,《后汉书·黄埔嵩传》:"兵法,穷寇勿追。"毛泽东认为,要将革命进行到底,不留后患。"沽名"是成语"沽名钓誉"的变用,也是用典,《管子·法法》:"钓名之人,无贤士焉。""学霸王",用西楚霸王的典故。项羽自封霸王,宽容对手,结果自刎乌江,空留其名,这是需要汲取的深刻的历史教训。"天若有情天亦老",借用唐代诗人李贺的《金铜仙人辞汉歌》中的"衰兰送客咸阳道,天若有情天亦老"。这里指国民党统治天理不容,人民自然要推翻它。"沧桑"同样是成语"沧海桑田"的变用,也是用典,来自葛洪《神仙传》,形容江山发生了翻天覆地的变化。

舜有妃子娥皇和女英,舜死后她们在湘水上啼哭,眼泪洒在竹子上,竹竿上生了斑纹。后来诗文常常用到斑竹湘妃竹这个典故,连林黛玉外号"潇湘妃子",多情多泪,都是自此而来。白居易《长恨歌》:"在天愿为比翼鸟,在地愿为连理枝。""比翼鸟",又名鹣鹣,传说中鹣鹣只有一只眼、一只翅膀,所以一定要两只鸟在一起才能飞,后比喻夫妻。"碧血",常与"丹心"连用,碧血,指为正义死难而流的血,烈士的血,歌颂为国捐躯者的忠贞。语出《庄子·外物》:"苌弘死于蜀,藏其血,三年而化为碧。""采薇",殷朝末年,周武王伐殷,孤竹国国君的儿子伯夷、叔齐认为这是以臣弑君,就拦马谏阻。殷之后,两人不食周粟,隐居首阳山,采薇而食,终饿死。后以此喻隐居避世,唐王绩《野望》:"相顾无相识,长歌怀采薇。""万里长城",后以此称能抵御敌人入侵的英雄人物。语出陆游《书愤》:"塞上长城空自许,镜中衰鬓已先斑。""长亭",古代驿站在路上约隔十里设一长亭,五里设一短亭,供游人休息送别。后"长亭"成为送别之地的代称,柳永《雨霖铃》:"寒蝉凄切,对长亭晚,骤雨初歇。"李叔同写过一首歌词,传唱至今,叫《送别》,首句歌词是:"长亭外,古道边,芳草碧连天。"后来电影

《城南旧事》将它作为主题曲。"尺素",书信的代称,语出古乐府《饮马长城窟行》:"客从远方来,遗我双鲤鱼。呼儿烹鲤鱼,中有尺素书。"秦观《踏莎行》:"驿寄梅花,鱼传尺素,砌成此恨无重数。""双鲤",也指书信。古人寄信,将信结成双鲤形状,后"双鲤""双鱼"同义,李商隐《寄令狐郎中》:"嵩云秦树久离居,双鲤迢迢一纸书。"李白《赠汉阳辅录事》:"汉口双鱼白锦鳞,令传尺素报情人。"这些隐藏在诗文中的典故,反映出中国诗文厚重的内涵。

总之,汉语文学阅读需要咬文嚼字,咬文嚼字是阅读的基本能力,它包括识字辨义、句读断句、词义理解、成语运用、用事用典等。为什么强调这一点,因为它们是句子的基本元素,是文章意义与价值的基因密码。句子不能读懂,就谈不上有效阅读。

最后需要强调的是,文学作品中的词汇运用不是辞书上词汇的简单运用,它带有作者的创造性与个性。譬如"梅兰竹菊"这四种事物,就被作家赋予"君子"品质的象征意义。"采菊东篱下,悠然见南山",不是简单表现采菊的行为。"折柳"不单是折断柳条,还是一种送别行为与告别仪式。倘若句子中出现"采菊""东篱""折柳"这样的词汇,都是有特定的文化象征意义的,同作者特定的思想感情是密切相关的。

02
语境与语义

上面重点讲到词汇与词义的一般特点,它是进入阅读状态所要具备的基本素养。但是,一个词汇真正具有什么意思,一句话是什么意思,则需要放到具体的语言环境中理解。

"你好"是中国语境中见面打招呼的一种话语,但是放到不同的语境中,其含义是不一样的。譬如,进行一次正式谈判,谈判人员需要相互介绍与认识,一般做法是鞠躬、握手,说"你(您)好",礼貌而正式。要是在一个没有思想准备的场合邂逅几十年未见的恋人,"你好",还是用作打招呼,但其作用与含义会是不一样的。再假如一位刺客要找仇人报仇,虽历经千辛万苦,但总是失手,有一天终于在一家客栈碰到了仇人。他悄无声息地走到仇人身边,拍拍他的肩膀,说"你好"。此情此景,"你好"的涵义更值得回味。

语言环境无时无刻不发生变化,所以语义会呈现丰富的状态。这就像下棋,棋盘、棋子与规则是固定的,因为是不同的人下棋,所以棋局是不一样的,每一个棋子的使用及其发挥的作用也会不一样。大家知道,社会其实是由人组成的,但是因为环境不一样,同样是人的行为,但是社会所呈现的状态是不一样。这就如同下棋,"世事如棋局局新"。从正面看,这叫丰富,生活总是多姿多彩,变化发展的。从另外一面看,这叫复杂。正因为这样,人的焦虑与压力也就产生了。哲学家探讨这种丰富复杂的问题,同时寻找普遍有效的办法。结果,值得信服的观点只有一个:具体问题具体分析。

这里要强调的是,说话也好,写文章也好,严格来说,都是人与人之间的一种交际行为。写文章其实也是说话,只不过是在特殊情境下的一种说话方式。譬如《诗经》中有很多表现百姓疾苦的诗歌,它是百姓深受苦难的情感宣泄,其实也是另外一种形式的反抗行为,所以天子让采诗官去采风,从中了解社情民意。诗歌是理解"文学"其实也是反映社会信息与心态的一种话语、声音和途径。唐诗中很多优秀的诗歌是"送别诗",诗歌题目直接告诉人们在什么地方,为什么事情,送别谁,这也是古代文人雅士的一种告别方式。告别是古代一项重要的仪式,正式、隆重、深情,在特殊情境下,告别也许就是生离死别。所以江淹有一首著名的文章《别赋》,第一句话就让人愁肠寸断:"黯然销魂者,唯别而已矣。"

什么叫"语境"？简单理解就是语言环境。语境是语言文字组成的意义系统,它既表达一种意义与信息,也通过具体词汇、句子进行合理组织来达到目的。

语境可以理解为语言事实,语义是传达出的意义。譬如在不同的句子中"水"这个词汇的运用。

君子之交淡如水。

长恨人心不如水,等闲平地起波澜。

柔情似水,佳期如梦,忍顾鹊桥归路。

自古道妇人生性如水,反复无常,况烟花之辈？

月光如流水一般,静静地泻在这一片叶子与花上。

阿里山的姑娘美如水。

以上语句有一个共同的特点,就是使用了"水"这个词,而且这个词的意义是理解每一句话具体意思的关键。同样都是"水"这个词,为什么意义不一样？这是因为"水"这个词所处的语境不一样。"水"的本义是一种事物的名称,不同的语境赋予它不同的意义。"君子之交淡如水","水"的意义是"淡"。"长恨人心不如水","水"指易起波澜。"柔情似水","水"写柔情。"生性如水","水"指反复无常。"月光如水","水"指月光之美。"姑娘美如水","水"指人之美。这就出现一个有趣的现象:同样一个词汇,它在不同语境中表现的意思是不同的,但是一旦进入具体语境,它的意思或者说意图是非常明确的,一旦语境确立,就规定了只能朝特定的方向去理解这个词汇。更加有趣的是,这些词汇到底怎么解释与把握,有些可以说得清楚,有些则不容易说清楚,每个人都可以有自己的感悟。下面的例子可以进一步说明这个问题。

传说古代有兄弟三人进京赶考,途中遇到一位算命先生,三人决定一问前程。结果算命先生只对他们竖起一根手指,什么也没说,却收了他们十两银子。兄弟三人走后,徒弟问:"师父,您竖一根手指什么意思呢?"师父说:"如果他们考中一个,就是只考中一个的意思;如果考中两个,就是只有一个考不中的意思;如果都考中,就是一个都不落榜的意思;如果都考不中,就是一个也考不中的意思。"从表面看,这位先生利用了一词多义的特点,其实他利用了不同语境词汇意义不同的规律。

对语义的理解要依据语境。

第一,利用上下文理解语境。上下文,就是书面语言环境,也就是阅读者面对的语言事实。很多词汇在某种规律性的组合与运动中形成相互共存的关系,它的意义与价值要放到这个关系中才能确立。这也就要求阅读者不能忽视文本中任何一个语言符号。这种认知现象的解释是一个复杂深刻的问题。

需要强调的是,有些词义的理解不是一下子就能够把握的,即便是司空见惯的词汇。它可能要通过反复阅读上下文,在此基础上对照与推敲才能逐步被理解。譬如杜甫有一首诗,其中有两句:"朱门酒肉臭,路有冻死骨。"这两句使用了对照的写法,通过生活状况的巨大差异反映社会的不公平,反映作者同情底层民众的情感。"臭"这个词汇,很容易理解为"臭味",以表现朱门人家生活富足,宁臭不施的品行。细心推敲发现,这种看似合理的解释是存在问题的,因为一般情况下,肉臭无异,但酒臭则诡异,下文"冻死骨",透露出诗中描写时节是冬季,冬季的"肉"不易变质发臭。有点词汇学知识的人都知道,古代的"臭"本义是气味,《周易》中说"其臭如兰","臭"通"嗅",是气味的意思,同今天的意思正好相反。"臭"放在这个上下文中,理解为"酒香肉香"则更加真实生动。

第二,语境还指向情境语境。

在什么场合、带着什么样的目的、面对什么样的对象、想用什么样的方式,然后说出这样的话,这就是"上下文"所处的语境或者情境。语文课堂上老师交代写作背景,介绍作家个人信息与性格特点,原因就在于情境语境掌握得越多,人们对上下文的理解就更加具体明确,孟子说:"知人论世,以意逆志。"道理即在此。

> 洞房昨夜停红烛,待晓堂前拜舅姑。
> 妆罢低声问夫婿,画眉深浅入时无?
>
> (朱庆馀《近试上张水部》)

这首诗歌本身意思不难理解。写的是一位新妇的心情。她一夜未眠,早早起床精心打扮,结果还是不放心,悄悄问丈夫自己的妆容是不是得体,不知道自己是不是受到公婆的喜欢。这首诗将闺房之事写得生动有趣。

然而这首诗歌真正的意思与字面意思完全不同。诗歌的题目叫《闺意献张水部》,又名《近试上张水部》,作者朱庆馀。第一个题目,说明"闺意"是献给张水部的,第二个题目意指快要考试献给张水部一首诗。张水部是何人?朱庆馀和他什么关系?朱庆馀为什么写"闺意诗"?这就成了理解这首诗的关键。水部是唐代官名,张水部指张籍,他文才非凡,乐于提携后生。唐代进士科举,仕子有向名人行卷的风气,以展示才华、毛遂自荐。朱庆馀曾向张籍行卷,虽得到过赏识,但马上要考试了,心里还是不放心。新妇就是比喻自己,新郎比喻张籍,公婆比喻考官,一定程度上,诗人是用这种方式消除自己考前的紧张情绪。敢于用这种诙谐生动的方式,表明两人关系有点忘年交的味道,张籍写了一首诗回应,题目叫《酬朱庆馀》:"越女新妆出镜心,自知明艳更沉吟。齐纨未是人间贵,一曲菱歌敌万金。"朱庆馀是浙江人,所以张籍将他比喻成越女,告诉他采菱姑娘相貌又好,歌喉又好,必然会得到赏识,不必为考试担心。

这就是情境语境对于理解语义很重要的原因。

《论语》几千年来被不停解读,引发了很多争论,一个重要的原因是文本中只有"子曰",只有"说话的人",至于他在什么场合下、针对什么对象说话有时不清晰,导致《论语》解读的丰富性。所以很多学者基于"情境""语境"与"语义"的关系力求各种史料进行考证,通过上下文对照与梳理,通过情境还原来解释《论语》语义。

第三,语境通向更广阔、更深层的背景。

"文染乎时变",意思是文章受时代变化的影响与浸染,不可能不携带时代影响的信息。譬如有一首歌叫《东方红》:"东方红,太阳升,中国出了个毛泽东。""东方红,太阳升",显然是一种古老的比兴手法的运用,类似"关关雎鸠,在河之洲。窈窕淑女,君子好逑。"歌唱者受一种情感的驱使与情绪的激发,不由自主地将毛泽东比作驱走黑暗、带来光明与幸福的太阳。今天很多人觉得这首歌有点夸张,带有神话的色彩,如果了解这首歌创作的年代背景,就不会如此评判。这首歌其实20世纪40年代中期就在陕北出现了,是老百姓自己在陕北民歌基础上改编创作的。当时中国共产党实施了一系列爱民政策,譬如减免老百姓所有赋税,鼓励开荒种地,收成所有;对外来延安的人,除保障其生活之外,还提供土地免费耕种;部队搞大生产运动解决军队供需问题,这些举措为老百谋福利,老百姓歌颂毛泽东也就顺理成章。从这个角度看,要了解一部作品,并且对它作出比较客观的评价,这些广阔、深层的背景了解得多自然有益无害,而了解它的途径自然还是多思考,多读书。

值得注意的是,时代、作家与作品的关系是客观存在的,只不过这里面的关系很复杂,运用得不好就会将问题简单化。

譬如朱自清的《荷塘月色》,有人就说里面反映了大革命失败的苦闷。1927年,中国政局动荡,这直接或者间接影响到一个人的生活,但是不是作品真的就是表达大革命的苦闷,从文章中看不到足够的证据。朱自清一介书生,又不是政界人物,用这样的文章来表达对时局的看法,可能有点牵强附会。当然有人说,既然不是时代原因,那就是家庭与个人生活原因,文章表达的是家庭生活的苦闷。文章中写到,"这几天心里颇不宁静",一个人在月下踱步,难得片刻的宁静,结尾是回到家中"妻已睡熟好久"。"心里颇不宁静",自然是"因事而起",但是是不是家庭生活,上下文似乎没有足够的依据来加以说明,非要找出现实原因,反而损害了文章"普遍性"的价值与含义,在这里,这种方法反而不足取。

第四,阅读叙事文学更要重视语境与语义的关系。

叙事文学往往通过叙述在什么场合、什么人、发生什么事情,来塑造人物或者讲故事。戏剧、电影、纪实文学、记人记事散文都是如此。例如《红楼梦》二十六回:

> 宝玉便将脸贴在纱窗上,看时,耳内忽听得细细的长叹了一声道:"每日家情思睡昏昏。"宝玉听了,不觉心内痒将起来,再看时,只见黛玉在床上伸懒腰。宝玉在窗外笑道:"为甚么每日家情思睡昏昏?"一面说,一面掀帘子进来了。
>
> 林黛玉自觉忘情,不觉红了脸,拿袖子遮了脸,翻身向里装睡着了。宝玉才走上来要搬她的身子,只见黛玉的奶娘并两个婆子却跟了进来说:"妹妹睡觉呢,等醒了再请来。"刚说着,黛玉便翻身坐了起来,笑道:"谁睡觉呢。"那两三个婆子见黛玉起来,便笑道:"我们只当姑娘睡着了。"说着,便叫紫鹃说:"姑娘醒了,进来伺候。"一面说,一面都去了。

上述话语中有两种语境,一是情景语境,二是话语语境。情景语境指的是林黛玉在贾府卧房里的里里外外。话语语境的动态发展是从卧房的外面延伸到卧房里面的,从宝玉纱窗外的窥视到观看黛玉,到掀帘走进卧房,到林黛玉自觉忘情,红了脸又装起睡来,直至宝玉入室的场景。宝玉默然生起这种想法:黛玉有依人门下的苦衷。宝玉和黛玉之间本就有的含情脉脉,随着情景语境的变化而有动态式的深入,话语呈现出宝玉虽有时有情随事迁的意思,但此时他们更是相互爱慕。根据关联理论,语境是一个认知的动态构建过程。认知语境不是静止的参数,而是一系列处于发展和变化中的命题。因此,动态性是认知语境最显著的特点。

叙事文学常常设置特定的情境话语,通过人物的语言与行为的刻画来塑造人物。如果离开这些情境,单看人物的语言与行为,可能会使人产生肤浅的理解,甚至是错误的理解。这两者之间的关系,有的是上面说的动态的变化关系,有的是静态情境下互动碰撞的关系,如《红楼梦》三十一回写晴雯,宝玉心情不欢,借晴雯跌折扇子股子而两人争吵了一番,晴雯同样心情不好,性格直爽刚烈,不依不饶,想息事宁人的袭人忍着性子对晴雯说:"好妹妹,你出去逛逛儿,原是我们的不是。"主动赔不是,讨好对方以消除矛盾,这是日常中的一般做法,话没有说错,但是放到这三个人的微妙关系中,结果就完全不同。

晴雯听她说"我们"两个字,自然理解为袭人和宝玉了,不觉又添了酸意,冷笑几声,道:"我倒不知道你们是谁,别教我替你们害臊了!你们鬼鬼祟祟干的那些事儿,也瞒不过我去。不是我说:正经明公正道的,连个姑娘还没挣上去呢,也不过和我似的,那里就称上'我们'来了!"袭人羞得脸紫胀起来,想一想原来是自己把话说错了。

分析一下,袭人为什么感觉自己说错了,还羞红了脸。袭人自认为她已经和宝玉有床笫之欢,觉得她做姨太太是铁板钉钉的事,和别的丫鬟有差别,不自觉说话之中带点优越感。她羞红脸,是因为她心里有鬼,话已出口,无意中暴露了自己的秘密,而这偏偏给晴雯逮了个正着,直爽的晴雯干脆将其抖搂出来。晴雯为什么火气旺盛呢,内在的原因是她对袭人的嫉妒与愤怒,因为她同贾宝玉关系也非比寻常,她同样认为贾宝玉是喜欢她的,喜欢得可以让她恣情任意。这里面其实反映出贾府中的等级关系,一方面是底层人的命运与生活愿望,一方面底层人存在相互争斗与算计。和一个主子攀上"我们"是多么令人荣耀与奢望的事情。

特定情境话语,可能是推动故事的转折点,也可能是故事的高潮。

那时候刚好下着雨,柏油路面湿冷冷的,还闪烁着青、黄、红颜色的灯火。我们就在骑楼下躲雨,看绿色的邮筒孤独地站在街的对面。我白色风衣的大口袋里有一封要寄给在南部的母亲的信。樱子说她可以撑伞过去帮我寄信。我默默点头,把信交给她。

"谁叫我们只带来一把小伞哪。"她微笑着说,一面撑起伞,准备过马路去帮我寄信。从她伞骨渗下来的小雨点,溅在我的眼镜玻璃上。

随着一阵拔尖的煞车声,樱子的一生轻轻地飞了起来。缓缓地,飘落在湿冷的街面上,好像一只夜晚的蝴蝶。

虽然是春天,好像已是秋深了。

她只是过马路去帮我寄信。这简单的行动,却要叫我终身难忘了。我缓缓睁开眼,茫然站在骑楼下,眼里裹着滚烫的泪水。世上所有的车子都停了下来,人潮涌向马路中央。没有人知道那躺在街面的,就是我的,蝴蝶。这时她只离我五公尺,竟是那么遥远。更大的雨点溅在我的眼镜上,溅到我的生命里来。

为什么呢?只带一把雨伞?

然而我又看到樱子穿着白色的风衣,撑着伞,静静地过马路了。她是要帮我寄信的,那,那是一封写给在南部的母亲的信。我茫然站在骑楼下,我又看到永远的樱子走到街心。其实雨下得并不大,却是一生一世中最大的一场雨。而那封信是这样写的,年轻的樱子知不知道呢?

"妈:我打算在下个月和樱子结婚。"

(陈启佑《永远的蝴蝶》)

这篇构思精巧、感人至深的微型小说,其成功之处,就在于"情境"与

"人物"的关系使事件发生陡转,一场突如其来的车祸造成的悲剧,体现人生命运的不确定性。但是怎么让这种不确定性显得合理呢,雨天,一把伞,代"我"穿过马路寄信,所有偶然性是由一系列客观因素与主观因素的巧合带来的。事件本身的高潮部分是车祸,但是话语一带而过;情感的高潮部分是最后一段文字,耐人寻味,令人唏嘘不已。

03
言外之旨

话语是用来表意的,有些表意直接在话语中呈现,有些则没有完全表露出来,但是其意思是藏在话语中的。意思没有在话里明说出来就是言外之意。这个观点首先出自欧阳修《六一诗话》:"必能状难写之景,如在目前,含不尽之意,见于言外,然后为至矣。"为了理解这个问题,我们先看下面几个例子。

例一:一位著名的政治活动家进行竞选活动,他在参观精神病院时,有事儿想从医院打个电话出去,但没有打成。他暴跳如雷,冲着女接线员叫嚷起来:"姑娘,你知道我是谁?""不知道。"接线员答道,"但我知道,你是从哪儿打来的?"接线员的言外之意是什么?

例二:在一次宴会上,一位女士坐在爱迪生身边,询问了一个问题。她无比惊奇地说:"先生,这个事令人惊叹,你居然发明了一种会说话的机器!"爱迪生说:"其实,会说话的机器上帝早就用亚当的肋骨在伊甸园制造出来了,我发明的只是一种可以在合适的时候关掉的说话机器而已。"爱迪生的言外之意是什么?

例三:有一次,美国出版商罗伯特·吉罗克斯问诗人艾略特是不是赞同一种普遍的观点:大多数编辑是失败的作家?艾略特沉思了一会儿,说:"是的,我认为有些编辑是失败的作家——但是,大多数作家都是编辑。"艾略特的言外之意是什么?

接线员的言外之意:你是一位精神病人。爱迪生的言外之意:问话的女士说话太多应该停止讲话。艾略特的言外之意:否定了"普通的观点",指出大多数编辑是有作家水准的。

日常生活中,人们都需要说话,但是不一定会说话。会说话的人都十分注意用合适的方式和言辞合理地表达自己的情感与思想,从而达到良好的沟通与交流的效果。这是一门大学问,如果一个人连这个最基本的本领都没有,他怎么能够正确认识自己?怎么能够和别人沟通、交流与合作?怎么能够表现自我并且实现自己的人生价值?

都说孔子因材施教,他是怎么教育学生的呢?《论语》中有很多精彩的篇章,反映了孔子说话的艺术。《论语》还记载孔子的"语言观",也就是孔子认为会说话的人应该是什么样子的。仅举两个例子说明。"巧言令色,鲜矣仁",花言巧语,装出和颜悦色的样子,这种人的仁心就很少了。说话善于取悦对方,这种人生活中很多,其实这也是一种本领,但是孔子的意思是,对这样的人得小心,因为他的仁心不够。这就像写文章,看上去讨好卖乖,文辞华美,其实并不一定有真情实感,所以孔子提出"辞达而已矣"。从表面看,这句话的意思就是把话说明白、说得差不多就可以了。孔子似乎反对巧言令色,主张"辞达而已",其实生活中,把话讲得恰到好处是不容易的。如果说"巧言令色"是有个人目的的"假话",另一类就是司空见惯的"废话""空话"。

对此,苏东坡就深有感触地说:"物固有是理,患不知之。知之,患不能达之于口与手。辞者,达是而已矣。"他又说:"夫言止于达意,即疑若不文,是大不然。求物之妙,如系风捕影。能使是物了然于心者,盖千万人而不一遇也,而况能使了然于口与手者乎?是之谓辞达。辞至于能达,则文不可胜用矣。"

日常生活中,一个人想怎么说就怎么说,也未必是好事。《红楼梦》中的焦大,喝了一点酒,就开始使性子,大骂道:"每日偷狗戏鸡,爬灰的爬灰,养小叔子的养小叔子。"吓得众小厮魂飞魄丧,把他捆起来,用土和马粪满满填了他一嘴。这就叫祸从口出。阿Q则是另外一种典型人物,单身难免春心煎熬,他便去调戏小尼姑。小尼姑无力反抗,只能责骂他"断子绝孙"。阿Q害怕绝后,因为"不孝有三,无后为大",他想向吴妈求爱。按说吴妈是寡妇,阿Q未成家,两人也可以成就一段姻缘。不过,阿Q见到吴妈,表达方式直截了当,开门见山:"吴妈我想和你困觉。"将吴妈吓得又哭又闹,被赵太爷看见,阿Q挨了一顿揍,被赶出赵家。可见求爱更十分讲究说话艺术。

文学作品和日常生活的说话一样,有的说得好,有的说得不好,于是有"好作品"与"一般作品"甚至"坏作品"之分。"好作品"有什么标准呢?其最高标准就是"真""善""美"的统一。在有限的文字中,意味越醇厚悠长的作品越有可能成为好作品。《孟子·尽心下》:"言近而指远者,善言也。"意思是语言浅近而含义深远。严羽《沧浪诗话·诗辨》:"盛唐诸人唯在兴趣,羚羊挂角,无迹可求。故其妙处,透彻玲珑,不可凑泊,如空中之音,相中之色,水中之月,镜中之象,言有尽而意无穷。"评价盛唐诗文含义深刻,意趣灵妙,令人品味不尽。

言外之旨,其实指两层意思,首先看到的是"言内之旨",但是它的意义又超出"言内之旨"。

> 松下问童子,言师采药去。
> 只在此山中,云深不知处。

(贾岛《寻隐者不遇》)

从字面上看言内之旨说得很明白。作者寻访隐者,碰到隐者的童子,童子说师父到山里采药去了。又问到哪里采药,童子说反正在这座山里,什么地方不知道。如果只理解到这个层面,诗只是粗略交代了作者一次寻访的经历,但是显然还有言外之旨。

言外之旨是什么?从情感上说,作者表达了对一位真隐士的敬仰之情。从道理上说,有时候外在的结果并不重要,重要的是你真正得到什么。寻访不遇,等于白跑一趟,看似有点遗憾,但是真隐士神龙见首不见尾,不是想见就能见的,所以"不遇"在情理之中。没有见到隐士真容,但是"未见其人,如见其人"。诗文用几个简单的词汇就暗示出这个隐士的风度。采药,悬壶济世,厚爱仁心;苍松,赞其风骨;游走白云深处,可谓仙风道骨。这位隐士,并非一般踪迹飘忽、遁世逍遥之人,而是一位品质高洁、心存仁厚,同时喜欢无拘无束的生活的隐者。其实诗文的言外之旨还可以促使读者想象,这位隐士姓甚名谁,他的音容笑貌,这座山叫什么山,作者后来是不是再度寻访相见,总之看似明白如话的二十个字,意蕴丰厚。

贾岛是一位迷诗之人,自称"诗奴",对于创作要求极高,写诗反复捉摸推敲。他是苦吟诗人,自谓"两句三年得,一吟双泪流"。为什么诗歌有如此丰富的言外之旨,这在后面的内容会进一步解说,这里只提到一个重要现象:中国诗文写人一般轻形重神,写神又未必直接写人,而是写与"其人"有关系的其他方面,使得话语具有更丰富的涵义。

轻形重神,是基于人的魅力与价值不存于外在方面,而在于内在的精神气质。这些精神气质当然是有别于常人的独一无二的表现。刘义庆《世说新语》记载《雪夜访戴》,也是寻访的故事。

> 王子猷居山阴,夜大雪,眠觉,开室,命酌酒。四望皎然,因起彷徨,咏左思《招隐》诗。忽忆戴安道,时戴在剡,即便夜乘小船就之。经宿方至,造门不前而返。人问其故,王曰:"吾本乘兴而行,兴尽而返,何必见戴?"

这种寻访十分传奇,雪夜,王子猷突然想起某人,决定立刻就见他,坐着小船,经过了一夜到达目的地。到了门前,他又突然返回。按常理这举动有点不可理喻,但他的理由是"乘兴而行,兴尽而返",这又何尝不是一种道理。王子猷是一个怎样的人,怎么评价这样的人,这都是言外之旨了。

再举一首寻访的诗歌《游园不值》,作者是南宋诗人叶绍翁。

应怜屐齿印苍苔,
小扣柴扉久不开。
春色满园关不住,
一枝红杏出墙来。

这首小诗写诗人春日游园所见所感。此诗先写诗人欲游园看花而进不了园门,感情上是从有所期待到失望遗憾;后看到一枝红杏伸出墙外,进而领略到园中的盎然春意,感情又由失望到意外之惊喜,写得十分曲折而有层次。尤其是第三、四两句,既渲染了浓郁的春色,又揭示了深刻的哲理。这个深刻的哲理就是,只要你的心中有春天,一花一草都是春天;也还可以理解为人生有失意的时候,但也要善于去发现意外的收获;还可以理解为,春天总是藏不住的,金子都要发光的。当然后世将"红杏出墙"比喻成情感出轨,实在是出于歪理邪念,不过也是对"言外之旨"的一种理解。

比较一下,三者都是寻访,都没有获得预期结果,寻访过程其实也很简单,而非《西游记》跋山涉水,历尽磨难,但是人生的感悟却是深刻而丰富的。在文学规律上,这反映出一个共同的特征,就是文学同生活的常理、同习惯性的思想与经验是有距离的。西方文学理论界将其称为"陌生化"理论。

"陌生化"理论是 20 世纪初俄国形式主义现论的核心概念。这一理论的代表人物为俄国文艺理论家什克洛夫斯基。"陌生化"理论主张文学语言是日常语言陌生化的结果,是"文学性"的具体体现,甚至认为文学的"文学性"只存在于这种艺术处理过的语言中。这种文学性就是陌生化语言本身的看法,显然有些片面,但他们对陌生化语言艺术表现力的强调,是值得充分肯定的,因为,陌生化语言与日常语言不同,它以反常的形式出现,能产生特别的美学效果。

首先要理解"陌生化"是审美创造的一个基本原则。

文学是语言的艺术,语言何以能使文学成为文学,俄国形式主义理论者认为是语言美使之然,并提出"文学研究的主题不是笼统的文学,而是'文学性',就是使一部作品成为文学的东西"。这里的"文学性"就是指语言的审美功能,它与"陌生化"原则密切相关。如"斜阳在那口大鱼缸边/爬着,看见一只火红的鱼/吞一粒灰色的小石子"。这句诗美在叙述角度的新奇,用鱼的视角来看太阳。太阳爬在鱼缸边,透过缸里的水,太阳成了小石子。如果我们直白地说,斜阳照在鱼缸上,小鱼变成了红色,就没有这种新颖感,不能引起他人的注意。这种把日常生活中司空见惯的事物,用一种偏离或反常方式表达出来,从而引起人们注意的手法,就是"陌生化",在美学理论中又叫"距离产生美",用此种手法的语言我们称为"陌生化语言",即"文学性语言"。陌生化为什么会产生美?英国著名诗人华兹华斯在谈到自己创作时的一段话或许会给我们一些启示,他说:"给日常事物以新奇的魅力,通过唤起人对习惯的麻木性的注意,引导他去观察眼前世界的美丽和惊人的事物,以激起一种类似超自然的感觉;世界本是一个取之不尽、用之不竭的财富,可是由于太熟悉和自私的牵挂的翳蔽,我们视若无睹、听若罔闻,虽有心灵,却对它既不感觉,也不理解。"对"陌生化"原则的表述,德国戏剧家布莱希特界定为"间离效果",而中国在审美理念中则是"化腐朽为神奇",意思都是强调美是一种不同凡俗的陌生的东西。

陌生化理论对文学审美有着重要意义。就文学语言的自身特点看,其陌生化审美特征主要表现为语言意象的可感性、语言组合的超常性、语言体验的新奇性等方面。

(一)语言意象的可感性

审美对象总是依存于感性之中。文学语言的可感性首先来自对语符的直觉,接受者通过对语符的视觉直观,产生感性的审美效应。因此,陌生化语言十分重视文学语言的直观可感,较为常见的手法就是,在描写一个事物时,不用指称、识别的方法,而用一种非指称,仿佛第一次见到这事物而不得不进行描写的方法。什克洛夫斯基举例说:"列夫·托尔斯泰的作品中的陌生化的手法,就是他不直呼事物的名称,而是描绘事物,仿佛他第一次见到这种事物一样;他对待每一事件都仿佛是第一次发生的事件;而且他在描写事物时,不是使用一般用于这一事物各个部分的名称,而是借用描写其他事物相应部分所使用的词。"这种非指称性、非识别性的对事物原本形态的描写方式,在文学作家那里称为是可以"看"的语言,"在文学创作活动中,文学家始终没有放弃自己的'看',没有放弃语言的这一原始特点。""他能够'看到'他写的一切,他就是'看着写的'"。这种可以"看"的语言,就是一种最原始的直接状态的语言,它保存了诗意的原初本性,因而,也最能体现文学语言的形象性特征。如厨师的菜谱中一碟凉菜,两个去壳的松花皮蛋被称为"小二黑结婚";一个冷盘,被切碎的猪耳朵和猪舌头被叫作"悄悄话"。这些颇有"文学性"的菜名,因其生动的能指使其充满了审美趣味,使我们暂时忘掉了由所指引起的食欲感。品味这有意味的菜名,可视可感的语言意象直奔眼底。它充满了生活情趣,令人忍俊不禁,使人耳目一新,印象深刻。这说明,正是非指称性语言对语言自身的言说,才使得人们由对语言意图的理性认知转向对语言自身感性的感受、体验,才使得此时的语言充满吸引力。因为,它淡化了语言的所指意义,人的经验世界由此而心灵化,人们在感受语言客体的同时,也领悟到了藏匿在语符中的言外之意,并由此产生出不尽的美感享受。语言的艺术性由此而生,陌生化语言的文学性因此而来。

(二)语言组合的超常性

超常性是指陌生化语言因自身的整体性结构,通过语词的内存和张力,打破一般语言常规或固定的组合方式,使语意变得灵活生动、丰富多彩。又因其有违常理,使语言产生出一种阻拒性,于是形成一种"有意味的形式"。其实,我国老子早在几千年前就认为"信言不美,美言不信",他看到了语言的超常组合与语言的审美之间存在一种必然联系。著名美学家伊格尔顿认为:"文学语言不同于其他表述形式的地方就在于,它以各种方式使普通语言'变形'。在文学技巧的压力下,普通语言被强化、浓缩、扭曲、套叠、拖长、颠倒。语言'变得疏远',由于这种疏远作用,使日常生活突然变得陌生了。"[①]这里的使普通语言"变形""变得疏远",就是强调语言组合的超常性。因为只有"变形"和"疏远"后的语言,才使"熟悉"变得"陌生",进而引发审美者好奇与体验的欲望。中国古代诗人深得陌生化语言超常组合的精髓,诗词中常有新颖奇特的"佳句"。

如"雨过柳头云气湿,风来花底鸟声香","月凉梦破鸡声白,枫霁烟醒鸟话红"等诗句,"从形式逻辑的角度看,这些诗句都是不顾概念内涵的疯话。但从诗歌的角度看,它们却不失为有景色,有情致的好诗"。也就是说,语言的变异组合,虽超越了经验事实的限制,却因此传递出新的审美信息,叫人从中品味到含蓄蕴藉的诗意,获得充分的审美满足。从信息论的角度看,语符的排列组合越超常其信息量越大,则解释的不确定性程度越高,其吸引力也就越强。从接受美学的角度看,读者的期待视野是由定

---

① [英]伊格尔顿.文学原理引论[M].北京:北京艺术出版社,1987:16

向期待与创新期待共同构成,二者相反相成对立统一,为了求新求异,在阅读中读者自然渴望打破定向期待,产生一种"陌生"的审美心理。因此,在那些优秀的文学作品中,特别是现代新潮作品,作者十分注意利用语言超常组合的效果,制造审美心理距离,形成陌生化语言。读者由此获得一种崭新的语言感觉,同时也留下无限延宕的审美韵致。

(三)语言体验的新奇性

有这样两句话:"我在树下等","我的等待是一棵树。"从它们所表达的等待的意思来说,每个人都能读懂。但是,就人的审美体验而言,很明显第二句更容易抓住读者的心,把我们对等待的表达陌生化了,更能引起一种诗意的联想和美感。所谓体验性,是指语言中所蕴含的审美主体的知觉、情感、想象等心理因素。古人曰"言为心声",语言绝不是文学的简单外壳,而是文学的直接存在,它与人的内心体验、思想感情紧密相关。由于陌生化看重语言的独立价值,这就很容易给人一种误解,认为语言远离现实与人的感受。其实不然,陌生化语言无意否认语词形式与现实之间千丝万缕的必然联系,所不同的是,陌生化语言在彰显"自己的力量和自身价值"的同时,也以独特的方式表现出语言与现实的关系。那就是,要求用新的形式言说新的感觉体验,使日常熟悉的、俯拾即是的事物变成一种特殊的意料之外的事物,并创造出一种对客体从未有过的审美感受,而不是理性认知。作家王安忆颇有体会地说,"要实现陌生化,不仅要有感受的'新',体验的'新',还要有语言的'新',陌生化是以感受与体验为基础,以语言与修辞为手段"。这说明,语言的体验性审美价值在于,它能把作家内心深处独特审美体验,用恰当形式妥帖地表现出来,并通过新颖的语言句式,在想象中让人体会到一种难以言说的美感。

"她们的声音都很光滑,让瞎子想到自己捧起碗时的感觉。"

（余华《往事如烟》）

"远处一叶风帆,正慢慢吻过来,间常听到鸽哨,轻轻明丽的天空正抒情地滑过去。"

（何立伟《一夕三逝》）

"狗崽光着脚耸起肩膀在枫杨树的黄泥大道上匆匆奔走,四处萤火流曳,枯草与树叶在风里低空飞行,黑黝黝无限伸展的稻田旋着神秘潜流,浮起狗崽轻盈的身子像浮起一条逃亡的小鱼。月光如水一齐漂浮。"

（苏童《1934年逃亡》）

这些句子独特、新奇,感染力极大,有着很强的表现力。声音的圆润,用失明人捧起光滑的碗的感觉来表现;风帆在水上的慢行,犹如情人温柔的吻;鸽哨抒情地滑过,让听觉与触觉换位;在空旷的月夜中疾行,人好似漂浮在水上的小鱼,巧妙地化用了"星垂平野阔,月涌大江流"的意境,给人一种绵绵不绝的情趣。这样的语言不仅增加了读者感知的难度,延长了感知时间,同时使人在反复体味中获得一种审美效果。难怪现在流行旧式小说读故事,新式小说读句式。这是因为,新颖的句式能更多的使人关注语言,品味语言,并从中领悟那种只可意会的美学韵味,同时也充分显示了陌生化语言独特迷人的魅力。

思考与练习

一、读一部小说,在作品中统计出不少于10条成语,解释这些成语,同时注明成语的准确出处。

二、谈"用典",写一篇小论文。

三、为什么汉语说话写文章在偏重含蓄的同时又强调要有余味?

文学的形式美

　　文学作品如同说话,包括两个基本方面:一个是"说什么",一个是"怎么说","说什么"是指内容,"怎么说"是指形式。这两者是相互依存、相互统一的关系,也就是说,任何内容都要借助于一定的形式体现出来,任何形式都是为特定内容服务的。

一般人阅读文学作品，主要是在阅读中感悟其中的思想与感情。孔子说："诗三百，一言以蔽之，曰思无邪。"意思是说，《诗经》说到底就是表达纯正的思想感情。杜甫是"诗圣"，他的诗歌"感时伤怀""忧国忧民"，这都是从思想感情方面来谈的。一般读者不太会过于关注文学的形式问题，而是会对作品的内容比较看重。但是专业的阅读则不仅要求看懂内容，还要求重视与研究形式。

文体类型包括诗歌、散文、小说、戏剧、电影。对这些文体进一步细分，则诗词包括古体诗、近体诗、新诗、散文诗，散文包括抒情散文、叙事散文，小说按篇幅的长短分为长篇小说、中篇小说，短篇小说（微型小说）、纪实小说。每一种形式都有它特定的形式要求与形式美。

形式有一个继承与创新的问题。如小说，我国最早的小说，产生于魏晋南北朝，源于上古神话和传说。这时期的志怪小说篇幅短小，大多只有简单的故事梗概，表现方法也比较简单，实际上只是短篇小说的雏形。到了唐代，由于生产力的发展和城市经济的繁荣，以及随之而来的社会矛盾和阶级斗争的尖锐化，给小说创作提供了丰富的素材，扩大了写作题材的范围；同时，由于继承了前人小说创作和史传文学的经验，传奇小说便进入发展成熟阶段。唐代的传奇小说，不仅在篇幅上比魏晋六朝的志怪小说长得多，而且情节复杂生动，叙述委婉曲折，在人物形象的刻画上也有了许多新特色。鲁迅说："小说到了唐时，却起了一个大变迁。我前次说过：六朝时之志怪与志人底文章，都很简短，而且当作记事实；及到唐时，则为有意识的作小说，这在小说史上可算是一大进步。而且文章很长，并能描写得曲折，和前之简古的文体，大不相同了，这在文体上也算是一大进步。"显然，志怪小说发展到传奇小说，既有一脉相承的继承关系，也有适应时代的需要而进行的革新和创造。

形式有一个由简到繁、不断延展、各种文体相互融合的问题。如诗歌，最原始的诗歌，从鲁迅所说的"杭育杭育"的劳动呼声，慢慢地发展成为音调铿锵、节奏鲜明而又能最集中地反映社会生活和人们的思想感情的一种文学体裁，并且逐渐发展出四言、五言、七言和绝句、律诗、长短句（词）、自由体等多种样式。这就是由简到繁。"赋"是我国古代的一种文体，它讲求文采、韵律，兼具诗歌和散文的性质。最早出现于诸子散文中，叫"短赋"；以屈原为代表的"骚体"是诗向赋过渡的代表，叫"骚赋"；汉代正式确立了赋的体例，称为"辞赋"；魏晋以后，赋日益向骈文方向发展，叫作"骈赋"；唐代赋又由骈体转入律体，叫"律赋"；宋代以散文形式写赋，称为"文赋"。著名的赋有杜牧的《阿房宫赋》、欧阳修的《秋声赋》、苏轼的《前赤壁赋》等。这就是延展与丰富。文体融合如散文诗，以及现代小说将诗歌、散文、戏剧甚至电影等手法融合其中，文体融合非常普遍。

了解这些文体知识并不够，还要具体了解这些形式是如何为内容服务的，以及它们是如何发挥其独创性与个性特征的，即阅读者应该如何把握作品的形式美。

01
"说什么"与"怎么说"

文学作品如同说话,包括两个基本方面:一个是"说什么",一个是"怎么说","说什么"是指内容,"怎么说"是指形式。这两者是相互依存、相互统一的关系,也就是说,任何内容都要借助一定的形式体现出来,任何形式都是为特定内容服务的。譬如,有人说:"他是一个好人。"这是一个人对"他"的评价,"好人"就是观点,态度上明确直接,在形式上用的是判断句,判断句就是直接指称或者表明判断。有人说:"他难道不是一个好人吗?"这句话其实也是对一个人的评价,"好人"就是观点,他的态度不仅是在辩驳别人的怀疑,同时也表达更加强烈的肯定,他用的形式是反问句。表达相同的观点,使用的形式却不一样,是因为表达者面临的情境以及情感态度的需要不一样。这个例子说明,表达方式即形式总是为想要表达的思想情感服务的。"说什么"固然重要,"怎么说"同样重要。

文学作品是由语言文字构成的有意义的有机体系。一方面语言文字是用来表情达意的,另一方面它又是形式的体现,这就使得作品的语言文字同时具有内容与形式相互融合的功能,也就是说,如果你关注思想情感,就是在关注内容;如果你还关注它是用什么方式表达的,你就在关注形式。所以,文学阅读除了对文学作品的涵义与价值给予感悟理解,还要重视对其形式美的关照。这里首先提出"语言"与"言语"及其"能指""所指"的关系问题。

"语言"与"言语"有区别,也有联系。其区别表现在四个方面。

第一,语言具有全民性,言语具有个人性。语言既然是存在于全体社会成员之中的相对完整的抽象符号系统,它对于社会成员来说就是全民的,无论是语言的创造者、使用者,还是语言本身,语言都具有全民性。而言语则具有个人性,每个人说话都带有个人的特点,如地域、性别、年龄、文化素养、社会地位等都会对言语产生影响,言语是个人对语言形式和规则的具体运用。

第二,语言是抽象的,言语是具体的。语言是对同一集团所有人所说的话的抽象,它排除了一切个体差异,只有作为语言而存在的共性。言语是运用语言的过程和结果,因此,人们只能直接接触到言语(外部言语),语言学家只能对大量的言语素材进行抽象概括,才会从中发现语言的各种单位和规则。如前所说,人们对于语言的认识通常是从语言的具体现象开始的,人们所说的话都是具体的,言语常常带有具体的特点。

第三,语言是有限的,言语是无限的。世界上没有两个人说话会完全一样,但是没有一个人能脱离共同的语言规则而完成交流。言语就是说话,是一种行为动作及其结果,一个人一生中究竟要说多少话,这是无法计算的。任何一种语言的句子都是无限的,每个人根据交际需要说出的话语的内容是纷繁芜杂、各种各样的。但是,就某一语言而言,所能资以辨别的语音是有限的,词的数量和构词规则是有限的,组词造句的规则也是有限的。无限的句子包含着有限的东西:不同的句子中所包含的词是有限的,同一个词可以和不同的词组合,构成不同的句子;而组织这些材料的规则也是有限的。语言是一个有限语言单位的集合,这些有限的语言单位都是按照一定规则组织成一个系统,包括音义结合的词汇系统和语法系统,人们的一切言语活动都在这个系统中运行。而在具体的言语活动中,作为一个行为过程,人们所能说出的话语是无限的,每句话语的长短在理论上也应该是无限的,任何一句话都可以追加成分而使它变得更长。利用有限的符号及其规则说出无限的话语,这是言语活动的特点。

第四,语言是静态的,言语是动态的。人们在运用语言的活动中,语言的规则都是现存的,约定的,不允许经常处于变动之中,这是言语活动得以进行的前提和基础,否则人类就无法交际,无法组织社会,因而语言在一定时期内处于静止状态。当然,随着社会的变化,语言也会出现适应性变化。所以,语言的静止是相对的,静中有动。而言语则不同,言语活动总是在说话人和听话人之间展开,从说到听是一个动态的过程。有研究表明,言语交际的过程也就是信息传递的过程。在这个过程中,语言充当信息传递的代码,说话人通过语言来发送信息,听话人通过语言来接收信息,其间经历编码、发送、传递、接收、解码几个连续衔接的过程。

语言制约了言语,言语要尊崇语言。譬如说"我吃饭",说成"饭吃我"在交际中就行不通,容易造成误解或者形成交流障碍。为什么行不通,有些可以做理论上的解释,有些则缘于习惯与习俗,所以语言是约定俗成的,有基本规范性。你可以在"我吃"的后面加"吃"的对象,对象无限丰富,但是不能反过来,这就叫"随心所欲而不逾矩"。需要强调的是,文学语言的创造性,有时会突破语言的一般性与日常性特征,通过"陌生化"手段来丰富语言的可能性。所以文学语言既有尊崇规范的特点,又有突破创新的一面。譬如有一句诗:"面包在一点一滴地吞噬我。"在文学情境中,这不奇怪,不是错误的表达。其实仔细分析,这个句子还是在"我吃面包"的基础上,动用了修辞手法,增加了理解的丰富性而已,将"面包"拟人化了。

"能指"与"所指"的关系是一个重要的理论。"能指"和"所指"是索绪尔语言学创作的术语,是索绪尔在谈论语言符号的性质时提出来的一对概念。索绪尔认为,语言符号联结的不是事物和名称,而是概念和音响形象,能指和所指是语言符号的一体两面,不可分割。这个理论后来产生过深远的影响,包括文学批评与研究。对它们关系的内涵最简单的理解是,"所指"指话语总是指向某种对象或者意图,而"能指"是话语本身声音及其表述特点。"在我的后园,可以看见墙外有两株树,一株是枣树,还有一株也是枣树。"从"所指"看,它在介绍后园墙外有两株枣树,意思很明白。然而这种话语表达使人迷惑和新奇,"能指"让读者不得不关注到语言本身,同时话语的涵义显然超出了一般"所指"的涵义。

很多人觉得作家是具有独特艺术感觉的人,其实说作家是一个具有独特语言表现力的人更准确一些。很多人都有艺术感觉,如果没有艺术感觉,他怎么能在阅读中被感动呢?只是作家将这些感觉、思想与情感表达了出来,而一般人做不到。作家是什么?作家就是用合适的话语方式表达自己思想情感的人,或者说作家的本领不仅在于他善于自我表达,还在于他能为自我表达找到合适的话语方式。中国画,尤其是中国文人画,有几大题材,山水、花鸟、人物,大家都在画,为什么水平不一样,其实就是因为每一个画家的笔墨功夫不一样,从而使得画作的意义与价值不一样。据说齐白石画虾,开价是以虾的计量单位算,画一只虾多少钱,这当然比现实中的虾子昂贵很多,也比其他画家要价高出很多,齐白石为什么牛气,笔墨功夫摆在那里。其实作家也是一样,从题材看,作家写作也是有很多规律的,李白的诗写的无非是游历山水,交友应酬,言情言志,他的诗歌语言是独一无二的。杜甫的诗歌写日常生活,写悲喜忧乐,他的诗歌语言具有严谨、真实、细致的特点。所以文学阅读,在和作品语言文字的交汇与碰撞中,一方面要感悟其中的涵义,一方面要品位语言文字流动中特定形式带来的快感。这两者不可分割与偏废。

02
汉语文学的形式美

每一篇文学作品都有自身独特的形式与形式美,这在以后的讲授中会不断接触到,这里只想就汉语文学的形式美的共性问题作一点说明。

这里首先讲到汉字的美。汉字具有"音""形""义"三要素,也就是说,面对一个孤立的汉字时,它其实不是一个简单的符号,而是最小的"文本"。所以书法作品的魅力就是塑造汉字的"音""形""义"的美,书法成为一门独特的中华艺术,其秘密与魅力源于汉字本身。现代有一首诗歌《生活》,诗歌内容只有一个字"网",客观地说,这是一首诗歌,因为其具备诗歌文本的基本要素。虽然有点实验与探索的味道,但它是一首完整的诗,也可以说是诗歌历史上最短的诗。它给人们的一个重要启示是,一个字,一句话,一篇文,可以浓缩在一个文字符号中。这种写法值得讨论,也值得争论,但是汉字存在丰富意味,这点是不言而喻的。

鲁迅在《汉文学史纲要》中说:"诵习一字,当识形音义三:口诵耳闻其音,目察其形,心通其义,三识并用,一字之功乃全……故其所函,遂具三美:意美以感心,一也;音美以感耳,二也;形美以感目,三也。"如此,文学阅读显然不是简单的感悟情理的过程,同时是作用于眼、耳、心带来的整体愉悦的过程,因为汉字的形音义之美是浑然一体的。所以汉语文学作品也是形美、音美与义美的统一。

(一)音美的问题

声音有抑扬、回环、咏叹、旋律、节奏等表现。

如抑扬。抑扬美是用平仄的对应和交错所形成的抑扬之美的语言境界,我国古代诗词就是以汉语声音的平仄和有规律的重复形成抑扬之美的。例如用普通话朗读毛泽东的诗句"僧是愚氓犹可训,妖为鬼蜮必成灾",两个七言诗句的音高组合就是:

僧是愚氓犹可训,(平仄平平平仄仄)
妖为鬼蜮必成灾。(平平仄仄仄平平)

这里记录的是在平稳情绪下朗读时的诗句语流的声调组合情形,尽管如此,每个诗句语流中音高的平直、弯曲、上扬、下降等多种变化形式缀连成一条起伏跌宕的曲线,平仄相间,已经具备了歌曲旋律线的某些特点,具有抑扬之美。

如回环。是声音的环绕、回荡、共鸣、重现。当欣赏者的感官(听觉系统)受到相同或相近的音色、音响的有规律的刺激时,很容易产生一种心理谐振,这类似于人体与荡漾的水波共振时的舒适感觉,此时便可以说欣赏者体验到了回环美;回环美与对声音所反映的内容的美感享受相互作用,使得欣赏者获得审美愉悦。如唐代李商隐的《无题》。

> 相见时难别亦难,东风无力百花残。
> 春蚕到死丝方尽,蜡炬成灰泪始干。
> 晓镜但愁云鬓改,夜吟应觉月光寒。
> 蓬莱此去无多路,青鸟殷勤为探看。

诗词曲赋中的押韵现象可以产生回环美,在欣赏者的心理上激起美感震荡。

如旋律。旋律亦称曲调,是音乐的基本要素,是经过艺术构思而形成的若干乐音的有组织、有节奏的和谐运动。它建立在一定的调式和节拍的基础上。声乐的旋律变化多端,给人以婉转、回环、起伏跌宕等多种美感享受,但它归根结底是为歌词服务的。唐代开始兴起、宋代进入鼎盛时期的"词"便是最好的说明,如大家耳熟能详的苏轼的《水调歌头》,以及根据诗人王维的《送元二使安西》谱写的《阳关三叠》(又名《阳关曲》《渭城曲》),宋代更有"凡有井水饮处,皆能歌柳词"的佳话(北宋人称赞词人柳永)。

如节奏。节奏是一种有规律的、连续进行的完整运动形式,语言和音乐的节奏都是一种声音的回环往复的现象。从节奏的形式来分类,音响节奏大体上可以分为两大类:整齐型节奏和多变型节奏,由于汉语语言具有音乐性,汉语的节奏美也可如此划分。刘绍棠有一篇《大河小镇》的小说,其中有这么一个复句:"鼻子下有嘴,逢人便问路;但是三拐四弯,五盘六绕,七出八进,九曲十环,我就像进入诸葛亮的八阵图,没有黄承彦指识迷津便找不到出路。"这里,开头两个小句都用了5个字,"但是"后边四个小句用了4个字,再接着才出现两个字数不等的小句,产生多变型的节奏美。

总之,音美就是声音的美,又叫"声律美""音乐美"或者"韵律美",都是从不同的角度对文学作品"音美"的表述。中国古代的音乐主要有"五声"之说,音阶分别是"宫商角徵羽",相当于今天的"哆来咪发唆"。中国古代除了"诗教""礼教"还有"乐教","乐教"就是音乐教育。孔子也是精通音乐的,他曾经听过韶乐,居然"三月不知肉味"。他对于当时"靡靡之音""礼崩乐坏"的现实是失望不满的。在古代,歌、舞、乐其实是不分的,诗歌与音乐的关系其实是天然就存在的。明白这一点,就明白中国的"格律诗""曲子词"为什么到今天依然沿袭一种固定模式,依然具有强大的生命力。这种"声音模式"成为中国人的一种情感模式,所以"格律诗""曲子词"就像中国人的建筑,中国人喜欢住在这样的空间里。这个"格子"即安放文字的空间,具有特定的声律要求,它的写作对于今人,最难的不是在"格子"中填写文字,难的是达到"三美"的统一,其中"声律"的问题最难。

读《诗经·关雎》时,我们会被一种优美的声音伴随带入一种情景与诗意中。读完时,我们会发现诗有回环咏叹的声律美,在配合感情的运动变化。读屈原的《离骚》,最令人印象深刻的就是句子中加入"兮"这个叹词,表达出直接、繁复而深沉的情感。《诗经》是四言诗,来自北方,刚健质朴。《离骚》是"楚辞",浸染南方方言、巫事(歌舞乐)。明确发现并指出"音律"对于诗歌重要性的人是沈约,他说:"若前有浮声,则后须切响。一简之内,音韵尽殊;两句之中,轻重悉异。妙达此旨,始可言文。"这段话的意思是,只有通晓格律,才可以讨论诗文。从此以后,探讨"诗歌"与"音律"的关系以及从"音美"的角度评价一首诗歌成为中国诗歌的重要传统。美学家朱光潜《诗论》里面提出"诗歌与音乐、舞蹈同源",他给诗歌下了一个定义:"诗是有音律的纯文学。"①他花了大量篇幅研究"诗歌"与"音美"的关系,研究非常系统、深入、具体。

文学作品的"音美"问题是汉语文学作品的重要特征,其他民族文学其实也具有相似特征,只是语言文字的表现特点不一样。这里要说明几个问题。

第一,一个文学作品在"音美"上不仅要有"外在的乐感",还要有"内在的乐感"。"外在的乐感"就是一部作品作为话语的"声音"部分。人的听觉的最愉悦的感觉是建立在声音的物理属性(分贝大小)、运动属性(节奏感)以及心理属性(声音的感情色彩,譬如悲声、哀声、怨声、颂声)基础上的,"外在的乐感"就是能够直接感受到的声音感觉。"内在的乐感"是阅读中作品的"声音""节奏""韵味"带来的深层的、隐含的心理享受。所以,古代的"声"与"音"涵义不一样,"知声而不知音者,禽兽是也"。

举例来说,律诗有"声律"的外在要求,但是杜甫的诗歌与李白的诗歌并不一样。李白的诗,如同其人,直接、欢快、明亮;杜甫的诗歌,有沉郁顿挫的特征,这是他内在气质与个性的体现。其实杜甫的诗歌也有变化,他多写家国之忧,但也有喜乐。譬如《春夜喜雨》《闻官兵收河南河北》就是表达喜悦的诗歌:《春夜喜雨》带有欣喜的独白色彩,《闻官兵收河南河北》带点狂喜难拟的直抒情怀,诗歌内在的"声音"与节奏感都是不一样的。这种"内在的声音"有时只可意会不可言传,用一个词表达这种感受,那就是"心声"。

这种特征,不只体现在诗歌中,也体现在小说、戏剧等叙事文学中。

---

① 朱光潜.诗论[M].上海:上海古籍出版社,2004:90

叙事文学的"声音"更加丰富复杂：它可能是代言的"声音"，譬如《窦娥冤》，就有"代为发言与申冤"的特点；也有可能是"伪装"的声音，即伪装成另外一个人，掩饰自我，更好达成目的，譬如"这件事我是听小王说的"，这可能就含有"伪装"；还有可能是"隐藏的声音"，也就是在"声音"之外，似乎还有弦外之音，《红楼梦》就充分利用了这个技巧。总之，阅读中，感受"音美"是容易被忽视的问题，但是它其实是阅读非常重要的构成部分，因此，中国古代历来重视诵读甚至讲究背诵。"书读百遍，其义自见"，就是说，通过多读，意义自然会被感悟出来；"熟读唐诗三百首，不会作诗也会吟"，主要强调多读多诵自然具有"语感"与表达技巧。所以，传统的母语教育，除了识字诵读教育，还有声律教育，《声律启蒙》就是训练儿童应对、掌握声韵格律的启蒙读物。很多传统诗文短小精悍，作为经典被传承，其中一个秘密就是"朗朗上口""悦耳动听""易诵易记"，《三字经》《唐诗三百首》等，都是充分发掘汉语"音美"的优秀传统文化读物。所以，阅读不要求一下子就对其中的涵义与意义有深刻准确的理解，它首先要求你喜欢去读，慢慢地阅读理解能力就可以渐入佳境了。

第二，谐音是汉语的一种特殊的修辞手法。这种手法在今天的广告语、网络语（如 520）、表演作品尤其是喜剧小品、日常生活中普遍存在。汉语中的成语、歇后语、俗语，尤其是歇后语中同样运用"谐音"。用谐音表达一种情感与愿望，大约只有中国人会这么重视和热衷。譬如选良辰吉日、节庆仪式、红白喜事等，都会发现用"谐音"表示寓意的例子。古代女子思念丈夫，常常给丈夫寄送一种药物，这种药物是可以日常食用的，它有一个好听的名字——当归。女子寄这种药材当然有深意。在文学作品中，也会大量使用谐音。例如刘禹锡《竹枝词》："杨柳青青江水平，闻郎岸上踏歌声。东边日出西边雨，道是无晴却有晴。"汉语谐音用得最多的当属《红楼梦》，这种"谐音"的运用，使得《红楼梦》到处存在多义难解、使人想象的现象。譬如,它写了四大家族,"贾""史""王""薛",如果里面运用了"谐音"修辞,其涵义是什么?譬如《红楼梦》给人物取名也一样。"原应叹息"谐音元春、迎春、探春、惜春四人名之首字,"假愚蠢"谐音贾雨村,以及"千红一哭(窟)"和"万艳同悲(杯)"等,一字之差,就会引起人们无尽的想象。《红楼梦》还有一段:邢大舅就喝了一杯,说道:"……那土地道:'这墙砌得不结实。'众神将道:'你瞧去。'土地一看,果然是一堵好墙,怎么还有失事?把手摸了一摸,道:'我打量是真墙,哪里知道是个"假墙"!'"众人听了,大笑起来。贾蔷也忍不住地笑,说道:"傻大舅!你好!我没有骂你,你为什么骂我?快拿杯来罚一大杯!"这里"假墙",谐音指"贾蔷"。

  汉字还有一词多音多义的特点,同一个字因为读音不同会给理解带来挑战。我国明代文学家徐渭写过一副对联:"好读书不好读书;好读书不好读书。"这副对联以其形式的新颖性和内容的深刻性被历代文人称为"绝对"。按照中国人贴对联从右到左竖着贴的习惯,这副对联因而在形式上采用了对称的手法。再者,上下联的字完全一样,因而别致新颖。在内容上,上下两联表面内容一样,实则不同。上联说的是少年时期是读书的好时光(即好 hǎo 读书),人们却不懂得珍惜这段时光认真读书(即不好 hào 读书)。下联说的是,人到老年,才懂得要认真读书而"好 hào 读书",无奈已错过了读书的最佳时光而"不好 hǎo 读书"。看上去是文字游戏,实际上充分展示了汉语"音形义"合一的特点。

  可见,中国语言文字应用对"谐音"情有独钟,应该不是简单将其作为修辞手法来增加含蓄、多义、幽默等效果,这种"声音""语义"以及表达技巧之间的关系,已经成为中国人在特定情境下表达感情的一种方式,构成一种独特的文化现象。

（二）整饬对称的美

整饬，指向事物的时候，是指相对整齐、有条理、组织有序；指向人物的时候，是指端庄，严谨。《新唐书·吕谭传》："少力于学,志行整饬。"宋司马光《礼部尚书张公墓志铭》："然为人庄重,虽家居常自整饬,衣冠不具,不以见子孙,与语或至夜分,不命之坐。"对称美,是指一个事物的整体分为相对的两部分,这两部分在形式上并列同时和谐统一。整饬对称的美也是汉语文学作品在形式上的突出特点。

譬如《诗经》,整体上为四言句,每一段大致有相同数量的句子构成。有句子整齐组合、段落整齐排列的特点。格律诗,更是讲究整饬划一,五言七言,绝句律诗,都是由相同的字句构成。现代诗歌似乎很自由,表现在句子上长短不一,自由不拘,但是也有依然追求"整饬"的,显得庄重、典雅、谐和。

> 这是一沟绝望的死水，
> 清风吹不起半点漪沦。
> 不如多扔些破铜烂铁，
> 爽性泼你的剩菜残羹。
>
> （闻一多《死水》）

> 轻轻的我走了，
> 正如我轻轻的来。
> 我轻轻的招手，
> 作别西天的云彩。
>
> （徐志摩《再别康桥》）

对称,则表现为两个句子之间或者段落之间的关系。这种关系有点像"对联",分为正对、反对、流水对等形式。当然整饬对称并不意味着没有变化,只要求绝对整齐对称。对称在文学上最典型的表现有如下几种。

第一,赋体。大家读《洛神赋》《兰亭集序》《滕王阁序》《赤壁赋》,都会领略到作者洋溢出的语言才华及佳词妙句,其中一些具有"对称美"的句子或者段落,一直被后人传颂。《洛神赋》:"(宓妃)其形也,翩若惊鸿,婉若游龙,荣曜秋菊,华茂春松。髣髴兮若轻云之蔽月,飘飖兮若流风之回雪。远而望之,皎若太阳升朝霞。迫而察之,灼若芙蕖出渌波。"《兰亭集序》:"群贤毕至,少长咸集。此地有崇山峻岭,茂林修竹。"《滕王阁序》:"落霞与孤鹜齐飞,秋水共长天一色。渔舟唱晚,响穷彭蠡之滨;雁阵惊寒,声断衡阳之浦。""老当益壮,宁移白首之心?穷且益坚,不坠青云之志。"《赤壁赋》:"清风徐来,水波不兴。举酒属客,诵明月之诗,歌窈窕之章。少焉,月出于东山之上,徘徊于斗牛之间。白露横江,水光接天。纵一苇之所如,凌万顷之茫然。浩浩乎如冯虚御风,而不知其所止;飘飘乎如遗世独立,羽化而登仙。"这里面当然有句式上的变化与参差,但是局部句子的对称美是其重要的特征。

第二,格律诗,尤其是律诗。律诗无论是五言还是七言,都是由八句四联构成,首联、颈联、颔联、尾联四联之间构成起承转合的关系。律诗创作不仅要有形式上的整饬,用字用词还要有声律的要求。当然最难的部分,还是"颈联""颔联"要有严格的对仗,同时包括一、二、四、六、八句尾字的押韵,没有一定的对仗功底,是写不出好的律诗作品的。杜甫在律诗创作方面做出了独特贡献,他说过:"为人性僻耽佳句,语不惊人死不休。"其律诗规范严谨,读起来自然真实,不露痕迹。诗歌中的对仗,"却看妻子愁何在,漫卷读书喜欲狂。白日放歌须纵酒,青春作伴好还乡。""无边落木萧萧下,不尽长江滚滚来。万里悲秋常作客,百年多病独登台。""随风潜入夜,润物细无声。野径云俱黑,江船火独明。"都是被经久传颂的佳句。

词,又叫"长短句",它不像格律诗一样整饬,但是词中也有对偶句。

> 梦后楼台高锁,酒醒帘幕低垂。去年春恨却来时。落花人独立,微雨燕双飞。
>
> 记得小蘋初见,两重心字罗衣。琵琶弦上说相思。当时明月在,曾照彩云归。

(晏几道《临江仙·梦后楼台高锁》)

第三,对联。中国人过去有在大门上贴符的传统,驱邪祈福,保佑平安。随着格律诗对于对偶形式的独特贡献及其发展成熟,据说到了五代,后蜀主孟昶写出了中国的第一幅对联:"新年纳余庆,嘉节号长春",从此对联开始盛行。对联又称"楹联"或"对子",是写在纸、布上或刻在竹子、木头、柱子上的对偶语句。如今,"对联"已成为一种独立的文体,类似诗歌、小说,融合了书法、文学、装饰、民俗文化等功能。写作对联的高手被称为"楹联家"。2005年,中国国务院把楹联习俗列入第一批国家非物质文化遗产名录。

需要思考的是,为什么中国人喜欢整饬对称?中国人历来尊崇阴阳合一之道,也就是世界上所有的事物具有或阴或阳的属性,同时又阴中有阳,阳中有阴,阴阳互动互补,阴阳合一。所以,汉语词汇是一对一对出现的,譬如阴阳、男女、昼夜、上下、左右、优劣、善恶等,本身就像对对子。李渔《笠翁对韵》对它作了整理与总结:"天对地,雨对风。大陆对长空。山花对海树,赤日对苍穹。"这是一种事物相对;"晨对午,夏对冬。下饷对高春。青春对白昼,古柏对苍松。"这是一种时间相对;"雷隐隐,雾蒙蒙。日下对天中。风高秋月白,雨霁晚霞红。"这是一种景象相对。这种思维与认知方法深刻影响了中国人,形成中国特有的文化传统与美学观念。中国建筑、音乐、文学乃至社会理想、人格道德都追求相生相依、中正和谐、庄重对称、不偏不倚。如果说文学在不断发展，文学成就灿烂丰富，发展与丰富的背后，一些美学传统与独特体现还是根深蒂固、一脉相承的。

在汉语的对联和诗歌当中，有一种比较奇特的形式，那就是它们的每一个句子都是用相同偏旁或部首的汉字写成的。用这种形式写成的对联叫作"联边联"，用这种形式写成的诗叫作"联边诗"。北宋诗人、书法家黄庭坚曾经写过一首题为《戏题》的联边诗："逍遥近道边，憩息慰惫懑。晴晖时晦明，谑语谐说论。草莱荒蒙茏，室屋壅尘垒。僮仆侍偪（同"逼"）侧，泾渭清浊混。"这首联边诗，八个句子分别用了八种不同部首的字写成，抒写出诗人在郊野漫步休息时所见的情景，使人读后不禁产生美的享受。

（三）虚实相生

虚实相生，是中国艺术的一个重要理论，并由艺术延及政治、军事与人生哲学。它可以理解为一种方法与技巧，也可以理解为艺术品呈现的特征。虚实相生的理论源自老子，老子思想的核心是"有""无"，核心的观点是有无虚实相生统一，但是另一方面又"尚无""重虚"，"无"与"虚"不是一般意义上的没有，而是"大有"，或者说，"大"得表达不出来。老子认为，"大音希声，大象无形"，庄子也指出，"天地有大美而不言"。大音若无声，大象若无形。至美的乐音、至美的形象已经到了和自然融为一体的境界，反倒给人以无音、无形的感觉。"大音""大象"至少有一个负载它们的实体，才能显示其"大"。这个具有独特价值与要求的"实体"就成为艺术创造的理想目标。一句话，老子的这套理论对后世影响深远，它实际上要求用简洁、有限的笔墨，获得涵义丰富、广大深刻的效果。要做到这一点，就必须理解"虚实相生"的涵义、提升虚实相生的境界、娴熟运用虚实相生手法，这也成为创作者的一个内在要求。

在中国画的传统技法中,虚,是指图画中笔画稀疏的部分或空白的部分。它给人以想象的空间,让人回味无穷。诗画同理,诗歌借鉴了中国画的这种方法。诗歌的"虚",是指直觉中看不见摸不着,却又能从字里行间体味出的那些虚像和空灵的情境。

具体说来,诗歌中的"虚",通过形象指向不便表述或者难以表述或简练表述的内容,一般包括以下三类。第一类,神仙鬼怪世界和梦境。诗人往往借助这类虚无的情境来反衬现实,这就叫以虚像显实境。李白《梦游天姥吟留别》描绘的仙境就是一个虚像。诗云:"日月照耀金银台""霓为衣兮风为马""虎鼓瑟兮鸾回车""仙之人兮列如麻"。第二类,已逝之景之境。这类虚景是作者曾经经历或历史上曾经发生过的景象,但是现时却不在眼前。苏轼《念奴娇·赤壁怀古》中云:"谈笑间,樯橹灰飞烟灭。"再现了火烧赤壁这一史实。显然这一史实不是发生在眼前,故是虚景。韦庄《忆昔》:"昔年曾向五陵游,子夜歌清月满楼。银烛树前长似昼,露桃花里不知秋。西园公子名无忌,南国佳人号莫愁。今日乱离俱是梦,夕阳唯见水东流。"第三类,设想的或者未来之境。这类虚境是还没有发生的,它表现的情境将一直延伸到未来而不断绝。故写愁,将倍增其愁;写乐,将倍增其乐。例如杜甫《月夜》:"今夜鄜州月,闺中只独看。遥怜小儿女,未解忆长安。香雾云鬟湿,清辉玉臂寒。何时倚虚幌,双照泪痕干。"柳永《雨霖铃》中云:"今宵酒醒何处,杨柳岸晓风残月。"这是设想的别后景物:一舟离岸,词人酒醒梦回,只见习习晓风吹拂萧萧疏柳,一弯残月高挂柳梢。李白《夜泊牛渚怀古》:"牛渚西江夜,青天无片云。登舟望秋月,空忆谢将军。余亦能高咏,斯人不可闻。明朝挂帆席,枫叶落纷纷。"

诗歌中的"实",就是"写实"。在中国画中,实,是指图画中勾画出的实物、实景以及笔画细致丰富的部分。而在诗歌中,"实"是指客观世界中存在的实像、实事、实境。例如《梦游天姥吟留别》中描绘的黑暗现实;《念奴娇·赤壁怀古》中上阕的"乱石穿空,惊涛拍岸,卷起千堆雪",写赤壁险峻的形势;《雨霖铃》中上阕所写两人分别的情形,如"寒蝉凄切,对长亭晚","执手相看泪眼,竟无语凝噎"等。

　　虚与实是相辅相成的,既然二者能相生,则表明虚也是一种存在,虚绝不是无。这种存在,是靠实生发出来的,是在实的基础上通过大脑的想象创造出来的。而虚和实又是一对相对的概念。"虚实相生"是指虚与实二者之间互相联系、互相渗透与互相转化,以达到虚中有实、实中有虚的境界,从而大大丰富诗中的意象,开拓诗中的意境,为读者提供广阔的审美空间,提升人们的审美趣味。它有如下几种表现。

　　第一,眼前之景为实,想象虚构之景为虚。要表现"竹林桥外锁酒家"的诗意,画家只需画酒家"旌幌";要表现"深山藏古寺"的画意,只需画打水的"和尚"。在这里,"旌幌""和尚"是实,"酒家""古寺"为虚。在虚与实之间有一座桥梁,那就是欣赏者的想象。刘禹锡有一首《乌衣巷》:"朱雀桥边野草花,乌衣巷口夕阳斜。旧时王谢堂前燕,飞入寻常百姓家。"诗中的"野草""夕阳""燕"等是实景,而六朝古都的繁华是虚景。可我们不难想象当年桥头车水马龙,宫殿歌舞之盛、美人之多、珍宝之富,如今野草遍地,荒凉无比,昔盛今衰、物是人非的历史沧桑感油然而生。我们读李商隐《无题》的"晓镜但愁云鬓改,夜吟应觉月光寒"就要想象女主人公对镜梳妆打扮,面对自己日渐消瘦的面庞、顾影自怜的形象,从而体会男主人公对她因相思而衣带渐宽的疼爱;想象男主人公因思念而不能入睡,对月抒怀的形象,体会女主人公对他的牵挂之情。没有这种虚的想象,就不能体会出抒情主人公那种"春蚕到死丝方尽,蜡炬成灰泪始干"不悔的执着。

　　第二,景物为实,情感为虚。诗人的情感是看不见摸不着的,要将这种虚表现出来,就得化情思为景物、化虚为实;而读者则须化实为虚、化景物为情思。这也是诗歌鉴赏的一般思路和方法:因文识象,由象悟道。比如"江雨霏霏江草齐,六朝如梦鸟空啼""国破山河在,城春草木深""过尽千帆皆不是,斜晖脉脉水悠悠""杨花落尽子规啼,闻道龙标过五溪"等诗句都是化情思为景物的例子。我们在欣赏时就要从意象出发,抓住景物特征,融入诗人所营造的气氛,体会其情感。

第三,形象为实,抽象为虚。上面谈到的景物和情思的关系,也是形象与抽象的关系,但抽象的东西不只有情感,一切难写之景之事均为抽象。声音是抽象的,可高明的画家偏偏能用几只蝌蚪表现出"蛙声十里出山泉"的境界;香味是抽象的,可高明的画家偏偏能用几只蜜蜂或蝴蝶表现出"踏花归去马蹄香"的情景;宋祁人称红杏尚书,因为他有一首《玉楼春·春景》,其中有一句:"红杏枝头春意闹",王国维认为着一"闹"字而境界全出。诗人能将春意"浓"虚化为红杏盛开,枝头蜂蝶云集,熙熙攘攘,齐来闹春,春意盎然之实,但句中并没有说起蜂蝶来,这就是"闹"的妙处。我们设想,如果把这"闹"字换成其他字眼(撇开韵的因素),如"好""满""浓""足"等,都没有"闹"字来得生动有活力。音乐旋律很抽象,但白居易能将婉转之虚转化为"间关莺语"之实;韩愈能将悠扬之虚转化为"浮云柳絮"之实。愁情是很抽象的,但在李煜笔下化成了"一江春水",气势汹涌、不可遏止;在李清照笔下则变得有体积、有重量,"只恐双溪蚱蜢舟,载不动许多愁";在贺铸笔下,则化作"一川烟草,满城风絮,梅子黄时雨",无处不在,无时不有。

第四,有限为实,无限为虚。无限之境是在有限的基础上通过想象创造出来的。宋代诗人梅尧臣说"含不尽之意,见于言外",这乃是作诗功夫之至的体现。"不尽之意"则为无限。宋代画家郭熙说,"山欲高,尽出之则不高,烟霞锁其腰则高矣。水欲远,尽出之则不远,掩映断其脉则远矣"。这就是诗画中的空白艺术。"春色满园关不住,一枝红杏出墙来",这是以少胜多,以有限之红杏表现无限之春意。以无胜有更是把虚实结合推向了极致,白居易的"别有幽愁暗恨生,此时无声胜有声",里面包含了多少复杂难言的感情。

第五,侧面为实,正面为虚。书法上讲究疏密,园林上讲究掩映。处处实则板滞,处处虚则空无。侧面描写能化实为虚,虚写能表现实的东西,从而造成含蓄蕴藉的效果,给读者留下较大的想象空间。李白在《望天门山》中写道:"天门中断楚江开,碧水东流至此回。两岸青山相对出,孤帆一片日边来。"这首诗便是虚实结合的典范。"天门中断楚江开",看似写天门山,实则写水;"碧水东流至此回",看似写水,实则写山。这首诗也正是诗人李白的象征。李白是水,他无坚不摧、一往无前;李白是山,巍然屹立、坚强不屈。王建的"妇姑相唤浴蚕去,闲着中庭栀子花",以"花"之闲反衬人之忙;马致远的"小桥流水人家"以其温馨反衬人之孤独、凄凉的心境;韩愈的"颖乎尔诚能,无以冰炭置我肠",听者冰炭置肠的感受反衬弹者技艺之高超。白居易有一首《夜雪》:"已讶衾枕冷,复见窗户明。夜深知雪重,时闻折竹声。"诗人表现雪大之实,并非亲眼所见,处处从虚处落笔,尤其是末句写声,雪大雪厚的景象如在眼前。

总之,实境乃是一种真境、事境、物境;虚境乃是在此基础上给读者创造的一种想象的空间、诗意的空间。从前文所举的例子中我们不难发现,虚可生实,实可生虚,想象则是其桥梁。正是读者想象的介入,才使诗歌更为饱满,充满灵气,充满诗情画意。在处理"虚""实"关系的时候,为了突出主题与中心思想,有时虚景和实景相反相成,形成强烈的对比,例如姜夔《扬州慢》中的虚景是指"春风十里",写往日扬州城十里长街的繁荣景象;实景是"尽荠麦青青",写词人今日所见的凄凉情形。这一虚一实两幅对比鲜明的图景,寄寓着词人叹昔盛今衰的感慨。《梦游天姥吟留别》中仙境的美好与现实的黑暗构成了对比,从而突出了作者追求自由、蔑视权贵的精神。有时则用相辅相成形成渲染烘托。如欧阳修《踏莎行》:"候馆梅残,溪桥柳细,草薰风暖摇征辔。离愁渐远渐无穷,迢迢不断如春水。寸寸柔肠,盈盈粉泪,楼高莫近危阑倚。平芜尽处是春山,行人更在春山外。"上阕写实,通过初春景象反衬"行人"的离愁别绪。下阕写虚,通过设想妻子凭栏远望,思念"行人"的愁苦之象,来写愁思。妻思夫,夫想妻。虚实相生,从而将离愁别绪抒发得淋漓尽致。

虚实相生,在中国诗书画印中被表现到了极致。一直以来衡量一个作品的好坏标准就是怎么处理"虚实"关系,尤其是如何利用"虚"(空白)、如何"留白",是衡量高手与否的重要特征。同时需要强调的是,虚实手法的处理,在叙事文学中同样运用广泛。鲁迅就认为,塑造人物最极简的办法就是去画他的眼睛。一个人物的外观可以详细描写,也可以工笔重彩,但是眼睛画好了,人物的神态与个性也都体现出来了。这叫画龙点睛,也叫虚实相生。所以小说中写人物,写意手法很多,也就是寥寥几笔,抓住特征,使人物形神兼备。写人叙事散文则更是如此,要求很好地运用虚实相生手法,获得言有尽而意无穷的效果。

03
有意味的形式

英国文艺批评家克莱夫·贝尔在其著作《艺术》中提出"有意味的形式"理论。他的理论倾向就是视形式比内容更重要,有点重视"怎么说",不太重视"说什么",从而主张追求艺术形式的不断创新。他认为:"在各个不同的作品中,线条、色彩以及某种特殊方式组成某种形式或形式间的关系,激起我们审美感情。这种线、色的关系和组合,这些审美的感人形式,我称之为有意味的形式。'有意味的形式'就是一切视觉艺术的共同性质。"贝尔的观点主要是针对"视觉艺术"来讲的,但是,它不仅强调了形式的重要性，同时强调了形式的独立美，这个理论还是具有启发性的。

启发之一，重视艺术形式的创新。

艺术的多样性实际上是由艺术形式的多样性与丰富性导致的。文学的发展史，实际上是形式不断创新的历史，譬如中国诗歌发展经历了从"诗经""楚辞""乐府""诗""词""曲"到"自由诗"的过程，小说也是，"志人志怪志异""传奇""话本""演义""记"（《西游记》《石头记》）"传"（《水浒传》）都是对于形式上的表达。这里面有一个发展规律，就是艺术不断推陈出新，唐诗发展到一个高峰，就出现了宋词，古典诗歌发展到极致就出现了现代白话自由诗。今天的文学形式，又同影视、广告、歌曲、网络等联系在一起，出现了新的样式。文学的发展在一定程度上是形式的发展，但是也要看到这种形式其实是与不同时代环境下人们表达与交流的方式及其情感体验密切相关的。

每一个大的形式下，文学出现了丰富具体的形态，譬如小说分为微型小说、短篇小说、中篇小说、长篇小说等，短篇小说又有文言、白话、现代之分，现代小说在形式上也在不断进行探索，所以，不同时期短篇小说的形式特点是不一样的。

从作家的角度看，一个作家区别于其他作家，形成自己独特的风格与个性，首先在于形式上的创新。举几个例子，中国第一部现代白话小说是《狂人日记》，为什么将它作为小说发展的里程碑，原因很简单，《狂人日记》使用了全新的形式与全新的思想。中国第一部现代白话诗集是郭沫若的《女神》，其特有的抒情方式与表现形式也是过去没有的。

启发之二，形式不是简单地为内容服务，它本身有独立的意味与美感。

形式最终作用或者服务于内容。譬如，《三字经》是三言，《诗经》是四言，汉乐府有五言，律诗发展到七言，这些由不同字数组成的句子，其形式本身具有不同的结构、节奏和声律上的美感,当然也就适合表达与之匹配的思想感情。这就如同不同的线条带来不同的运动感与韵律感,不同的色彩本身就代表不同的情绪与情感。中国诗歌还有藏头诗、回环诗,都是借助特定形式去传达信息与意义,同时在形式上富有意味。一部优秀的作品,不仅它的形式独特,而且这种形式本身富有意味与意义。譬如,鲁迅的文章在语言上,就是白多文少,但是夹文夹白,具有独特风格,增加了阅读难度,但是恰恰使鲁迅文章增加了典雅、含蓄甚至古奥的意味。《狂人日记》为什么用"日记""心理表现"形式,这其中都是具有特别的意味的,鲁迅喜欢黑色,他的文章少用乐观亮色的色彩词汇,对于黑色的事物似乎情有独钟,例如乌鸦、黑衣人(玄色、缁衣),色彩的运用也是耐人寻味的。

随着人们对于"形式"的重视与自觉,当下出现很多探索性的文学作品,有的甚至直接将"形式"变成"内容"。西方传统绘画偏向写实,中国传统绘画偏向写意。形式有很大的不同。写实如同照相,画得逼真。西方现代绘画出现了"非写实"手法,譬如变形、抽象等,这些形式本身是对传统形式的突破,同时形式本身具有意味与价值,譬如,女性形象出现了"审丑"倾向,那些凌乱的线条、怪异的色彩,表达了一种复杂的情绪与心理。当代作家王朔的作品曾经被称为"痞子文学",其作品语言与形式显得与众不同,一度引发争议,其实仔细阅读,会发现其看似"不正经"的背后是对假正经的讽刺与反叛,所以,王蒙说:"他撕破了一些伪崇高的假面。而且他的语言鲜活上口,绝对地大白话,绝对地没有洋八股党八股与书生气。"①

---

① 王蒙.躲避崇高[J].读书,1993(1).

思考与练习

一、具体而详实地分析一部文学作品的形式,思考其形式是如何为内容服务的。

二、结合具体作品谈谈汉语写作为什么重视"虚实相生",它是如何在形式上进行处理的?

三、写一篇关于"对联"的学术小论文。

文本细读的传统

中国文学批评经过漫长的发展,形成了具有中国特色的传统文学批评方法与特点。其中细读是重要的方法之一。

中国文学批评经过漫长的发展,形成了具有中国特色的传统文学批评方法与特点。其中"细读"是重要的方法之一。这里重点讲述文本细读的几个传统。

01
孔子与《诗经》

孔子在《诗经》研究方面作出了极大的贡献,主要体现在六个方面:一是整理《诗经》,二是以《诗经》为教,三是对《诗经》内容的评论,形成了"思无邪"和"温柔敦厚"说,四是对《诗经》音乐的评论,五是对《诗经》社会功效的评论,提出了"兴、观、群、怨"说,六是倡导《诗经》要学以致用。《论语》中所记载的孔子关于《诗经》的评论,作为我国最早的文艺批评,揭示了文学理论中许多基本原理。

《诗经》是中国第一部诗歌总集,编成于春秋中叶,所收集的是西周初期至春秋中叶(公元前11~前5世纪)的民歌和朝庙乐章,共三百零五篇,"三百"是取其整数而言之。"三百"篇是怎么来的?古有孔子删诗说。

> 古者诗有三千余篇,及至孔子,去其重,取可施于礼义,上采契后稷,中述殷周之盛,至幽厉之缺……三百五篇。
>
> (司马迁《史记·孔子世家》)

司马迁说，《诗经》原来不止三百多首，而是三千多首，之所以所剩不多，原因是孔子把不符合周礼要求的那些篇章都删了。目前学术界基本认定"删诗说"不可信。但是这并不意味着孔子没有整理过《诗经》。《诗经》三百零五篇，从音乐来看，分为《风》《雅》《颂》三类，各类诗篇皆入乐，可歌唱，然而它们的乐曲不同。《风》是土乐。十五国风，就是十五个国家和地区的地方乐曲。《雅》主要是朝会乐歌，用于诸侯朝聘、贵族宴享等典礼。雅，通"夏"，周王畿一带原是夏人旧地，称为夏地，其言称为雅言，其声称为正声。宫廷和贵族用的乐歌要用雅言和正声，就是正乐。《颂》配制的是祭祀乐曲，是西周王室、鲁国和宋国的宗庙祭祀乐歌。颂通"庸"，庸后来写作镛，是一种大钟，其声调舒缓、庄重，余音缭绕。颂全由镛伴奏，并且以舞蹈相配合。《诗经》三百零五篇，就是按照风雅颂这三类不同的乐曲来分类编排的。《诗经》流传到孔子时，存在着诗篇重复、残缺、次序混乱、文字错讹、曲调离谱等现象。例如吴国公子季札访问鲁国，"请观于周乐"之事，就从某个侧面说明《诗经》中的周乐在其他诸侯国已失传，只是在周公旦的世袭封地鲁国还保存着。公元前484年，孔子从卫国返回鲁国，结束了十四年的流亡生活，一心从事教育和古代文献整理工作。"子曰：'吾自卫反鲁，然后乐正，《雅》《颂》各得其所。'"意思是"我从卫国返回鲁国，然后才把《诗经》的音律校正好，使《雅》《颂》各归其类"。孔子广泛搜集《诗经》的各种抄本，对《风》诗、《雅》诗和《颂》诗按照乐曲进行分类整理，以正确的音调校正音律，从而使《雅》《颂》各归其类，这是孔子整理《诗经》的明证。

要校正《诗经》的音律，首先得精通音律才行。孔子是精通音律的，我们可以从《论语》得到证明。例如："子语鲁大师乐，曰：'乐其可知也：始作，翕如也；从之，纯如也，皦如也，绎如也，以成。'"意思是孔子把演奏音乐的理论告诉鲁国乐师，说："演奏音乐的道理是可以知道的：开始演奏，音乐洪亮;继续展开,音乐和谐、清晰,余音袅袅,然后结束。""子在齐闻《韶》,三月不知肉味,曰:'不图为乐之至于斯也!'"意思是:"孔子在齐国听到《韶》乐,很长时间尝不出肉味,说:'没想到《韶》乐达到了这种美妙境界。'"《史记·孔子世家》云:"三百五篇,孔子皆弦歌之。"由此可见孔子精通乐理,具有高超的音乐欣赏能力,更重要的是他对《诗经》的篇什皆能"弦歌之",由此可以证明孔子所言"吾自卫反鲁,然后乐正,《雅》《颂》各得其所"是可信的。

孔子以《诗》为教。孔子十分推崇《诗经》,孔子曰:"兴于诗,立于礼,成于乐。"他认为读《诗经》,不仅有利于培养人的美好情感,同时还利于人与人之间心心相通。所以孔子曰:"不学诗,无以言。"意思是《诗经》都没有读过,怎么能会说话呢?"子以四教:文、行、忠、信。"意思是"孔子以四项内容教育学生:古代文献、社会实践、忠于职守、诚实守信"。其中的"文"是古代文献,指《诗》《书》《礼》《乐》《易》《春秋》等六艺之文。《史记·孔子世家》云:"孔子以诗书礼乐教,弟子盖三千焉,身通六艺者七十有二人。"

(一)对《诗经》思想内容的总体评论

尽管三百零五篇的内容如此复杂,然而《诗经》的整理或编纂者有一个基本的思想倾向,那就是把《诗经》当作实施教化的重要工具。孔子或许认为,尽管《诗经》里有歌功颂德之文也有哀怨讽谏之作,但都是作者真情的流露,对王政教化皆具有积极的意义。因此孔子说:"《诗》三百,一言以蔽之,曰:'思无邪。'""思无邪"出自《诗经·鲁颂·駉》:"以车祛祛,思无邪。""思"是句首语气词。"无邪"是指"不错;不坏;正"。这两句的意思是强健的马儿驾着车,这些马儿真不错。孔子借用"思无邪"来概括《诗经》的基本思想倾向,对其思想内容作总体评价:"思想纯正。"《礼记·经解》中也记载了孔子对《诗经》的总体评论:"孔子曰:入其国,其教可知也。其为人也,温柔敦厚,诗教也。"孔子的"思无邪"和"温柔敦厚"说对中国诗歌理论乃至整个文艺理论产生了巨大的影响。它具有三个方面的意义:第一,揭示了文学作品的教育功能,用今天的话来说,就是要用正确的思想、正确的价值观去引导人,通过诗歌的审美感染力量去影响人们的情感和心灵;第二,揭示了文学具有倾向性的基本原理;第三,揭示了文学反映社会生活和人们思想感情的多样性与主导性的关系,既承认文学反映社会生活和人们思想感情的多样性,又强调和提倡在多样性中追求主导性和同一性,即思想纯正和温柔敦厚。

(二)对《诗经》具体诗篇内容的评论

《论语》中记载了孔子对《诗经》中的某些诗篇或者诗句所作的评论。例如:"子曰:'《关雎》,乐而不淫,哀而不伤。'"意思是《关雎》快乐而不过度,哀婉而不悲痛。

> 关关雎鸠,在河之洲。窈窕淑女,君子好逑。
> 参差荇菜,左右流之。窈窕淑女,寤寐求之。
> 求之不得,寤寐思服。悠哉悠哉,辗转反侧。
> 参差荇菜,左右采之。窈窕淑女,琴瑟友之。
> 参差荇菜,左右芼之。窈窕淑女,钟鼓乐之。

(《诗经·关雎》)

古人对于该诗诗义的理解众说纷纭。譬如《毛诗序》曰:"《关雎》,后妃之德也。风之始也,所以风天下而正夫妇也,故用之乡人焉,用之邦国焉。"鲁诗和韩诗则认为《关雎》是讽刺国君内倾于色。其实这是一首爱情诗,描写一名青年男子对一位姑娘的爱慕之情。第一章写一名青年男子对一位美丽姑娘一见钟情,认为她就是自己理想的配偶。第二、三章写青年男子对这位姑娘求之不得而"辗转反侧"的哀婉之情。第四、五章写男子想象如果能和她缔结良缘,将"琴瑟友之"和"钟鼓乐之"。孔子说:"《关雎》,乐而不淫,哀而不伤。"诗中所写"琴瑟友之"和"钟鼓乐之",可谓之"乐"。这种男女之间的爱慕之情是以婚姻为目的的,既没有私奔,也没有始乱终弃,即没有过度,所以孔子说"乐而不淫";诗中所写青年男子对这位姑娘求之不得而"辗转反侧"的哀婉之情,但并未沉浸于痛苦之中而不能自拔,所以孔子说"哀而不伤"。由此可见,至于后世所谓"后妃之德"和"刺诗"之类,恐非孔子之原意。换言之,孔子尚能把《关雎》视为一首爱情诗来欣赏,后世之经师则往往给它涂抹上了一层厚厚的政治色彩。

"唐棣之华,偏其反而。岂不尔思?室是远而。"子曰:"未之思也,夫何远之有?"意思是"唐棣树上的花,翩翩摇动。怎么不思念你?只是相隔太遥远。"孔子说:"没有思念,如果真的思念,还有什么遥远呢?""唐棣之华,偏其反而"是起兴,诗人由唐棣树上的花翩翩摆动而触景生情,他的心也像唐棣之花一样翩翩摇动起来,想起了自己的心上人。然而相距遥远,无法相见,也无鸿雁传书,只能在心中思念着。孔子认为,诗人所说的"岂不尔思?室是远而"并非真心话,因为如果真的思念,"夫何远之有"?言外之意或许是说一个人心里是否真的想着什么,别人无法知晓,重要的是看他的行动。孔子的评论具有两个意义:第一,孔子对《诗经》并非篇篇都是赞誉之辞,也有批评之语;后世之经师对《诗经》几乎不敢也不愿置以批评之辞。第二,孔子在这里揭示了诗歌创作中的一个基本原理,那就是言为心声。诗歌应是作者思想感情的真实流露,或者说作者的思想感情应真实地反映在诗歌之中。而《诗经》中的"岂不尔思?室是远而"并非作者思想感情的真实流露,因为如果真的思念,则"夫何远之有"?

(三)对《诗经》社会功效的评论

孔子十分重视对《诗经》社会功效的阐发,他认为学习《诗经》可以丰富知识;可以提高语言的表达能力和交际效果;可以"兴、观、群、怨"。孔子还对《诗经》音乐的社会功能进行了充分肯定。

学习《诗经》可以提高语言的表达能力和交际效果。春秋时代,《诗经》几乎成了士大夫的必读书,成为人际交往和国与国之间交往的重要工具。据《左传·襄公二十八年》记载:"赋诗断章,余取所求焉。"意思是写诗的人,往往是取《诗经》某一章或者一两句,来表达自己的思想感情。《左传·襄公二十六年》:"卫侯如晋,晋人执而囚之于士弱氏。秋,七月,齐侯、郑伯为卫侯故,如晋,晋侯兼享之。晋侯赋《嘉乐》。国景子相齐侯,赋《蓼萧》。子展相郑伯,赋《缁衣》。叔向命晋侯拜二君曰:'寡君敢拜齐君之安我先君之宗祧也,敢拜郑君之不贰也。'国子使晏平仲私于叔向,曰:'晋君宣其明德于诸侯,恤其患而补其阙,正其违而治其烦,所以为盟主也。今为臣执君,若之何?'叔向告赵文子,文子以告晋侯。晋侯言卫侯之罪,使叔向告二君。国子赋《辔之柔矣》,子展赋《将仲子兮》,晋侯乃许归卫侯。"意思是卫献公到达晋国,晋国人把他抓起来关在主管刑狱的大夫士弱的家里。秋季七月,齐景公、郑简公为了卫献公的缘故到达晋国,晋平公同时招待他们。晋侯赋《嘉乐》,该诗首章曰:"嘉乐君子,显显令德。宜民宜人,受禄于天。保右命之,自天申之。"晋侯赋《嘉乐》这首诗,表示对齐侯、郑伯的友好。国景子是齐侯的相礼者,赋《蓼萧》,该诗第三章曰:"既见君子,孔燕岂弟。宜兄宜弟,令德寿岂。"国景子赋《蓼萧》这首诗,表示晋、卫为兄弟之国,应该友好。子展是郑伯的相礼者,赋《缁衣》,该诗共三章,每章末两句皆为"适子之馆兮,还予授子之粲(餐)兮。"子展赋《缁衣》这首诗,表示希望晋君看在齐侯和郑伯亲自来到晋国的份上,答应他们关于释放卫侯的请求。叔向要晋侯拜谢齐君和郑君,说:"寡君敢拜齐君安定我国先君的宗庙,拜谢郑君对晋国没有二心。"国景子派晏平仲私下对叔向说:"晋君在诸侯中宣扬他的明德,担心他的忧患而补正他的过失,纠正他的违礼而治理他国家的动乱,所以能够成为盟主。现在为了臣下而逮捕卫君,怎么办?"叔向告诉赵文子,赵文子把这话告诉了晋侯。晋侯举出卫侯之罪,派叔向告诉齐君和郑君。国景子赋《辔之柔矣》,意在表示晋侯应该宽宏大量来安定诸侯,就像用柔辔来驾驭刚烈之马。子展赋《将仲子兮》,该诗每章分别以"将仲子兮,无逾我里""将仲子兮,无逾我墙""将仲子兮,无逾我园"开始,子展赋这首诗,表示晋君逮捕卫君,将导致诸侯的议论,人言可畏。于是晋侯允许卫侯回国。《诗经》具有典雅性,因此贵族们往往通过"赋诗"和"引诗"来使自己的语言表达具有高雅的风格;《诗经》具有委婉性,因此贵族们往往通过"赋诗"和"引诗"来含蓄地表达自己的某种愿望或者委婉地拒绝他人的某种要求。齐侯和郑伯向晋侯请求释放卫侯,整个交际过程,他们几乎都是通过"赋诗"来委婉地表达各自的意思,最终达到了解救卫侯的目的。由此可见,《诗经》在当时的流行和普及,以及在社会政治生活中的巨大作用。这也是孔子所说"不学诗,无以言"的蕴意所在。

《诗经》可以"兴、观、群、怨"。"子曰:'小子何莫学夫《诗》?《诗》,可以兴,可以观,可以群,可以怨。迩之事父,远之事君;多识于鸟兽草木之名。'"此章主要是阐述《诗经》的社会功效。《诗经》"可以兴",是说学习《诗经》可以培养联想力,具有启迪思维和触发感情的作用。"可以观",是说学习《诗经》可以培养观察力,可以通过《诗经》来观察风俗民情和政治得失,来了解和认识社会,从而为治理国家提供参考依据。"可以群",是说学习《诗经》可以培养合群性,它具有沟通交际双方思想感情的作用。"可以怨",是说学习《诗经》可以学习讽谏的方法,它具有讽喻社会和政治不良现象的作用。至于"多识于鸟兽草木之名",是说学习《诗经》可以认识很多鸟兽草木的名称,从而丰富知识,这是阐释《诗经》对于增长知识的作用。"子谓伯鱼曰:'女为《周南》《召南》矣乎?人而不为《周南》《召南》,

其犹正墙面而立也与！'"意思是孔子对伯鱼说："你研习过《周南》《召南》吗？一个人不研习《周南》《召南》，那就像正对着墙壁站立啊！"《周南》和《召南》同属于《诗经》十五国风。《周南》共十一首诗，其中《关雎》是青年男女的恋歌；《葛覃》是女子准备回家探望父母之诗；《卷耳》是妻子思念征夫之诗；《桃夭》是祝贺女子出嫁之诗；《芣苢》是写人们采车前子之诗；《汉广》是写男子求偶而失望的情歌；《汝坟》是妻子督勉丈夫之诗；《麟之趾》是赞美诸侯公子之诗。《召南》共十四首诗，其中《鹊巢》是写贵族女子出嫁之诗；《采蘩》是女子采白蒿之诗；《草虫》是妻子思念丈夫之诗；《采苹》是女子采苹采藻置祭之诗；《行露》是写女子捍卫人格独立、不畏强暴之诗；《殷其雷》是写夫妻临别时依依不舍之诗；《摽有梅》是写女子希望婚嫁之诗；《江有汜》是弃妇的怨词；《野有死麕》是写青年男女恋爱之诗。这些都是描写爱情、婚姻和家庭的诗篇，都与夫妇有关。能正夫妇，然后方能正父子、正君臣，否则就像正对着墙壁站立，寸步难行，这实际上也是阐述《诗经》的社会功效。孔子的"兴、观、群、怨"说，深刻地揭示了《诗经》的本质特征，也揭示了文学的一个基本原理，即文学具有教育和认识作用。"迩之事父，远之事君"，意思是学习《诗经》，运用其中的道理，近则可以侍奉父母，远则可以侍奉君主。

正因为《诗经》具有如此巨大的社会功效，所以孔子倡导学习《诗经》要学以致用。这主要体现在两个方面：一是学习《诗经》要与社会实践相结合，二是要善于触类旁通，举一反三。

"子夏问曰：'巧笑倩兮，美目盼兮，素以为绚兮何谓也？'子曰：'绘事后素。'曰：'礼后乎'子曰：'起予者商也，始可与言《诗》已矣'"。子夏问道："'美好笑容酒窝妙，黑白分明眼睛美，洁白的脂粉更把她装扮得楚楚动人。"素"是"白色"，这里指绘画的白色底子。"绚"是"彩色；绚丽"，这里指光彩夺目。孔子答道："先有素色底子，然后才可以描绘出美丽的图画。""巧笑倩兮,美目盼兮"出自《诗经·卫风·硕人》。"素以为绚兮"为逸句,今本《诗经》无。这三句诗是形容一位美女的容貌,孔子由此而联想到另外一个问题:"绘事后素"。这是子夏向孔子请教,孔子教之。子夏由孔子所说的"绘事后素"而联想到"礼"和"忠信"的关系:"礼必以忠信为质,犹绘事必以粉素为先。"因此问道:"礼后乎"意思是"礼产生在忠信之后吧?"这是子夏深受孔子教育举一反三得到的启发。孔子对子夏能够提出"礼后乎?"这一问题,非常赞赏。除此之外,我们还可以由这篇对话发现孔子对诗歌的认识:作者未必有,读者未必无。"巧笑倩兮,美目盼兮,素以为绚兮"形容一位美女的容貌,孔子由此而联想到"绘事后素",这反映了"作者未必有,读者未必无"。子夏由孔子所说的"绘事后素"而联想到"礼"和"忠信"的关系,这也表现了"作者未必有,读者未必无"。这或许是对"形象大于思想"理论的最早阐发。

孔子整理《诗经》,解释《诗经》,运用《诗经》,对后世影响深远。他不仅能从文字本身品味到《诗经》对于人性以及人的情感的积极作用,还能从总体上把握到《诗经》的特点与独特价值,从而奠定了《诗经》伟大的历史地位,即《诗经》不仅是一部伟大的文学作品,也是一部蕴含深刻的思想作品,完成从"诗"到"经"的文化价值升级。孔子整理、校勘其中的错误,还原《诗经》与歌乐的关系,他的博学与卓越绝非一般人可以比拟。

02
细读与"微言大义"

"微言大义",字面意思是精微的语句含有深刻含蓄的意义。它出自汉代刘歆《移书让太常博士书》:"及夫子殁而微言绝,七十子卒而大义乖。"《汉书·艺文志》:"昔仲尼没而微言绝,七十子丧而大义乖。"原本的意思是，孔子死后，没有人会讲简练深刻的话语。他的弟子死后，诸经要义就不复有序传承了。

从汉代开始，"微言大义"开始成为一种文章观，也开始成为一种阅读观与批评观，就是阅读时要深入挖掘文字背后深刻的意义与价值。春秋战国时期，《诗》《书》《礼》《易》《春秋》等著作已经出现，诸子百家，如孔子、老子、孟子等人，留下了许多经典典籍，比如《论语》《道德经》《孟子》等，后来秦朝焚书坑儒，导使这些典籍大量失传。汉武帝时期，董仲舒为了帮助汉代统一天下，提出了独尊儒术的思想，一方面，要重新搜集整理这些典籍，另一方面要对这些典籍进行解读，成就了儒家文化研究的第一个高峰。汉代仅仅研究《诗经》的就有鲁、齐、毛、韩四大派，有名有姓研究《诗经》的人有170多人。齐诗学派有个叫伏黯的人给《诗经》作了注释，他的侄子叫伏恭，也就是伏黯的继承人，认为叔叔的注释过繁多，于是进行了删减，保留了二十万字。可见伏黯的注释"繁多"到何种程度。

经学研究的工作，主要就是注疏经书。所谓"注"，就是对经书字句的意义等加以解释，但有些注因为太简要或年代久远而释意不清，因此后人为注再作解释，称作"疏"。除了注疏之外，其他如"解""考证""集解""正义"等，名虽不同，但做法大多类似，都是对于经书的一字一句详加研究，希望能了解它真正要表达的意思。古代把研究文字、训诂韵方面的学问叫小学。汉语文字具有三个部分：字形、字义、字音。在汉代，它们的差别不很显著。宋末王应麟《玉海》将文字学分为三种：体制、训诂、音韵。清代的《四库全书》，把小学书分为训诂、字书、韵书三类。其实这些都是围绕汉字"音形义"展开的，读书必先识字，掌握字形、字音、字义。周朝儿童入学，首先学六甲六书（六甲指儿童练字用的笔画较简单的六组以甲起头的干支；六书即指事、象形、形声、会意、转注、假借），西汉时称"文字学"为"小学"，唐宋以后又称"小学"为字学，"小学"之名即由此而来。

经书的内容难以理解,充满争议,但又包括解释宇宙秩序、政治、道德规范甚至日常生活等一切的准则及其正当性的来源,所以研究经书便成为汉代以来最重要的学术活动。加上汉武帝对于经学的奖励推行,使通晓经书的人获得礼遇,使投入经学研究的人更多,甚至在东汉时因此有"遗子黄金满籝,不如教子一经"的说法。不过,从汉代开始,汉语阅读的基础就包括要掌握必要的文字学、音韵学、训诂学知识,同时还要有知微见著、深明其意的感悟理解能力,这种传统一直沿袭至今。

为什么一部作品值得花这么大的气力去做解读,甚至皓首穷经,乐在其中,只能说明经典具有"微言大义"的特征。

汉语文学自古就有"言有尽而意无穷"的特点,话语总是有限的,但是涵义与意义丰富深刻,耐人寻味。其实,这种特点也体现在其他文体写作中,甚至包括"史书"的写作中。按说史书据实记载即可,但是事实并非如此,因为写作者会因为各种原因,将真实的意图非常巧妙地藏在文字后面。总之,微言大义成为很多经典著作的特点,"春秋笔法"也成为很多"史书"的特点。

"春秋笔法",是一种写作方法,或者说是一种使用语言的艺术,因孔子修订《春秋》而得名。这种写作方法的特点是寓褒贬于曲折的文笔之中,不直接在文中作出判断。形象点说,好比是故意给文章"糊上一层窗户纸",读者能否明白作者的意思便只能凭自己的理解了。

"春秋笔法"有哪些具体表现呢?以《春秋》为例。《春秋》"为例之情有五":"一曰微而显",即辞微而义显。如"成公十四年","秋,叔孙侨如如齐逆女"。"九月,侨如以夫人妇姜氏至自齐"。前一句点出族姓"叔孙",表示尊重君命,因他奉命去齐国迎接君夫人是一件隆重的大事;后一句去掉"叔孙",就为了尊重君夫人姜氏了。这种写法是出于"礼"的需要。"二曰志而晦",

即用字俭省,而意义隐含其中。如鲁桓公二年,"秋,公及戎盟于唐";鲁宣公十七年,"公会齐侯伐蔡"。前一句用"及",表示鲁桓公事前已和戎商量好,在唐结盟;后一句用"会",表示鲁宣公事前不知道,只是应命去"伐蔡"。一字之差,意义各别。根据这种用法,我们可以了解史实以及当时制度。"三曰婉而成章",指委婉用辞,有所避讳,以示大顺而成篇章。如"鲁桓公元年":"郑伯以璧假许田"。齐国拿天子赐的田和鲁国交换许田,因价值不相当,另加一块璧。按"礼"的规定:天子赐给诸侯的田,不能互相交换,写成"假",这是一种婉转隐讳的说法。"四曰尽而不污",就是老老实实写出来,不加隐讳。如"鲁桓公十五年":"天子使家父来求车"。照"礼"的规定,周天子不能在诸侯贡品以外向诸侯要东西,这儿写出,就有"贬天子"的意思。"五曰惩恶而劝善",如"鲁襄公二十一年":"邾庶其以漆、间丘来奔"。邾没有名望,他的名字没有资格写进《春秋》,因他带了土地来投奔,孔子憎恶他出卖祖国土地,所以记入《春秋》来显示他的罪状,达到惩恶劝善的目的。

(周振甫《〈文心雕龙〉注释》)

孔子当时根据鲁史修《春秋》时,对于当时那些重大的、不好定论的史实,往往欲言又止,采取讳而不言的态度,即不明记其事,只以三言两语,作蜻蜓点水式的提示,然后让读者自己体味;有时则暗含褒贬,行文中虽然不直接阐述对人物和事件的看法,但是却通过细节描写、修辞手法的运用或对材料的筛选,委婉而微妙地表达自己的观点。春秋三传之一的《春秋公羊传》认为孔子有其明确的原则,即为尊者讳耻,为亲者讳疾,为贤者讳过。孔子的这种"春秋笔法"后来被广泛运用于中国的史学、文学、艺术等领域。

孔子并非史官,却要作一部史书流传后世,确实是有着"微言大义"的心思,他的目的是借历史表达自己的思想,甚至许多经学家认为:《春秋》每用一字,必寓褒贬。春秋末期史学家左丘明最先对这种"微言大义"作了精当的概括:"《春秋》之称,微而显,志而晦,婉而成章,尽而不污,惩恶而劝善,非贤人谁能修之?"意思是:"《春秋》的记述,用词细密而意思显明,记载史实而含蓄深远,婉转而顺理成章,穷尽而无所歪曲,警诫邪恶而褒奖善良。如果不是圣人那谁能够编写?"这里提出了修《春秋》为善恶、正邪立标准的目的。孟子又有言:"孔子作《春秋》,而乱臣贼子惧。"这里提出孔子作《春秋》的用意并非只是记录史实,而是要起到"警世"之用。孔子自己也曾对弟子说过:"后世知丘者以《春秋》,而罪丘者亦以《春秋》。"意思是:"后代了解我的是因为《春秋》,而怪罪我的也是因为《春秋》。"可见,孔子的确在《春秋》之中寄予了自己的政治思想和是非观。

初,郑武公娶于申,曰武姜。生庄公及共叔段。庄公寤生,惊姜氏,故名曰"寤生",遂恶之。爱共叔段,欲立之,亟请于武公,公弗许。及庄公即位,为之请制。公曰:"制,岩邑也,虢叔死焉,佗邑唯命。"请京,使居之,谓之"京城大叔"。

祭仲曰:"都,城过百雉,国之害也。先王之制,大都,不过参国之一;中,五之一;小,九之一。今京不度,非制也,君将不堪。"公曰:"姜氏欲之,焉辟害?"对曰:"姜氏何厌之有?不如早为之所,无使滋蔓。蔓,难图也。蔓草犹不可除,况君之宠弟乎?"公曰:"多行不义,必自毙,子姑待之。"

既而大叔命西鄙、北鄙贰于己。公子吕曰:"国不堪贰,君将若之何?欲与大叔,臣请事之;若弗与,则请除之,无生民心。"公曰:"无庸,将自及。"大叔又收贰以为己邑,至于廪延。子封曰:"可矣。厚将得众。"公曰:"不义不昵,厚将崩。"

大叔完聚,缮甲兵,具卒乘,将袭郑。夫人将启之。公闻其期,曰:"可矣!"命子封帅车二百乘以伐京。京叛大叔段。段入于鄢。公伐诸鄢。五月辛丑,大叔出奔共。

遂置姜氏于城颍,而誓之曰:"不及黄泉,无相见也。"既而悔之。

颍考叔为颍谷封人,闻之,有献于公。公赐之食。食舍肉。公问之。对曰:"小人有母,皆尝小人之食矣,未尝君之羹。请以遗之。"公曰:"尔有母遗,繄我独无!"颍考叔曰:"敢问何谓也?"公语之故,且告之悔。对曰:"君何患焉?若阙地及泉,遂而相见,其谁曰不然?"公从之。公入而赋:"大隧之中,其乐也融融!"姜出而赋:"大隧之外,其乐也泄泄!"遂为母子如初。

(《左传·郑伯克段于鄢》)

一文中的两个"初"字,就很得"春秋笔法"神韵。文章开头一个"初"字,表示追叙史实,揭示矛盾根源,结尾又是一个"遂为母子如初"。庄公是"寤生",武姜一开始就"恶之",所以极力支持小儿子段夺君位,段成为庄公继承与巩固君位的最有力的威胁。段失败后"出奔共"了,庄公马上把武姜"置之城颍而誓之曰:不及黄泉,无相见也"。可见他多么憎恨武姜。后来觉得于"礼"不合,有损"君君""子子"形象,才采纳颍考叔建议,搞了个自欺欺人的挖洞见面,而就这么一进一出,各赋了两句诗,"遂为母子如初"了。这一个"初"字,不暗示他们仍回到当初母子互相厌憎但仍保持母子关系的状况吗?不是对郑庄公的虚伪的绝妙讽刺吗?至于郑庄公的言语更是活生生刻画了他处心积虑让段的"犯上"行为充分发展,自己则俟机而动,必欲置亲弟弟于死地而后快的阴险、狠毒。一句"可矣!"把郑庄公迫不及待的凶心透露得淋漓尽致。

再如《史记》中讲述鸿门宴。刘邦"吾入关,秋毫不敢有所近。……所以遣将守关者,备他盗之出入与非常也"的谎言,两明一暗地三次出现:沛公对项伯说,项伯对项王说,樊哙又对项王说,振振有词,不由得项王不信,但司马迁却让刘邦对张良承认自己有"秦地可尽王"的野心,又对张良说:"我持白璧一双……玉斗一双……公为我献之"。如果真是"秋毫不敢有所近,籍吏民,封府库",白璧、玉斗从哪儿来?如果真的只是"备他盗之出入与非常也",为什么沛公"至军,立诛杀曹无伤"?可见司马迁对刘邦的贬,是融进史实的记叙之中,融进人物的刻画之中。这不是"春秋笔法"的发展吗?无怪坚持维护封建统治的班固、王允要攻击《史记》为"谤书"呢。

总之,通过对六经中一些简短章句的解释,来阐发为人处世的道理,这就叫作微言大义。由此不难发现,要发现微言大义,有的需要对整个作品反复细读,前后对照,从文辞的使用、重复、强调等用法上发现表明意图的蛛丝马迹。有的是对作品个别词语使用与细节处理进行解读与注释要义,也有的要参照作者写作的背景与环境论证观点。

03
细读与感悟

历史上有伯乐相马的故事,但是有一个人的相马本领比伯乐还厉害。这是《列子·说符》中"九方皋相马"的故事。秦穆公对伯乐说:"你的年纪大了,你们家族中有可以用来相马的人吗?"伯乐回答说:"良马可以从形体、容貌、筋骨看出来;至于天下最好的马,若隐若现,似有似无,像这样的马,跑起来没有尘土,没有足迹。我的后辈都是下等人,可以教给他们怎样相良马,却不可以教给他们怎样相天下最好的马。我有一个一起挑担捡柴的伙伴,叫九方皋,这个人在相马方面不比我差,请您接见他。"穆公接见了九方皋,派他出去找马,三个月以后九方皋回来报告:"已经找到了,在沙丘那儿。"穆公问:"什么样的马?"九方皋回答道:"母马,黄色的。"穆公派人去取这匹马,却是一匹纯黑色的公马。穆公不高兴,召见伯乐并对他说:"你派去找马的人太差了,颜色、公母都分不清,又怎么能知道马的好坏呢?"伯乐长叹了一口气说:"竟然到了这种境界了啊!这就是他比我强千万无数倍的原因啊!像九方皋所观察的,是内在素质,发现它的精髓而不管其他的,关注它的内在而忘记了它的外表;关注他该关注的,不去注意他不在意的(方面)。像九方皋这样相马的人,比再好的马还要宝贵。"那匹马到了,果然是一匹天下少有的好马。

九方皋相马的故事告诉我们,看问题时要有所舍弃才有所专注,同时要将获得的感性材料去伪存真,去粗取精,这样才能把握住事物的本质。值得思考的是,九方皋难道没有仔细观察过马就察觉到马的品质?显然不是,他只是关注到与品质有关的细节,大胆忽视其他细节而已。为什么连伯乐都自叹不如,就是因为九方皋能够发现别人发现不到的东西。

庄周梦蝶,来自《庄子·齐物论》:"昔者庄周梦为胡蝶,栩栩然胡蝶也。自喻适志与,不知周也。俄然觉,则蘧蘧然周也。不知周之梦为胡蝶与?胡蝶之梦为周与?周与胡蝶则必有分矣。此之谓物化。"这段话的意思是:过去庄周梦见自己变成蝴蝶,很生动逼真的一只蝴蝶,感觉十分愉快和惬意!不知道自己原本是庄周。突然间梦醒,惊惶不定之间方知原来自己是庄周。不知是庄周做梦变成蝴蝶呢,还是蝴蝶做梦变成庄周呢?庄周与蝴蝶必定是有区别的。这就叫作物我的交合与变化。

据说庄周那时还是漆园吏,没事时就在家中空想。一日睡觉时突然做了一个梦,梦中自己变成了一只蝴蝶,于是庄子就开始思考,最终成就了一本《逍遥游》。在一般人看来,一个人醒时的所见所感是真实的,梦境是幻觉,不真实的,庄子却不以为然。醒是一种境界,梦是另一种境界,二者不相同;庄周是庄周,蝴蝶是蝴蝶,二者也是不相同的。在庄周看来,它们都只是一种现象,它是"道"运动中的一种形态,一个阶段而已。在这里,庄子提出一个哲学问题——人如何认识真实?如果梦足够真实,人没有任何能力知道自己是在做梦。

梦这一普通的日常现象在一个具有特殊感悟能力的人那里,变成了一个深刻玄妙的命题。有些人说中国人没有自己的哲学,这其实是按照西方的标准要求中国人,中国人其实有自己独特的哲学。譬如庄子就是其中之一,他将"文学性"与"思辨性"融为一体。他用"文学"的方式提出很多充满诘难的命题,譬如"子非鱼安知鱼之乐"。

庄子与惠子游于濠梁之上。庄子曰:"儵鱼出游从容,是鱼之乐也。"惠子曰:"子非鱼,安知鱼之乐?"庄子曰:"子非我,安知我不知鱼之乐?"惠子曰:"我非子,固不知之矣;子固非鱼也,子之不知鱼之乐,全矣。"庄子曰:"请循其本。子曰'汝安知鱼之乐'云者,既已知吾知之而问我,我知之濠上也。"这同样反映庄子特立独行的个性,说明了不要总是以自己的眼光去看待他人,不要将这个世界简单化与主观化,也含有"己所不欲,勿施于人"的意味。

再讲一个历史上有名的关于禅宗六世祖惠能的故事。当时五世祖在弟子中考察衣钵传人,最具实力的是神秀,神秀作偈,展示自己的才华:"身是菩提树,心如明镜台。时时勤拂拭,勿使惹尘埃。"

而惠能入山门不久,他不认识字,年幼丧父,卖柴为生,听见有人读《金刚经》,决定出家修行。他随口说了一偈,让其他人写到墙上:"菩提本无树,明镜亦非台。本来无一物,何处惹尘埃。"

五祖看过,觉得这才是自己的衣钵传人,但是他嘴上说惠能还没有达到真正的境界,同时用鞋子将字迹擦掉,并用锡杖敲击石碓三下,然后离去。惠能明白五祖的心意(据说吴承恩写孙悟空拜师就是从这里得到的启发),深夜三更时分,来到五祖的禅房,五祖为惠能讲说《金刚经》,并将衣钵传授给他。

惠能流浪到广州法性寺,听见一僧道"风吹幡动",又听一僧说"幡动而知风吹",惠能却道:"非风动,非幡动,仁者心动。"法性寺法师印宗闻得这番妙论,当即与他攀谈,得知其即大名在外、耳闻已久的惠能,就请高僧为他剃度,完成出家仪式,并恭请其正式即位禅宗六祖。这个事情记载在《六祖坛经》中,是真实可信的。①

一位和尚曾经作诗一首:"手把青秧插满田,低头便见水中天。六根清静方为道(心地清净方为道),退步原来是向前。"

"手把青秧插满田"描写农夫插秧的形态,"低头便见水中天",插秧的时候需要弯腰低头,低头时见到水中倒映的天空。禅诗暗示着做人的道理:心中无杂念,躬身做事,看似卑微,却是低下头来正可看见水中倒映的蓝天。"心地清净方为道",只有当我们的身心不再为外界物欲困扰的时候才是修行之道。"退步原来是向前",农夫插秧是边插边后退的,正因为后退农夫才能把秧田全部插好,退步就是前进。做人的道理,有时就像这插田,看似在退步,实则取得了进展。

从最寻常的事物发现最不寻常的地方,反过来最不寻常的东西是藏在最寻常的事物里。这就要求无论是欣赏者还是写作者,都要具备良好的感悟能力。雕塑家罗丹说:"生活中不是缺少美,而是缺少发现美的眼睛。"美就在身边,看你是否拥有一颗感悟美的心灵。

"感悟"实际上是由"感"与"悟"组成的,"感"是前提与基础,没有"感"就不会有"悟",只有"感"没有"悟"就是不求甚解,缺乏见识、思考与智慧。语文教学,首先要在阅读的基础上整体感知"课文",其实就是重视"有感"。作品都没有读,一点感受、感觉、感动都没有,老师将课文解析得再

---

① 参阅坛经(尚荣译注)[M].北京:中华书局,2016

好也没有用。

谈到"感",就要谈到中国文学中一个重要的词汇,也是一个重要的概念,那就是"兴"。"兴"字的本义是共同举起,作为一种艺术手法,"先言他物以引起所咏之词"。被外在事物触动,内心产生了相关的感情,"见物起兴"。譬如"关关雎鸠,在河之洲。窈窕淑女,君子好逑",听到水边沙洲上雎鸠鸟"关关"的叫声,引发君子想求淑女为配偶的情意。人是感情的动物,人的感情容易受到外部环境的影响而产生变化,所以春花秋月,容易使人产生情思。贾宝玉到大自然中去读书:"那日正当三月中浣,早饭后,宝玉携了一套《会真记》,走到沁芳闸桥那边桃花底下一块石上坐着,展开《会真记》,从头细看。正看到'落红成阵',只见一阵风过,树上桃花吹下一大斗来,落得满身满书满地皆是花片。宝玉要抖将下来,恐怕脚步践踏了,只得兜了那花瓣儿,来至池边,抖在池内。那花瓣儿浮在水面,飘飘荡荡,竟流出沁芳闸去了。"贾宝玉对待"落红桃花"的态度反映贾宝玉的情感与内心世界。

见物起兴,不只是对于作者而言,对于读者也是如此,因为两者有共同性,所以,阅读实际上就是读者和作者的感情交流与沟通。不过,内心世界不丰富、不敏感、不美好的人,是没有这些"兴致"的。

"悟"是什么,《说文解字》解释"觉也"。"悟"的意思十分丰富,"理解""明白""觉悟"等。可以是动词,也可以是形容词。但是它含有两个重要的意思:第一是自己主动思考、独立思考。第二是看得深,看得透,有独立的见解。人也是有思想的动物,但是有思想并不意味着看得透彻明了,所以"执迷不悟"的人很多。这里面有两种人,一种是"迷",深陷其中,难以自拔。更严重的是"深陷其中",还固执不移,一意孤行。禅宗说有三种人很不幸:贪、嗔、痴。贪是贪心不足,权力欲望、名利欲望、占有欲望过度强烈。嗔就是动不动生气、埋怨、动怒,不能心平气和。痴就是一根筋,顽固不变。痴并不是指对于事物执着的追求,对于美好感情的坚守,而是要求追求与坚守中要充满智慧。

所以,优秀的文学作品不仅表现美好情感,同时还有深刻的思想与独到的见解,要有很好的"悟性"。"悟性"有两种,一种是"渐悟",一种是"顿悟"。

"渐悟",是通过积累,最终量变产生质变。它的特点是"连续性的坚持与努力",王国维在《人间词话》中说"人生三境界",第一境界:"昨夜西风凋碧树。独上高楼,望尽天涯路。"第二境界:"衣带渐宽终不悔,为伊消得人憔悴。"第三境界:"众里寻他千百度。蓦然回首,那人却在灯火阑珊处。"这就是一个"立志""追求""有得"的"渐悟"过程。其实这三首词,并不是写成就大事业、大学问境界的,第一、二首是爱情词,第三首是写元宵灯会的词。王国维却能悟出新意,而且还将它们联系起来,悟性之深非一般人可比。总之"渐悟"强调读书思考一不能急急忙忙,二不能粗枝大叶,要耐心、细心、品读、回味。所以中国文学批评,十分重视"品",或者将"味"作为动词"品味""玩味"来使用。阅读就像品尝美味一样,需要细读慢品,不断回味思考。

这里要提到另外一个词汇"涵泳"。"涵泳"一词,古已有之。"涵"是潜入水中,有"沉潜"之义;"泳"是游于水中,有"游泳"之义。"涵泳"是由两个近义词组成的复词,本义当是"潜游"。如西晋左思《吴都赋》:"涵泳乎其中。"南朝宋谢灵运《撰征赋》:"羡轻鲼之涵泳,观翔鸥之落啄。"由本义引申,"涵泳"就有"浸润""沉浸"之意。如唐韩愈《禘祫议》:"臣生遭圣明,涵泳恩泽。"明宋濂《送刘永泰还江西序》:"今幸遭逢有道之朝,登崇俊良,凡有血气者,莫不涵泳鼓舞于神化之中。"清谭嗣同《〈仁学〉自叙》:"吾自少至壮,遍遭纲伦之厄,涵泳其苦,殆非生人所能任受。""涵泳"取其比喻义,便有"仔细读书、深入领会"之意。宋代教育家朱熹说:"学者读书,须要敛身正坐,缓视微吟,虚心涵泳,切己省察。""所谓'涵泳'者,只是仔细读书之异名也。"与朱熹齐名的陆九渊在《读书》诗里也写道:"读书切忌在匆忙,涵泳工夫兴味长。""涵泳"已作为读书的一种重要方法被提出。曾国藩在《曾国藩家书》中说:"涵者,如春雨之润花,如清渠之溉稻……泳者,如鱼之游水,如人之濯足……善读书者,须视书如水,而视此心如花、如稻、如鱼、如濯足,则涵泳二字,庶可得之于意言之表。"

这个经验后来也被用于教育方面,譬如语文教育,就强调通过诵读来进行"涵泳"教育,逐步提高学生语文水平。语文教学要以读为本,"以读攻读",反复诵读,学生"须要读得字字响亮,不可误一字,不可少一字,不可多一字,不可倒一字,不可牵强暗记",从而"读书百遍,其义自见"。反复诵读,熟读精思,潜心涵泳,即可整体把握文章、明达文义。所谓"熟读唐诗三百首,不会作诗也会吟"就是此理。这种由反复诵读而使学生涵泳于语境之中,体悟语言,体现了伦理型文化朴素的整体观念和直觉体验的思维方式。

还有一种是"顿悟"。"顿悟"本来是佛教词汇,后来延伸到其他领域,强调一个人的天分,强调突如其来的"灵感"与"直觉"。这些现象后来也得到心理学理论的支持。格式塔派心理学家指出用顿悟来解决人类问题。当人们对问题百思不得其解时,突然看清问题情境中的各种关系并产生了顿悟和理解,有如"踏破铁鞋无觅处,得来全不费工夫"。顿悟具有突发性、独特性、不稳定性、情绪性的特点。其实"众里寻他千百度。蓦然回首,那人却在灯火阑珊处"也是"顿悟"的表现。

东西方都存在"审美直觉"现象。审美直觉,是指审美活动或艺术鉴赏活动中,对于审美对象或艺术形象具有一种不假思索而即刻把握与领悟的能力,使人刹那间暂时忘却一切,聚精会神地观赏它,全部身心沉浸在审美愉悦之中。艺术审美直觉是主体在审美经验的基础上,通过对客体的整体性直观做出的一种对其本质性和内在联系的迅速而直接的当下综合判断。在艺术中,审美直觉既可以作用于创作,也可以作用于欣赏。就艺术创作而言,艺术审美直觉实则是创作主体通过直观客观的感性形式而对其表现性内涵加以直接把握的艺术思维洞察能力。

《王阳明年谱》中记载明代大思想家王阳明"龙场顿悟"的典故:

> 三年戊辰,先生三十七岁,在贵阳。春,至龙场。先生始悟格物致知。龙场在贵州西北万山丛棘中,蛇虺魍魉,蛊毒瘴疠,与居夷人鴃舌难语,可通语者,皆中土亡命。旧无居,始教之范土架木以居。
>
> 时瑾憾未已,自计得失荣辱皆能超脱,惟生死一念尚觉未化,乃为石郭自誓曰:"吾惟俟命而已!"日夜端居澄默,以求静一;久之,胸中洒洒。而从者皆病,自析薪取水作糜饲之;又恐其怀抑郁,则与歌诗;又不悦,复调越曲,杂以诙笑,始能忘其为疾病夷狄患难也。因念:"圣人处此,更有何道?"忽中夜大悟格物致知之旨,寤寐中若有人语之者,不觉呼跃,从者皆惊。始知圣人之道,吾性自足,向之求理于事物者误也。

中国文学主要有两大传统,"言志"与"言情"。"言志"侧重表达对于世界与生活的理解与看法,"诗言志",就是说《诗经》是表达志的,除了表达浓厚的感情之外,还有深刻的思想;"言情"就是抒发自己喜怒哀乐的情感。其实在一首诗歌中它们是相互融合的,只是各有侧重。

只有"细读"才能真正"感悟"。

04
细读与评点

传统读书方式有句读、诵读、圈点、眉批、评点、摘录、书评等。诗有"诗话",词有"词话",小说出现后,出现了小说评点。早期的小说评点都是书商写的,没有什么理论价值,一直到明代李贽、叶昼、冯梦龙,才把小说评点变成文学阅读与文学批评的独特形式。

小说评点的体例一般较为固定:开头是序,序之后是读法,读法带点总纲的性质,有几条、十几条甚至一百多条之多,然后在每一回的回前或者回后有总评,对这一回加以评论或者议论。在每一回中,有眉批、夹批与旁批,对小说的具体描写进行分析和评论,此外还在一些自认为重要的或者精彩的句子旁边加上圈点,以引起读者的注意。

中国小说评点有著名的几大家,譬如金圣叹评点《水浒传》,毛宗岗评点《三国演义》,张竹坡评点《金瓶梅》,脂砚斋评点《红楼梦》,对后世影响深远。这些小说评点具有如下的特点。

第一,灵活自由,信息容量大。点评者作为"读者",反复细读作品,从不同方面表示自己的看法。他们既可以对小说进行总体评价,也可以具体分析细节;既可以对其他读者的欣赏提供指导,也可以对作家创作经验进行总结。

如金圣叹评点《水浒传》。在第一回回首有一个总评:"一部大书七十回,将写一百八人也,乃开书未写一百八人,而先写高俅者。盖不写高俅,便写一百八人,则乱自下生也;不写一百八人,先写高俅,则是乱自上作也。"他认为先写谁后写谁,不是简单形式上的问题,如果先写一百八人,感觉他们就是无理取闹,犯上作乱。如果先写高俅,则就点出农民造反的原因。他在第一回还写有一个夹批:"小苏学士,小王太尉,小舅端王。嗟乎！既已群小相聚矣,高俅即欲不得志,亦岂可得哉!"这里的"端王"是宋徽宗,"群小相聚"是指盘根错节的腐化上层就是一群不争气的人,他们钩心斗角,所以一百八人作乱不仅是简单的"官逼民反",而是整个统治集团内部都出了问题,那么社会出问题就不足为怪了。这些敏锐的视角与分析,过人的胆识,鲜明的立场,都是值得肯定的。

以上是总评,也有对细节的品味。如五十二回李逵到枯井救柴进。先写李逵"去井底下摸时,摸着一堆,却是骸骨。李逵道:'爷娘,甚鸟东西在这里。'"金圣叹在句下批道:"此句写井底之黑,画井底真是井底。"接着小说写李逵"又去这边摸时,底下湿漉漉的,没有下脚处"。金圣叹批道:"此句写井底湿,画井底真是井底。"小说接着又写"李逵把双斧收放箩里。双手去摸底下,四边却宽"。金圣叹批道:"此句写井底空洞,画井底真是井底。"金圣叹在阅读中,品味到小说环境描写的真实性,给人如临其境的感觉,很是赞服。为什么金圣叹对这一段环境描写赞叹有加?因为这一段环境描写不是直接的环境描写,而是通过人物的行为侧面衬托出来的,因为黑,什么也看不见,所以李逵连骸骨都没有识别出来;因为湿,手摸之后,发现连下脚的地方都没有;因为宽,所以四面摸来摸去没有摸到东西。所以金圣叹连用三个"画井底真是井底"赞叹作者写作手法之高超。

第二,紧扣作品本身,从作品的艺术形象、细节描写、章法、技法、文字表现出发,对作品进行反复阅读、揣摩、品味、分析和研究。这种走进作品、沉潜其中、玩味不尽的方法在当下依然是值得学习和提倡的。

《红楼梦》第二十回,宝玉与黛玉正在说话。

> 二人正说着,只见湘云走来,笑道:"爱哥哥,林姐姐,你们天天一处顽,我好容易来了,也不理我一理儿。"黛玉笑道:"偏是咬舌子爱说话,连个'二'哥哥也叫不出来,只是'爱'哥哥'爱'哥哥的。回来赶围棋儿,又该你闹'幺爱三'了。"

脂砚斋这样批道：

> 可笑近之野史中，满纸羞花闭月，莺啼燕语，殊不知真正美人方有一陋处，如太真之肥，飞燕之瘦，西子之病，若施于别个不美矣。今以咬舌二字加以湘云，是何大法手眼，敢用此二字哉！不独见陋，且更觉轻俏娇媚，俨然一娇憨湘云立于纸上，掩卷合目思之，其"爱""厄"娇音如入耳内。然后将满纸莺啼燕语之字样，填粪窖可也。

这段评语富有独到见解，可谓真知灼见。什么叫作美？美首先来自真实，而真实首先要看到人无完人，金无足赤，所以保留一点真实的"缺陷"不仅无损于人物的美，反而使她的美具有独特性。脂砚斋的思想显然已经高于一般人的见识，他对"羞花闭月，莺啼燕语"大胆否定，因为这些华美文字太虚假，不值得提倡。所以阅读时，能敏锐感受到作者对一个人物的细节处理具有重要的价值与意义。这就道别人之未道，见别人之未见。脂砚斋在"香菱学诗"一段文字后，同样批道："'呆头呆脑的'，有趣之至。最恨野史有一百个女子皆曰'聪敏伶俐'，究竟看来，他行为也只平平。今以'呆'字为香菱定评，何等妩媚之至也。"

第三，夹在作品当中，与作品交织在一起。如果读者在阅读一本小说时，随时会看到评点家的文字，似乎能听到他发出的声音，这时阅读会变成一种有趣的体验。

但是由于读者阅读原著时注意力受到评点家信息的干扰，会减弱阅读的趣味，所以，除了特别的需要，今天的读者一般会选择阅读没有评点的洁本。

其实评点对于读者有很多好处：一是提醒读者注意欣赏一些容易忽视的东西，因为重要的部分或者精彩的部分一般都有评点。二是会让读者慢下来，增加自我品味与思索的时间，三是帮助读者提高阅读的专业性与欣赏水平。评点家的评点不是看戏时一般观众的喝彩叫好声,他们是具有鉴赏能力的专业人士,读者的鉴赏能力会在不知不觉中获得提升。

带有评点的作品带有"双文性",评点部分可以单独作为阅读与研究的对象。毛泽东一生酷爱读书,家里藏书几万册,连床都是特制的,便于放书和阅读。毛泽东一生酷爱读史,尤其青睐二十四史。他在研读二十四史时,用不同颜色的笔写下了大量批语。1996年中国档案出版社出版《毛泽东评点二十四史》,共八百册,当时定价八万元。

第四,好的小说评点,一般都写得通俗易懂。金圣叹的评点,更是写得生动活泼,酣畅淋漓,富有感情色彩。阅读者的形象几乎跃然纸上,有趣而充满回味。

>"鲁达自然是上上人物,写得心地厚实,体格宽大。论粗鲁处,他也有些粗鲁。论精细处,他亦甚是精细。然不知何故,看来便有不及武松处。想鲁达已是人中绝顶,若武松真是天神,有大段及不得处。"
>
>"李逵是上上人物,写得真是一片天真烂漫。……孟子'富贵不能淫,贫贱不能移,威武不能屈',正是他好批语。"
>
>"直道而行,我仅见李大哥耳。"
>
>"好贤如此,真令人想杀铁牛也。"
>
>"骇人语。快绝!妙绝!"
>
>（金圣叹评点《水浒传》）

思考与练习

一、怎么理解"春秋笔法"和"半部《论语》治天下"?

二、传统文化中有哪些值得继承的阅读思想与方法?

细读方法举隅——还原法

从日常直观的习惯与经验,到将文学作品转化为"直观性"的感受与体验,首先必须经过"还原"。这就类似胶片里面虽然含有影像信息,但人们很难一眼看出来,要首先将其放在显影液中浸泡冲洗,使其"成像",才能供人欣赏与鉴别。

《如何阅读一本书》将读书的方法分为四个层次,具体包括:在小学阶段学会"基础阅读";在很短的时间内了解一本书的内容、性质、构架,叫"检视阅读";投入时间并真切领略的叫"分析阅读";最后是在不同书籍间读出一个共通主题的"主题阅读"。① 由此看出,阅读不仅具有层次性,同时具有多样性。阅读的目的不同,阅读的文本对象不同,阅读的习惯与方法也有差异。譬如,"辞书"本身就是用来"检视阅读"。新闻也许只要看看标题就可以,所以新闻文本使用倒三角形式,最重要的信息在前面,尤其是题目。有目的、需要认真分析研究的阅读是"分析阅读",伴随着思考与研究。但是又快又好的阅读,一定是具有很好的细读功夫的。快,浮泛粗略,未必好;读得细,读得真,久而久之,就一定又快又好。

文学作品需要细读,尽量不要跳跃浮泛。阅读跳跃会造成感觉与印象的不完整性,"整体感知"中的"整体性"不够;阅读浮泛则是静心真切的碰撞过程不够,投入不够,动心动脑动情不够,浮光掠影,不求甚解。

阅读能力的提升,强调在细读基础上,落实到字字句句,感受语言涵义与魅力。细读有很多方法,首先谈谈还原法。

---

① [美]莫提默·J.艾德勒,[美]查尔斯·范多伦.如何阅读一本书[M].北京:商务印书馆,2015:18~30

01
还原作品

文学作品细读首先是细读文学作品本身,或者说,"回到作品本身"。

文学作品的特点,实际上用两个词汇就可以加以说明,第一是文字语言,第二是艺术形象。文学作品就是用文字语言塑造艺术形象。文学作品不是表达作者的思想感情吗?当然是这样,但是思想感情是藏在文字语言塑造的形象里面,不是直接在文字语言中说出来的。所以要想理解作品的意义,同时了解作者的思想感情,首先就得把握作品到底塑造了什么样的形象。这是阅读所要完成的首要任务。

这就出现一个问题:形象一般是直观可视的,看风景,看油画,看电影,"形象"就在眼前。但是文学作品不同,一本书的样子可以看到,一本书上布满的大大小小的文字符号也可以看到,这都是直观的部分,但是,因为读者没有阅读,所以还没有"形象"的感受。

文学作品的"形象"不同于日常生活中的"形象"。

《陌上桑》一名《艳歌罗敷行》,见于《宋书·乐志》,又名《日出东南隅行》,见于南朝徐陵的《玉台新咏》,是中国汉乐府民歌的名篇,富有喜剧色彩的汉族民间叙事诗。里面开篇就写秦罗敷的形象。

日出东南隅,照我秦氏楼。秦氏有好女,自名为罗敷。罗敷喜蚕桑,采桑城南隅。青丝为笼系,桂枝为笼钩。头上倭堕髻,耳中明月珠。缃绮为下裙,紫绮为上襦。

这一段如果拍成照片或者电影,仅一个画面就可以呈现。阅读则不同。第一是那些生僻难懂的词汇就让人望而生畏,半懂不懂,除非借助工具书。第二是即使字面意思弄懂了,秦罗敷的形象还是不够清晰具体。形象都不清晰具体,也就很难理解秦罗敷到底美在哪里。诗歌接着用间接反衬的手法,写一群男子坐观忘返的场景,结果也只是得出一个结论:秦罗敷不是一般之美。到底美在哪里,读者是一头雾水。

《琵琶行》是白居易的名篇,其中有一段写琵琶女弹奏琵琶的情境,也算是诗歌历史上绝妙的篇章。

> 千呼万唤始出来,犹抱琵琶半遮面。转轴拨弦三两声,未成曲调先有情。弦弦掩抑声声思,似诉平生不得志。低眉信手续续弹,说尽心中无限事。轻拢慢捻抹复挑,初为《霓裳》后《六幺》。大弦嘈嘈如急雨,小弦切切如私语。嘈嘈切切错杂弹,大珠小珠落玉盘。间关莺语花底滑,幽咽泉流冰下难。冰泉冷涩弦凝绝,凝绝不通声暂歇。别有幽愁暗恨生,此时无声胜有声。银瓶乍破水浆迸,铁骑突出刀枪鸣。曲终收拨当心画,四弦一声如裂帛。

这里面有琵琶女的形象、琵琶女弹奏的形象,还有乐曲的形象。白居易在再现这种场景时,尽量将"声音"的形象变得可视可听,优美生动,情思连连。我们在读这段文字时,同样面临如何理解这些文字,如何去再度完成"形象"塑造的问题,因为诗歌写得再好,也只是说明白居易才华惊人,能够用生动精彩的语言去表现难以描述的事物,《霓裳》《六幺》两首曲子到底美在何处,依然无从知晓。

当下,电影、电视、流行歌曲、空间艺术、行为艺术等以其直观的方式满足了人们的精神需求,将人们从看似枯燥、费心费脑的阅读中诱惑了去。阅读《红楼梦》,就不如看改编的电影电视剧轻松。怎么看待这个问题,值得我们进一步思考。

从日常直观的习惯与经验,到将文学作品转化为"直观性"的感受与体验,首先必须经过"还原"。这就类似胶片里面虽然含有影像信息,但人们很难一眼看出来,要首先将其放在显影液中浸泡冲洗,使其"成像",才能供人欣赏与鉴别。

第一是间接性。作品本身不会自动呈现"形象",它需要读者进行重新加工。而这个"加工"的过程看似简单,实则是一个充满创造力的心理活动与精神活动过程,有时还存在时空文化差异与经验差异的问题。

第二是多元性。每一个读者得到的体验与感受是不一样的,形成的"形象"印象与判断是有差异的,"一千个读者就有一千个哈姆雷特"。已经被"定型"的影视形象固然直观,但其实也是制作者强加于观众的,单就"形象"塑造看,它不是读者自己主动"定型"的过程,这种体验是被动接受的。

第三是独特性。世界上很多东西是可以"形象化"的,也就是变成直观性的对象,但是还有很多东西无法直观化,譬如人的情感世界与心理世界,它只能借助特别的方式通过特殊形象来完成。譬如李白有一首诗:"朝辞白帝彩云间,千里江陵一日还。两岸猿声啼不住,轻舟已过万重山。"这首诗歌所描写的内容可以利用航拍技术通过大画面快节奏推进来展示,但是却难以将画面、形象、情感直观呈现。李白《独坐敬亭山》:"众鸟高飞尽,孤云独去闲。相看两不厌,只有敬亭山。"我们也可以将一个人独坐敬亭山,众鸟高飞、闲云独去的画面呈现出来,但是"相看两不厌,只有敬亭山"的意味恐怕是难以直观再现的,只能心领神会了。这就是文学"形象"的独特性。

强调文学"形象"的特殊性,实际上是因为这些特殊性导致了文学阅读产生特殊性。从"间接性"特征看,它提出了阅读能力需要的基本条件,譬如需要一定的文字语言能力,需要破译文字语言,按照文学表达的一般规律完成阅读过程,同时要调动知识、经验、想象力等,才能初步完成阅读"加工"工作。这当然要比直观接受富有难度,所以广播、电视、电影属于大众文化,具有基本感觉功能的人都可以接受,但文学阅读是不行的。从多元性看，阅读纯粹是个人行为，类似于在一个特殊的世界里一个人自由行走，那个世界富有挑战性，没有一点耐心与心智将会一无所获。美国学者哈罗德·布鲁姆写过一本书，叫《影响的焦虑》，里面谈到经典阅读对人其实是一种挑战，既影响你，又让你产生焦虑感。从独特性看，阅读更需要一点超脱的心态，对世界上不为人知的东西充满好奇心与想象力，对人类的情感世界、心理世界、精神世界有着敏锐的体验、观察与分析。其实今天的人还是看书的，但大多为了升学、求职、考证等，一旦达到目的，学习的动力就会消减，读书兴味索然。他在成长道路上面临的精神问题、心理问题、情感问题，并没有受到自我重视。

《论语》中记载"樊迟问稼"："樊迟请学稼。子曰：'吾不如老农。'请学为圃。曰：'吾不如老圃。'樊迟出。子曰：'小人哉，樊须也！'"孔子为什么不仅不理会樊迟想学耕种育花的请教，还说他是"小人"呢？孔子不予理睬，是觉得樊迟话语中反映出他还不了解先生喜欢谈论什么，应该用什么方式和先生谈话，更重要的是，樊迟自己把兴趣放在这些方面，与孔子的人才培养目标不符。孔子注重"诗教""礼教""乐教"，坚持抓住教育中最重要的东西，认为其他都是次要的。

文学作品，其实就是作者对于生活的一种记录。类似于用摄像机记录自己值得记录的东西，只不过作者的工具不是"摄像机"，而是"语言文字"。要弄清楚作品到底记录了什么，是怎么记录的，第一步工作就是要"还原"，直面作品本身，使其"显影""成像"，建立起作品客观存在的整体印象。

02
聚焦形象

　　文本细读要求读者"努力争做'理想的读者'","理想的读者"要求"读者"具有一定的文学文化素养,具有自主阅读的精神,具有较强的语言分析能力、解读细节能力、结构分析能力。人们认为,解读文本的意义有二:一是要复原作者的经验,这就需要读者从文本出发,在文本中去发掘,真正地"进入文本";二是要唤起读者对生活体验的回忆或再度体验,作家茅盾认为读书"应当一边读,一边回想他所经验的相似的人生,或者一边读,一边到现实的活人中去看"。

　　还原"形象"说到底就是通过阅读了解作品"写了什么",接着才是了解"形象"的含义,作者写这个"形象"的原因。因为任何作品和阅读者都是有"距离"的,譬如读《诗经》《论语》,就好像回到千年前的时光中;譬如读莫言的小说,你在和另外一个有特殊经历与特殊才华的人交流,要消弭你们之间的"距离",让交流变得愉快有效,就要极力调动自己的知识、经验、理解力与想象力,先还原出其中的"形象"。

　　文学作品中的"形象",即"文学形象",是指文本中呈现的具体的、感性的、具有艺术概括性的自然和人生的图画,体现着作家的审美理想和审美价值。文学形象具有不同的类型,大体上可以分为三种,即语象、形象和意象,这主要基于其性质、目的与手法的不同而进行的分类。语象主要是指非描摹性的,但又能引起读者具体感受和丰富联想的各种语言用法。形象的特点是语言的描绘能使人联想到某种物象。意象是指为表现思想感情而创造的一种形象。一般而言,叙事性文字、描绘性文字都是直接带有形象再现、表现性特征,还原形象还是具有一定"视觉"经验性的,但是对于抒情性文字、实验性文本就具有一定挑战性。聚焦文学形象是还原法需要完成的主要目的与主要任务,它可以从以下几个方面进行训练。

(一)认知还原

这是一段经典的文字。

> 不必说碧绿的菜畦,光滑的石井栏,高大的皂荚树,紫红的桑葚;也不必说鸣蝉在树叶里长吟,肥胖的黄蜂伏在菜花上,轻捷的叫天子(云雀)忽然从草间直窜向云霄里去了。单是周围的短短的泥墙根一带,就有无限趣味。油蛉在这里低唱,蟋蟀们在这里弹琴。翻开断砖来,有时会遇见蜈蚣;还有斑蝥,倘若用手指按住它的脊梁,便会啪的一声,从后窍喷出一阵烟雾。何首乌藤和木莲藤缠络着,木莲有莲房一般的果实,何首乌有臃肿的根。有人说,何首乌根是有像人形的,吃了便可以成仙,我于是常常拔它起来,牵连不断地拔起来,也曾因此弄坏了泥墙,却从来没有见过有一块根像人样。如果不怕刺,还可以摘到覆盆子,像小珊瑚珠攒成的小球,又酸又甜,色味都比桑葚要好得远。长的草里是不去的,因为相传这园里有一条很大的赤练蛇。(鲁迅《从百草园到三味书屋》)

它之所以经典,不仅缘于鲁迅对于童年记忆的深刻与准确,还在于他在童年时对于草兽虫鱼知识丰富而具体的了解,能赋予每一个事物"如临其境"的"现场感"与"体验感"。作家的认知力、记忆力、表现力都浓缩在文字之中。要体味这段文字的精妙高超,认知还原是阅读的第一步。你得先认识这些事物,得具有一定的博物学知识,得形成文字所展示的关于这个园子、园子里各种生物生命的实际印象,然后才能真正理解这些文字背后的趣味与情感。

《诗经》有"多识于鸟兽草木之名"的作用,其实就是指文学作品的认识功能。

认知还原不仅能实现文学作品的认识功能,而且能在此基础上提升读者的阅读感受与效率。认知还原还包括还原文字表现形成的"画面感",随着叙事运动、描述物象、人物行为的展开等,一层层、一点点地去构建最终的现场感与阅读体验。

(二)经验性还原

文学作品与"个人"之间存在时空差异与个性差异,这一差异会增加阅读困难甚至阅读焦虑。但是只要调度人生经验,激活潜在的联想,去还原,也是能基本读懂作品的。

《红楼梦》有一段写"笑"的场面,出自《红楼梦》第四十回《史太君两宴大观园,金鸳鸯三宣牙牌令》。

> 贾母这边说声"请",刘姥姥便站起身来,高声说道:"老刘,老刘,食量大似牛,吃一个老母猪不抬头。"说着,却鼓着腮帮子,两眼直视,一声不语。众人先是发怔,后来一听,上上下下都一直哈哈的大笑起来。湘云掌不住,一口茶都喷了出来;黛玉笑岔了气,伏着桌子只叫"嗳哟";宝玉早滚到贾母怀里,贾母笑的搂着宝玉叫"心肝";王夫人笑的用手指着凤姐儿,只说不出话来;薛姨妈也掌不住,口里茶喷了探春一裙子;探春手里的饭碗都合在迎春身上;惜春离了坐位,拉着他奶母叫揉一揉肠子。地下的无一个不弯腰屈背,也有躲出去蹲着笑去的,也有忍着笑上来替他姊妹换衣裳的。独有凤姐鸳鸯二人掌着,还只管让刘姥姥。

这一段描写的是一个气氛热烈、哄堂大笑的场面。我们不能不钦佩曹雪芹精准的描写。人物的位置、人物的地位,尤其是人物的心理与性格,都描写得恰到好处,惟妙惟肖。惜春离了座位,走到奶母跟前,要奶母给她揉肠子,这个动作说明由于身份等级之分,奶母不可能坐在众姐妹当中。宝玉可以紧挨着贾母坐,所以直截了当就滚到贾母怀里。这"滚"字用得多好,不仅滚出了祖孙的亲密关系,还滚出了宝玉那一点点可爱的娇气。再看看对其他人物的描写:黛玉身子较弱,竟"笑岔了气",她不能像宝玉那样滚到贾母怀里,而是"伏着桌子只叫'嗳哟'",符合黛玉的身份和性格。对王夫人笑的描写另有一绝:"王夫人笑的用手指着凤姐儿,只说不出话来"。这个动作表现出王夫人已笑到连话都说不出来的程度。这个动作背后还有丰富的潜台词,作者让读者自己去体会王夫人说不出来的那句话的涵义。就这么一个动作,让读者回味无穷。细心的读者可能会注意到,唯有凤姐和鸳鸯"二人掌着,还只管让刘姥姥"。这两位表面上没笑,内心里比谁都笑得厉害,因为这场大笑,是她俩的得意之作。读者心里明白她们是这场笑剧的幕后总导演。而那些丫鬟们,则采取群体描写的方法:她们"无一个不弯腰屈背",有的"躲出去蹲着笑",有的"忍着笑上来替他姊妹换衣裳"。这些动作无一是主子的动作,全是"下人们"在那个场合才可能有的笑的姿态。她们不敢在主子面前肆无忌惮地笑,但又憋不住笑。依照她们的身份,只好躲出去,甚至蹲着笑,有的还得忍着笑去伺候姐妹们。

(三)想象性还原

诗歌语言比较凝练含蓄,一些"形象"要靠读者加工、补充、品味。

有些诗歌文字浅显,甚至类似于口语、民歌,容易从字面理解,对"形象"的把握较为容易。如崔颢《长干行·君家何处》:

君家何处住,妾住在横塘。停船暂借问,或恐是同乡。

诗歌模拟了一位女子的话语,大约是听见临船上说话者熟悉的乡音,所以主动搭讪。从品读角度看,这里面的"形象"有两点值得讨论:第一,这是一个什么性格的女子？从主动发问、自我介绍、主动靠近、说明目的等一系列行为描写来看，这是一位娇憨活泼、无拘无束的少女。第二，为什么这个女子会有如此的行为举止？除了性格的原因，还有旅途孤寂难耐的情感起作用。"他乡遇故知"，乡音乡情是我们解除人生旅途中孤单寂寞的天然情感。

有些诗歌"形象"构成要深刻含蓄一些，但是读者只要调动想象，还原形象，也是可以逐渐走进其诗歌世界的。

> 君问归期未有期，巴山夜雨涨秋池。何当共剪西窗烛，却话巴山夜雨时。
>
> （李商隐《夜雨寄北》）

这首诗歌的题目是《夜雨寄北》，写的是雨夜中回复来自北方亲人的问候。原有版本是《夜雨寄内》，"内"就是内人、妻子。"北"是北方的人，可以指妻子，也可以指朋友。有人考证，这首诗写作时李商隐的妻子已经去世，但是此诗如果按"寄内"理解，似乎更加确切一些。

从诗中可以看出，写诗的地点是在巴山，今天重庆一带的大山里，后来作家张恨水写过一篇长篇小说，记载抗日期间偏居重庆的故事，小说题目《巴山夜雨》就是出自这首诗歌。《夜雨寄北》是四言绝句。第一句意思是，你问我何时归去，我也不知道什么时候。站在窗前，看山里的夜雨涨满秋天的水池。什么时候，一起相拥西窗之下，剪烛夜话，那时我们一定会谈到今夜我是如何度过的。此诗的"形象"非常像电影处理画面：诗人站在窗前，手中拿着友人的信件，一问一答，思绪复杂，喜忧满怀。喜的是亲友牵挂，聊以宽慰，忧的是山高路远，秋雨缠绵，独守孤烛，归期不知。镜头从窗户推出去，大雨瓢泼连绵，水流横溢流淌，水池里很快就涨满了水。越过茫茫巴山，诗人陷入了一种幻想或者说产生幻觉：两个人相拥夜话，享受美好时光，笑谈着当初一个人在巴山夜雨中的故事。这首诗虽然很短,却采用了虚实结合、多重时空的处理,头两句写现实场景,后两句写心理场景。而第二句既是实写,也是虚写,情景合一,意味含蓄。后两句画面看似是对未来场景的幻想,但又何尝不是曾经幸福时光的回味。

诗歌中的"形象",有"意象""意境""物象"等多种理论上的概念,它们都是探讨诗歌"形象"塑造与"形象"规律的,但是无论是还原"画面",还原"诗境",还原"人物""事件"等,都是走进作品的重要路径。

还原阅读并非一蹴即就。在瑞恰兹那里,"细读",就是"充分阅读"。"充分阅读"的一层含义就是对文本进行"反复阅读"。所谓"反复阅读"绝不是"重复",而是要用全新的眼光去审视文本,发掘新的意义。优秀的文学作品,总是经得起反复阅读,也只有经过反复阅读才能对文本作出丰富、深刻、个性化的解读。譬如《诗经·邶风·静女》。

> 静女其姝,俟我于城隅。爱而不见,搔首踟蹰。
> 静女其娈,贻我彤管。彤管有炜,说怿女美。
> 自牧归荑,洵美且异。匪女之为美,美人之贻。

这首诗篇幅不长,但是要弄懂,就要反复细读,逐步还原出诗文所表现的情境、人物行为、物象关系等"形象"建构。诗歌写到一位男子与自己心爱的女子约会,女子却躲藏起来,弄得男子抓耳挠腮,不知所措。男子手上还有女孩子送的礼物——"彤管""荑草"。这种约会躲猫猫的经验大多数人都有,女子送男子礼物,表示爱意,女孩子避而不见,是故意观察,还是调皮可爱,每个人的理解可能会不一样。根据诗歌的题目《静女》,我们猜想这是一位贤淑文静的女子,贤淑文静的女子是比较内敛的,她表达感情的方式也是含蓄且具有情调的。而男子显然喜欢这样的女子,只是这样的女子想追到手,是要考量男子的修养与耐心的。所以一方面理解作品中的词语涵义、形象构成,一方面调度个人经验与想象力,就会逐步理解作品的意思。

还有一些美文也是需要反复细读,才能进一步深刻"还原"的。

朱自清的《背影》里实际上有两个人物形象——"我"和"父亲"。作品对于"父亲",其实忽略了很多信息,譬如年龄、长相,甚至没有正面刻画,只写到"戴着黑布小帽,穿着黑布大马褂,深青布棉袍"的背影。但是细读整篇文章,我们会形成一个具体生动的"父亲"形象。"他少年出外谋生,独力支持,做了许多大事。"可见"父亲"年轻时就是有责任感、有志气同时有成就的人。但是人生不可能总是顺风顺水,"父亲的差使也交卸了",是被解雇了还是什么原因我们不知道,但是父亲显然并不情愿,最终只能赋闲在家。父亲的脾气显然不好,怎么不好,"哪知老境却如此颓唐!他触目伤怀,自然情不能自已。情郁于中,自然要发之于外;家庭琐屑便往往触他之怒。"这里还有一个细节,"他终于忘却我的不好",哪有儿子还记着父亲是不是忘了儿子做得不对的事情,这一定是非常严重的父子冲突,而父亲并没有占到便宜。包括即使父子二人一同出门,儿子都显得礼貌冷淡。坐吃山空,祖母去世,要靠典当才能办葬礼。一个坏消息接着一个坏消息。但是父亲还是坚强的,一句"好在天无绝人之路",然后是去南京找工作,写出父亲的担当与无奈。在这样的语境下,才能理解为什么父亲会变得温情细致,越发显示出对于儿子的情感依赖,显示出似乎要弥补什么。文章虽然写到,又有两年未见,"他终于忘却我的不好,只是惦记着我,惦记着我的儿子。我北来后,他写了一信给我,信中说道,'我身体平安,惟膀子疼痛厉害,举箸提笔,诸多不便,大约大去之期不远矣。'"人生有很多苦难,譬如生离死别,生命易老,病痛缠身,求生不易,这篇文章都写到了。朱自清笔下"父亲"的形象是天下父亲的缩影,也是值得尊重的父亲的象征,真实实际,有责任感且内藏温情。所以人生在一定程度上其实就是一个忙忙碌碌、渐渐老去、渐渐消逝的背影。什么东西会留下,惟有温情真情时刻。

03
走进情境

与还原作品"形象"相联系的还包括还原写作"情境"。这是阅读本身带来的推进性工作,也就是尽力去还原作品是在什么情况下创作而成的,作者是带有什么样的情感与目的、面对什么样的对象,才最终形成了作品中的"话语"与"形象"。还原写作"情境",要基于对于作品表达的基本意思与涵义的把握,不能偏离作品。同时也要将阅读与思考的视野从文本本身拓展到文本之外,这是文本价值丰富性的体现。

研究《红楼梦》的学问成为一门专门的学问,叫"红学"。红学分为两派,新文化运动之前叫"旧红学",新文化运动之后叫"新红学"。

新红学不同于强调评点、索隐和题咏的旧红学,它换了一个思路,重点在于弄清楚《红楼梦》的作者到底是谁,这么多的版本怎么鉴别与评价,它到底写作于什么年代。新红学代表人物是胡适。胡适通过考证上述三个方面的问题,将《红楼梦》的著作权还给曹雪芹,并搜集到大量有关作者及其家世的材料,使后人对曹雪芹这位"奇人"有了一个基本的了解。而对"续书"的研究、脂砚斋的研究以及"探佚"等,都是从对作者的研究衍生出来的。因为不相信后40回是曹雪芹所写,所以有所谓的"续书"说;要探究曹雪芹写的后40回是什么样子,有了所谓的"探佚学"。至于胡适对作者生卒年的研究,则大体厘清了《红楼梦》创作的年代。

新红学的意义在于树立科学主义立场,将作者情况、版本情况、写作情况弄得准确具体。如果这些基本问题都没弄清楚,文学阅读也好,文学批评也好,就显得混乱与随意。

写作情境的还原并非易事。克林斯·布鲁克斯在《新批评与传统学术研究》中说,"只要从新批评家的角度稍稍考虑一下批评问题的性质,就足以看出,这种批评在许多情况下都大大需要语言史、思想史和文学史的帮助……在所有的批评家中,他最需要运用别人进行缜密细致的研究而得到的成果。实际上,治学严谨的学者正是以这样的批评作为自己的目的,换言之,上述批评也正需要、并依赖于这些学者们出类拔萃的劳动。由此可见,只要不产生误解,新批评在原则上是一种与正统研究最少冲突的批评。"①

可见,要对文本进行细致的解读,需要借助语言史、思想史和文学史的知识和理论,需要"情境还原",把握文本的语境,把文本放在特定的历史文化语境中来阐释。按照瑞恰兹的语境理论,"语境是语言产生意义的原因和前提","语境是在'文本'之外的、与'文本'相对的概念,是没有在文本中出现、但却决定着文本的意义的那些事件,是文本意义产生的原因"。作者的写作常常是在特定的情境下进行的,特定的创作背景,特定的写作机缘,特定的心情,决定作品的内容和主题也常常是特定的。阅读文学作品,如果能够进行"情境还原",进入作者写作的特定情境,与作者对话,"得作者之用心",就可以感悟到作者情感的脉搏和思想的跳动。这样的解读才会更为真实,更为深刻。

我们在进行"还原"分析的时候,首先,将作者写作的情境"复现"出来,将作者所表现的生活"复现"出来,再与文本中的叙说与描写进行比照分析;其次,我们的"还原"必须是"微观的""具体的","情境还原"越是具体、特定、独特,就越有利于文本的解读。

比如,张继《枫桥夜泊》:"月落乌啼霜满天,江枫渔火对愁眠。姑苏城外寒山寺,夜半钟声到客船。"从"客"字我们可以感知到诗人对故乡的怀想,而"愁"字则点明了诗人离别故乡的痛苦和辗转难眠的孤寂。但是,如

---

① [美]克林斯·布鲁克斯.新批评与传统学术研究(盛宁译)[M].北京:中国社会科学出版社,1998:24

果"还原情境",我们可以发现这首诗写作的特定的"情境"是诗人科考失利,人生受挫之际。那么,这里的"愁"不仅是思念故乡,更是因人生的不得意而生发的"愁绪"。这时候,我们从"客船"与"寒山寺"的"对立"中似乎就可以隐约地感受到"两种人生":出世的人生与入世的人生。诗人或许就是在这两种人生的煎熬中倍感痛苦,彷徨不已。

如何才能尽可能"接近"作者写作时的现场与情境呢?的确,很多作品的作者无从知晓,一些作品有署名但作者有待考证,还有的作品是集体创作,有些作品历经了很长的创作时间,写作过程是动态变化的。这些复杂的情况,使得有些批评者怀疑"接近"作者、还原写作情境的意义与价值。一般情况下,要了解一部作品的"本义""真义",获得写作情境的具体信息,还原"语境"是十分有价值的,也是必要的。

还原写作情境,有以下两个方面的途径。

其一,文本本身有意无意携带的信息。所谓"有意"的信息,就是文本本身已经具有的文字信息。这些信息一般包括"标题""作者"(署名与笔名)、写作时间、"序"等。譬如《夜雨寄北》,诗题中透露了时间、环境,对象,结合诗文,我们了解到诗歌创作地点在巴山,季节是秋天,这些为准确理解诗文的内容与情感提供了真实的背景信息。作者的署名也很重要,鲁迅用过"唐俟"的笔名。周作人在1953年出版的《鲁迅的故家》一书中对"唐俟"曾作过解释,说:"洪宪发作以前,北京空气恶劣,知识阶级多已预感危险,鲁迅那时自号'俟堂',本来也就是古人的'待死堂'的意思,或者要引经传,说出于'君子居易以俟命'亦无不可,实在却没有那样曲折,只是说'我等着,任凭什么都请来吧'。后来在《新青年》上面发表东西,小说署名'鲁迅',系用从前在《河南》杂志寄稿时的笔名"迅行",冠上了一个姓,诗与杂感则署'唐俟',即是'俟堂'二字的倒置,'唐'像是姓,又照古文上'功不唐捐'的用例,可作空虚的意思讲,也是说空等,这可以表明他那时候的思想的一面。"①这个笔名足见鲁迅心态之悲观以及用意之深。有些文本后面作者还写有开始写作的时间、初稿完成的时间及修改稿完成的时间,甚至告知作品在什么地方完成。汪曾祺写过一篇很有影响的小说《受戒》,小说后面注明:一九八零年八月十二日,写四十三年前的一个梦。完成时间非常精确。四十三年前,应该是一九三七年。汪曾祺出生于一九二零年,照此推算,这个"梦"是他十七岁时候的"梦"。作者为什么五十岁的时候,还要去写十七岁时候的"梦",这构成理解这部作品的一个切入点。

文本中有时还有作者"无意"中留下的信息。什么叫"无意",这里牵涉到"无意识""潜意识"的理论。简单地说,有些信息不是作者有意识要表达的,甚至是本来不想表达的,但是无意间却流露了作者内心深处的一些记忆与情感。这就像平时有人说话,本来不想说,结果还是说漏了嘴。或者说,本意是讲这样一个问题,无意透露了另外一个问题。这种情形很复杂,要针对不同的情况做具体分析,细心的读者会注意到这些语言信息。举一个经常被讨论的例子,譬如文学作品中"第一人称"问题。

怎么看待作品中的"第一人称"? 可以有这样的理解。文中使用的"我"有时只是一种策略,并非与作者有关系,它的好处在于因为"我"在现场,给读者一种真实感、亲切感。譬如鲁迅的《孔乙己》,有一段"自我介绍":

> 我从十二岁起,便在镇口的咸亨酒店里当伙计。掌柜说,我样子太傻,怕侍候不了长衫主顾,就在外面做点事罢。外面的短衣主顾,虽然容易说话,但唠唠叨叨缠夹不清的也很不少。他们往往要亲眼看着黄酒从坛子里舀出,看过壶子底里有水没有,又亲看将壶子放在热水里,然后放心;在这严重监督下,羼水也很

---

① 周作人.鲁迅的故家(A)鲁迅回忆录(C)北京:北京出版社,1999:1025

为难。所以过了几天,掌柜又说我干不了这事。幸亏荐头的情面大,辞退不得,便改为专管温酒的一种无聊职务了。

事实上鲁迅并没有这段经历。小说这样处理,除了增加文章真实性,也便于灵活处理关于孔乙己的故事,这是十分高超的手法。《祝福》中也有"我",这个"我"是这样叙述的:

> 我是正在这一夜回到我的故乡鲁镇的。虽说故乡,然而已没有家,所以只得暂寓在鲁四老爷的宅子里。他是我的本家,比我长一辈,应该称之曰"四叔",是一个讲理学的老监生。他比先前并没有什么大改变,单是老了些,但也还未留胡子,一见面是寒暄,寒暄之后说我"胖了",说我"胖了"之后即大骂其新党。但我知道,这并非借题在骂我:因为他所骂的还是康有为。但是,谈话是总不投机的了,于是不多久,我便一个人剩在书房里。

小说说到自己在年底回乡,没有家,寄住在四叔家,是在走亲访友中碰到祥林嫂的;作者绕了半天才让祥林嫂出场。这些处理都是艺术性的,并非真有其事,但是小说借此表达作者思想感情的复杂性倒是真实的。为什么作者写《祝福》,又是什么情况引发鲁迅这样沉重复杂的情感呢?这同作者当时的处境也许不无关系,所以借此考察一下鲁迅当时的情形,会加深对于小说的理解。小说写于1924年2月7日,查阅鲁迅日记,那天是正月初三,恰恰就是在春节期间。日记中写到:"旧历除夕夜,饮酒特多。"正月初二即2月6日,是雨雪天,"夜失眠,尽酒一瓶",显然那个年鲁迅过得极不痛快。除夕夜只有三人,他、母亲、夫人朱安,他一人饮那么多酒干什么?其实有原因。周氏兄弟失和是在1923年,鲁迅等于被扫地出门,这一年鲁迅是在找朋友借钱搞定的新房子里过的年。人家都欢欢喜喜过大年,他冷冷清清,思绪自然复杂。

《故乡》中的"我"保存了作者很多真实的个人信息。鲁迅卖掉老家的房子,从此整个家庭都飘移在外。小说中的人物如"闰土""杨二嫂"都是有人物原型的。通过"我"的所见所闻,深刻反映了旧中国农村的衰败和萧条,表达了自己对新生活的渴望,又包含着对故乡爱恨交加的疼痛感。

小说艺术作品中的"我"从本质上讲都是"艺术形象",但是有些有意无意留下了作者真实的记忆与体验。如果进一步去还原作者真实的记忆与体验。还原具体的写作情境,自然会增加对于作品阅读与理解的深度与广度。

其二,延伸到作品之外,还原写作情境。一般读者可能不会做这样的工作,还是以阅读作品为主。但是专业读者为了解决文本阅读过程中遇到的感悟与疑惑,就会有意识地阅读作家的生平资料、作家的创作谈,以及作品在写作、修改、出版过程中的资料与信息。

思考与练习

一、读一部叙事文学作品(小说、记人记事散文等),向别人复述作品内容。

二、用两千字介绍《水浒传》中的人物武松。

三、《论语》开篇:"子曰:'学而时习之,不亦说乎?有朋自远方来,不亦乐乎?人不知,而不愠,不亦君子乎?'"想象孔子说出这些话的几个可能的情境。

细读方法举隅——个性化阅读

个性化阅读最重要的还是要拥有自己独立的判断。文学作品丰富的内涵使得其往往言有尽而意无穷,即便同一部作品,不同的读者也会有不同的体会,从而出现"一千个读者就有一千个哈姆雷特"的阅读效果。

当下语文教育强调:"阅读是学生的个性化行为,不应以教师的分析来代替学生的阅读实践。应让学生在积极主动的思维和情感活动中,加深理解和体验,有所感悟和思考,受到情感熏陶,获得思维启迪,享受审美乐趣。要珍视学生的独特感受、体验和理解。"鼓励学生有自己独到的体验和见解,发展学生的批判思维,培养学生独立地、创造性地进行阅读,为学生的终身发展打下基础。

01
个性成长

个性化阅读是指依照个人的阅读兴趣与爱好,在一个宽松的氛围里坚持阅读。自我阅读越早越好。

个性化阅读是指依照个人的阅读兴趣与爱好,在一个宽松的氛围里坚持阅读。这其中有一个很重要的规律,就是自我阅读越早越好。我们在此可以对一些文学家的成长作一个统计分析。

《史记》对屈原有这样的记载:"博闻强志,明于治乱,娴于辞令。"屈原出身楚国贵族,读书多,记忆好,爱思考,口才文章俱佳。陶渊明在《五柳先生传》中自述:"好读书,不求甚解。每有会意,便欣然忘食。"他的思想境界、文章品质不完全是天生的,是在读书中继承了前人优秀的东西,找到了属于自己的方式,从而超越前人,确立了独一无二的自我。《唐才子书》写李白:"母梦长庚星而诞,因以命之。十岁通五经,自梦笔头生花,后天才赡逸,名闻天下。"里面传达了两个信息,第一个信息是说李白母亲梦见"长庚星"后就生下了李白,并就此给他命名。"长庚星"就是早晨的启明星,又叫"太白金星",所以李白又名"太白"。第二个信息是李白十岁就"通五经",足见其读书之早,且读书聪慧。"通"显然不只是"通读"的意思,还有"通透"的意思,有自己的理解与见识。

作家林语堂在《苏东坡传》中写到苏轼读书的故事:当年文坛领袖欧阳修读到苏轼的文章,都不由惊叹说:"吾当避此人出一头地。"欧阳修已经是饱学硕儒,文坛闻之如雷贯耳,而那时苏东坡还是一位青年学子,这样的评价足见苏东坡博学广识,天资聪颖。其实苏轼小时候很贪玩,那时候读书,绝非出自自愿,而是被父亲逼出来的。他曾经写过一首诗:"夜梦嬉戏童子如,父师检责惊走书。计功当毕春秋余,今乃沮及桓庄初。坦然悸悟心不舒,起坐有如挂钩鱼。"意思是,他晚上做了一个梦,梦见自己回到了童年,父亲监督着他读书。有一天,父亲出去办事,给他布置了一道家庭作业,就是把《春秋》这部史书读完。结果他贪玩,《春秋》读了还不到三分之一,眼见着父亲要回来了,那个着急啊,感觉像鱼咬了钩一样难受。这首诗是苏轼贬在海南时写下的,那时苏轼已经六十多岁。这么大的年纪想起幼年读书时的情景还心有余悸,当年他父亲的严厉程度可见一斑。

但是苏轼很快就成了快乐而快速的阅读者,他的悟性、记忆力以及自如的运用能力都不是一般人可及的。苏轼贬黄州后,司农朱载上前来拜访,通报后,很长时间也不见苏轼出来。过了足足有一个时辰,苏轼才走了出来,他向朱载上道歉说,自己正在做功课,所以没有马上出来,非常失敬。朱载上便问他做什么功课,苏轼回答:"抄《汉书》。"朱载上大为奇怪,说:"以先生的才华,开卷一览,就能够终身难忘,怎么还亲自抄书呢?"苏轼回答说:"不是这样的。我抄《汉书》已有三遍了,边抄边背。开始抄第一遍时,每段专抄三个字做题目,第二遍每段专抄两个字做题目,现在只抄一个字做题目,只要提起这个字,我就能接着往下背诵。朱载上觉得新奇,施礼说:"您能将所抄的东西让我看看吗?"苏轼拿出一册抄写的汉书,朱载上随口念了一个字,苏轼应声背诵题下文字,没有一字差错。

苏轼去世后,弟弟苏辙撰写《苏东坡先生墓志铭》,里面有八个字:"幼而好书,老而不倦。"苏轼的一生辗转流放,条件艰苦,靠读书自得其乐。所以,苏轼谈读书、谈写作都有独特见解。如"发愤识遍天下字,立志读尽人间书","旧书不厌百回读,熟读精思子自知"。苏轼的才华与人生丰富的阅历,说到底与他终身读书不无关系,与他独特的读书方法不无关系。

文学家说到底,与其说是一个职业写作者,不如说是职业读者,他是因为爱好阅读,才逐渐走上"我也要写作"的道路的。他为了持续创作,必须持续阅读,这是一个不断互动交融的过程。所以,分析一个作家的创作,一定要分析他接受什么样的文学影响,分析他在某一个阶段读过什么样的书籍,哪些书籍对他影响深刻。

这里讲两位名人读书的故事。

第一位是胡适。胡适在《四十自述》中写到自己启蒙读书的经历。他说,自父亲去世后,他回到徽州老家,三四岁的时候就开始识字,"进学堂之前已认得一千字了"。他读的第一本书是父亲编的《学为人诗》,这本书是用四言写的学习做人的诗歌。第二部读物是父亲编的《原学》,谈学习的道理。第三部是《律诗六抄》,胡适自此开始学习律诗。看得出胡适家庭重视培养孩子,教育本身也很个性化。胡适后来把他读的书都列了出来:《孝经》《小学》《论语》《孟子》《大学》《中庸》《诗经》《书经》《易经》《礼记》《三国》《聊斋》《红楼梦》《水浒》等等,小小年纪就有了"糜先生"之称。他回忆说:在家乡"九年的生活,除了读书看书之外,究竟给了我一点做人的训练"。胡适后来从美国回北京大学教书,二十八岁就成为教授。读书越早、读书越多、个性化的学习与思考才是成功的重要秘密。

第二位是郁达夫,他从小爱读书,据说精通五国语言。在日本读书时,他几乎读遍学校图书馆馆藏的外国文学书籍。1933年12月,郁达夫应浙江图书馆之邀,作了一次题为"怎样读书"的演讲。在这次演讲中,他深入浅出,讲了三个问题。第一个问题,为什么读书?有的人为做官而读书,有的人为读书而读书,有的人为做人而读书。郁达夫主张为做人而读书。第二个问题,读什么书?郁达夫认为,应根据个人的性格、个人的学业程度,加以师长的指导,选择最适合自己的书。第三个问题,怎样读书?郁达夫指出,有的书应当细读,务必求"消化";有的书要部分读,择要者而读之;有的书可囫囵吞枣地读,知其大意即可;还有的书则可以请人代读。郁达夫觉得人的一辈子会遇到很多问题,有关情感的、爱好的、成长的,解决这些问题的方式之一就是去读书。

文学作品所包含的知识、技能与经验等信息对于一个人潜能的挖掘、职业与专业发展是有好处的,于是很多人从文学爱好转向其他领域。譬如有人读《诗经》,《诗经》里面的"鸟兽虫鱼"到底是什么,里面的风俗礼仪到底是什么样子,有学者就做专门的研究,从文学研究转向博物学的研究。《红楼梦》,有人说是一部"百科全书",下至柴米油盐酱醋茶,上至琴棋书画诗酒花,可以说无所不包,吸引了有着不同兴趣爱好的读者的关注。所以,个性化阅读,使得文学作品可以以一种生动形象的方式来满足不同个性读者的需要,这一点是其他学习对象难以胜任的。

02
独立判断

个性化阅读有很多重要的前提条件。譬如自主阅读条件、自主阅读时间、自主阅读机会和自主阅读权利。这些外部条件是会影响到阅读行为的。

无书可读,却想读书怎么办?古往今来有很多酷爱读书却自己创造条件读书的故事。这其中有两类较为常见,一种是反复阅读有限的书籍,以至于熟读精思,甚至倒背如流。还有一种是想方设法找书读,以至于出现借书、偷书、抄书等现象。从阅读时间来说,很多人抱怨没有时间读书,这是客观事实,但是渴望阅读的人还是会挤出时间读书。

个性是阅读的关键,是阅读能否获得最大利益的根本。以前,我们只谈阅读,不谈如何阅读——即使谈如何阅读,也很少会注意个性在阅读过程中举足轻重的意义。很多人都在读书,但未必都能将书读好,而书读不好的原因之一是这个人的书读得全然没有个性。做人忌讳雷同,一个人若无个性,一定是一个索然无味的家伙;做文忌讳雷同,文章写得似曾相识,这篇文章也就失去了它存在的意义;读书也忌讳雷同。因此,聪明人读书,会独辟蹊径。一个人说:我不读别人读的书,只读别人不读的书。此说也许是狂言,但这份决断也有可取之处,那就是在读书方面顽强地展示个性的意识。到别人不常进入的领域去淘别人不淘的书,就会得到别人得不到的知识,发出别样的声音,如同走别人不曾走的路,就会发现别人发现不了的风景一般。这些人不仅选书选得很有个性,而且读法与理解也极有个性,同样的一篇文章,在他们眼里,却有另一番天地,另一番气象,另一番精神。他们按自己的心思去读,按自己的直觉去读,甚至按自己的奇思怪想去读,读得津津有味,读得出神入化。

书海浩渺，一个人面对那么多的书，要有充分的自主意识、驾驭意识。知识只有在那些有自主意识、驾驭意识的读书人那里，才可亲可爱，才具有美感，才具有使人升华的力量。这样的读书人，也才会有畅游知识海洋的莫大快感。一个好的读书人，读到最后会达到这样一个境界：知识犹如漫山遍野的石头，他来了，只轻轻一挥鞭子，那些石头便忽然地受到了点化，变成了充满活力的雪白的羊群，在天空下欢快地奔腾起来。

个性化阅读从阅读状态来说，首先是进入"清空"而自由放松的状态。无论是在什么环境下读书，出于什么目的读书，打算读一本什么样的书，开始进入阅读的时候，要将脑子里已经形成的一些观念、思想、判断等外在的东西清除掉，自己想怎么读就怎么读。不能否认，人是容易受到他人影响的，这种影响一旦被简单或者盲目地接受，就成为了你思想的一部分。而思想是指导行动的，于是你就可能失去"自我"，虽然依然真实地活着，但是处在"迷失"的状态。

丹麦作家安徒生写过一个童话叫《皇帝的新衣》，童话中的国王特别爱新衣服，也特别喜欢听各种各样的好话，以满足虚荣心。一天，王国来了两个骗子，他们声称可以制作出一件神奇的衣服，这件衣服只有圣贤才能看见，愚人则看不见。骗子索要了大量财宝制作出衣服后，不断声称这件衣服多么华贵以及光彩夺目。被派去查看的官员都看不见这件衣服，然而为了掩盖自己的"愚蠢"，他们都说自己能看见，而国王也是如此。最后，国王穿着这件看不见的"衣服"上街游行，赢得了众人的赞美。故事结尾，一位儿童说："他什么也没穿啊！"从而揭露了真相。

所以，真正聪明的人会正确对待别人的言论与评价，善于反思并有自知之明。《战国策》记载《邹忌讽齐王纳谏》：

> 邹忌修八尺有余，而形貌昳丽。朝服衣冠，窥镜，谓其妻曰："我孰与城北徐公美？"其妻曰："君美甚，徐公何能及君也！"城北

徐公,齐国之美丽者也。忌不自信,而复问其妾曰:"吾孰与徐公美?"妾曰:"徐公何能及君也!"旦日,客从外来,与坐谈,问之客曰:"吾与徐公孰美?"客曰:"徐公不若君之美也。"明日徐公来,孰视之,自以为不如;窥镜而自视,又弗如远甚。暮寝而思之,曰:"吾妻之美我者,私我也;妾之美我者,畏我也;客之美我者,欲有求于我也。"

邹忌通过自己身上发生的事情,劝谏齐王广开言路,善纳谏言。赞美的话不一定都是真诚与真实的,一定要自己去判断。

阅读之前排空脑子里形成的前期判断,这叫"清空"。人们旅行前,往往对旅程充满着诸多期待。很多人因为没有"清空",所以看到真实的景致时难免失望,因为所看到的无法证实自己的"预期"。有些人却是带着寻常心态上路,努力去发现,给自己带来新的体验,结果收获满满。苏东坡则更智慧,"横看成岭侧成峰,远近高低各不同。不识庐山真面目,只缘身在此山中"。收获自己的感受最重要。

当然,个性化阅读最重要的还是要拥有自己独立的判断。文学作品丰富的内涵使得其往往言有尽而意无穷,即便同一部作品,不同的读者也会有不同的体会。从而出现"一千个读者就有一千个哈姆雷特"的阅读效果。这种多元化,正是个性化阅读在阅读内容理解上的反映。

如《木兰诗》中"唧唧复唧唧"究竟是什么意思?究竟是指什么声音?读者会有不同的理解。第一种理解是织机声。诗歌一开始就出现不停不息的织机声,人未出场声先闻。然后交代木兰正在对门而织,一个勤劳的姑娘形象跃然纸上。但织着织着,有节奏的织机声听不到了,传来的是一阵阵长吁短叹。这究竟是为什么?木兰啊,木兰,是什么事儿让你如此发愁呢?于是转入后面的情节。这样的理解当然是合情合理的。第二种理解是叹息声。有学者对此作如下解读:"当户而织,说明木兰是一个劳动女性,而不是侯门小姐。本应该听到她的织布的声音,但听到的却是'唧唧复唧唧'的叹息声。一个'唧唧'就已经说明是在叹息了,又重之以'复唧唧',作者还觉得意犹未足,最后又'惟闻女叹息',作者这样反复强调,是要告诉我们木兰的忧思之深,木兰是停机长叹,而不是边织边叹。作者没有写木兰的愁容,也没有写木兰停机长叹的举动,作者只是绘声,通过接连不断的声声叹息,刻画出一个充满忧愁苦闷的木兰女的形象。"第三种理解是虫鸣声。如果将"唧唧"理解为虫声,在我们眼前就会出现这样一幅画面:夜深人静,四下阒无人声,只有虫儿在夜幕中"唧唧"鸣唱。接着再写木兰姑娘正对着门坐在织机旁织布,可是她为什么手握织机不织布,却坐在那儿长吁短叹呢?四野的虫声与木兰的叹息声交相应和,渲染出一个女孩儿将要作出重大决定之前的心境和气氛。总之,诗无达诂,只要合乎情理,合乎文意即可。多种认识是不同理解的反映,这些反映正好说明了个性化阅读的作用。

　　个性化阅读中独立的判断表现为多个层面,包括知识、经验、情感、语言、美感、价值判断等。这同样是由读者的个性化造成的。古人说"仁者乐山、智者乐水",也有人说"见山是山,见水是水",或说"见山不是山,见水不是水",也有说"见山还是山,见水还是水",可见每个人的感觉与判断都是不一样的。一个人在追求个性的道路上,相信自己的感觉与判断,即便可能会走弯路,犯错误,甚至吃亏,但却是值得宽容与尊重的。个性化阅读是培养一个人创新精神的重要途径,如果一个人读书都没有自己的看法与认识,那他内在的创造潜质又在哪里呢?

　　文学家都具有个性精神。他用自己独特的眼光看待这个世界,认识这个世界,描绘自己眼中心中的世界。个性精神是优秀作品的重要体现。历史上的昭君出塞、汉匈和亲的事情,不断地被后世的诗文包括戏剧电影演绎,可见其影响深远。但是在不同的作家那里,这个故事被赋予了个性化的想象与理解,仅唐代就有很多诗人写到"昭君和亲"的典故,从不同角度展现个人化的理解。

李白《王昭君》:"昭君拂玉鞍,上马啼红颊。今日汉宫人,明朝胡地妾。"表达了对王昭君不幸遭遇的同情。本诗写王昭君,用一个"啼"字,写出昭君的情感苦痛,如果她不是"红颊",长得太美,哪有今日的遭遇。杜甫《咏怀古迹五首》其三:"群山万壑赴荆门,生长明妃尚有村。一去紫台连朔漠,独留青冢向黄昏。画图省识春风面,环佩空归月夜魂。千载琵琶作胡语,分明怨恨曲中论。"本诗中王昭君的形象更丰富了,从山野村姑到后宫佳人,到选秀出塞,再到思念家乡最后魂归塞外青冢。诗歌不是简单描述她的美,而是举钟灵毓秀于其一身,这才有"群山万壑赴荆门,生长明妃尚有村"的非常之举。她琵琶寄情,思乡不忘,却永留塞外,千古难平。诗歌的悲剧情节深切感人,"独留青冢向黄昏","环佩空归月夜魂"都是进一步渲染衬托悲情的。杜甫当时正"漂泊西南天地间",远离故乡,处境和昭君相似。他寓居在昭君的故乡,正好借昭君当年想念故土、夜月魂归的形象,寄托他自己想念故乡的心情。白居易《昭君怨》云:"明妃风貌最娉婷,合在椒房应四星。只得当年备宫掖,何曾专夜奉帏屏。见疏从道迷图画,知屈那教配虏庭?自是君恩薄如纸,不须一向恨丹青!"本诗关键在最后两句,意思是君恩薄如纸,不要责怪画师毛延寿。白居易的诗歌是关注现实的,他写王昭君,其实是借古讽今。按今天的理解,他将笔触伸向了对于制度的讽刺。东方虬曾作《王昭君三首》,其中一首写道:"汉道方全盛,朝廷足武臣。何须薄命妾,辛苦事和亲。"意思是说,当时大汉国力强大,不必辛辛苦苦搞什么和亲,让一位女子做了无谓的牺牲品。唐张祜诗云:"万里边城远,千山行路难。举头惟见月,何处是长安?汉庭无大议,戎虏几先和。莫羡倾城色,昭君恨最多。"这是作者站在昭君的角度批评和亲政策。"举头惟见月,何处是长安?"写出了思念故国家园的昭君形象。

　　形成自己独立的思想是十分重要的,当然坚持独立的见解更加难能可贵。司马迁忍辱负重,以其"究天人之际,通古今之变,成一家之言"的史识,历经 14 年,创作了中国第一部纪传体通史《史记》。虽然《史记》成书后被指责为对抗汉代正宗思想的异端代表,在两汉时一直被视为离经叛道的"谤书",不但得不到公正评价,而且当时学者也不敢为之作注释,但是这从侧面体现了司马迁不仅思想独立,而且始终坚持自己的思想——史家写史自然要真实,不能作伪。所以他没有因为刘邦做了帝王,为尊者讳,故意不写或者改写或者添写不存在的事实,刘邦的真实形象得以被保留下来。此外,司马迁将"项羽"放到"本纪",本纪记叙的是"帝王"的传记。项羽是大汉敌手,后败于刘邦,司马迁却将他抬到如此高的地位,可见司马迁不完全以"成败论英雄"。

03
批判思维

　　"尽信《书》,则不如无《书》"。这句话出自孟子。这是精辟透脱的读书法,要求读者不要尽信书本,要善于独立思考问题。古往今来,人们关于书已不知有过多少礼赞。但是,如果我们完全信书,唯书本是从,轻则会使个人变成书呆子,重则会使人们形成"本本主义""教条主义"和"唯书不疑"的作风,贻害无穷。孟子谈到"尽信《书》,则不如无《书》"时,所举的例子来自《尚书》。《尚书》作为儒家经典之一,在孔孟时代有着极其权威的地位。因此,孟子这种对于权威著作保持独立思考并勇于批判与怀疑的精神难能可贵,体现出圣贤人物的治学风范。即便是对于两千多年后的我们来说,也是值得学习的。

孟子"尽信《书》,则不如无《书》"也是对孔子读书思想的继承。《礼记·经解》记载孔子:"入其国,其教可知也。其为人也,温柔敦厚,《诗》教也;疏通知远,《书》教也;广博易良,《乐》教也;洁静精微,《易》教也;恭俭庄敬,《礼》教也;属辞比事,《春秋》教也。故《诗》之失,愚,《书》之失,诬,《乐》之失,奢,《易》之失,贼,《礼》之失,烦,《春秋》之失,乱。其为人也,温柔敦厚而不愚,则深于《诗》者也;疏通知远而不诬,则深于《书》者也;广博易良而不奢,则深于《乐》者也;洁静精微而不贼,则深于《易》者也;恭俭庄敬而不烦,则深于《礼》者也;属辞比事而不乱,则深于《春秋》者也。"这段话的意思是,《诗经》让人温柔和顺,朴实忠厚,但其不足在于"愚",即读书读成了书呆子;《书》使人通晓远古之事,其不足在于诬,即容易轻信乱评;《乐》使人心胸广阔坦荡,其不足在于"奢",即追求奢靡;《易》使人清洁沉静,洞察细微,其不足在于贼,即成为很坏的聪明人;《礼》使人端庄恭敬,其不足在于烦,即繁文缛节,虚心假意,使人厌烦;《春秋》使人善于辞令和铺叙,其不足在于乱,即重战轻义,因为春秋无义战。所以不轻信、善自省与批判是十分重要的。

批判性思维在西方同样起源很早,可追溯到古希腊思想家苏格拉底时期。苏格拉底认为一切知识均从疑难中产生,愈求进步疑难愈多,疑难愈多进步愈大。苏格拉底认为自己本来没有知识,而他又要教授别人知识,所以他教授给他人的知识并不是由他灌输给别人的,而是人们原来已有的知识。人们已在心上怀了"胎",不过自己还不知道,苏格拉底像一个"助产婆",帮助别人生产知识。苏格拉底的助产术,集中表现在他经常采用"诘问式",以提问的方式揭露对方学说中的矛盾,动摇对方论证的基础,指出对方的无知。苏格拉底批判性思维的实践,被后来众多的学者所传承,其中就包括记录其思想的柏拉图、亚里士多德以及其他希腊智者。这些学者都强调,我们所看到的东西与事情实质之间有很大的区别,只有受过专门思维训练的人才能够透过虚假的表面看到事情的实质。这个时期希腊智者的实践，诱发人们进一步探求事情的真相，人们更加渴望理解更深的实质，他们进行系统的思考，通过各种途径对些微的线索进行广泛而深入的调查。

20世纪80年代以来，世界很多国家都将培养学生的"批判性思维"作为高等教育的目标之一。之所以提倡批判思维，首先是基于理想之光照耀现实，要想实现理想，就应该正视现实存在的问题，就应该大胆批评并努力推动社会进步。文学有很多形式与功能，批判现实、反思并批判人类自身，也是文学流传已久的精神与传统。

中国古典文学从《诗经》开始，就一直延续了批判精神的传统。虽然这种批判精神，和西方的批判精神在具体表现上存在差异。老子说："美言不信，信言不美。"孔子说："巧言令色，鲜矣仁。"其实就是主张说真话，敢于批判。如同中国很早就有"谏官"制度一样，《诗经》的出现也是天子主动了解民情的产物，民情自然不只是好的，也反映各种各样的社会问题。《诗经》中就有不少反映社会不公、民生疾苦、道德败坏等问题的诗歌。陶渊明"不为五斗米折腰"，选择归居田园，其"诗意"诗歌的背后恰恰是对当时社会现实的批判，"桃花源"依然是今天人们向往的美好乐园。明清五大才子佳人小说，无不可以看作是另外一种形式的"政治小说"。它们借助文学形式，对于社会、现实、政治、世道人心，都有深刻具体的批判，以至当时这些书都只能在民间流传，作家都不敢署上自己的真实姓名。

众所周知，19世纪风行欧美的批判现实主义，是西方文学发展史上的一个高峰，诞生了一大批伟大的现实主义作家和杰出的现实主义作品。这个时代的文学之所以被冠以"批判现实主义"之名，就因为它所表现出来的鲜明而强烈的批判性特点。从根本上来说，批判现实主义文学的异军突起是资本主义发展的产物。资本主义的生产方式所包含的内在矛盾冲突,导致人性和人的现实关系全面异化,而批判现实主义文学,真实地反映了这种异化的社会现实。这种真实的反映和现实批判,有益于社会的合理、健全发展。从这个意义上说,时代需要批判性文学因而产生了批判现实主义,正如时代需要批判的理论因而产生了马克思主义一样。实际上,作为对资本主义社会现实的批判性认识,马克思主义与批判现实主义的精神是相通的。因此,马克思、恩格斯始终对现实主义文学情有独钟,特别关注哈克奈斯、考茨基等作家的创作,并对巴尔扎克、狄更斯等作家的创作给予高度评价。马、恩除了充分肯定现实主义文学的真实性和典型性之外,更让他们特别赞赏的是这些作家及其作品对现实矛盾和不合理现实关系的无情揭露和批判,从而表现出"真正艺术家的勇气"。后来列宁高度评价托尔斯泰,称他是伟大的、天才的现实主义艺术家。由此可见,马克思主义对现实主义文学的高度赞誉着眼于现实主义文学最突出的特性与功能:其真实性及其认识功能,有助于人们透过文学的棱镜更深刻地认识不合理的社会现实;其批判性功能,立足于对种种道德沦落与人性异化的罪恶现实给予无情的揭露和辛辣的讽刺,以此刺痛人们麻木的神经。当然,这一切最后都归结为一点,那就是引起人们对于现实关系和现存制度的怀疑,从而引导人们走向反抗现实压迫和争取自由解放的斗争之路。

我国"五四"以来的新文学传统,尤其是在特殊时代背景下形成的现实主义文学潮流,显然受到西方批判现实主义文学的影响。许多优秀作家及其作品,表现出了现实主义文学突出的真实性、典型性和深刻的批判性。鲁迅的小说,既极为真实和经典地反映了辛亥革命前后风雨如磐的社会现实,同时也表现了作家对吃人的封建礼教传统和以"奴隶性"为特征的国民性的深刻批判。巴金先生的《家》《寒夜》等作品,也极为真实地反映了旧时代封建家庭的衰败、底层知识分子的痛苦挣扎，由此表达了对这些不幸人们的深切同情，及其对造成这种人间悲剧的不合理社会现实的强烈控诉和批判。此外还有茅盾、老舍、曹禺等作家的创作也无不如此，显示出那个时代现实主义文学的强大力量。应当说，这种现实主义文学的蓬勃发展，正是那个变革的时代所特别需要和热切呼唤的，而这些现实主义文学也恰好是对社会现实的真实反映和深刻批判，呼应了人们的愿望和时代变革发展的现实要求，从而在推动历史的变革进步中发挥了应有的作用。

在文学阅读与理解过程中，同样应该有批判精神。培养批判精神还要求有自己的鉴别力，不是所有的文学作品都是优秀的，对文学作品要做客观公正的评价与分析。批判精神也并不是对所有对象都进行盲目的、粗暴的否定与批评。人家说好，我偏说不好，人家说不好，我偏说好。这不是真正的批判精神。批判思维既是辩证思维，又是科学思维，最终会转化为创新思维。

什么叫辩证思维？简单的理解就是看待事物要一分为二。世界上没有绝对正确的东西，也没有绝对错误的东西。比如对待孔子，我们既不能将他神化，也不能彻底否定他。因为孔子的思想有超越其所属时代的一面，但也有其局限性的一面。

辩证思维还体现在看待任何事物，不能只看到事物的某一方面，还要看到事物的另一方面。如此才能看得真实而全面，才可能从中发现问题，从而推动认识的发展与进步，所以批判思维也是创新思维。

04
自我发现

个性化阅读是一个"自我发现"的过程。有时候,读者会从作品的语言缝隙里敏锐地感觉到作品隐藏的信息(文本本身并没有具体交代),从而引发思考和疑惑,进一步激发对作品的探究愿望。

譬如《木兰辞》,就留下大量的"问题"与"空白",值得进一步思考。木兰代父从军,这自然出于孝道,可是木兰的父母为什么能忍心答应木兰的要求呢?如此调换参军人选是要承担责任的,这不是断送自己的亲骨肉吗?当时管户籍的官员、征兵的官员怎么可能让木兰蒙混过关呢?开篇时木兰是一个善良勤劳孝顺的织女,后来征战沙场,屡立奇功,她的本领是从哪里获取的?自古以来,有的人从历史学角度进行各种考证,也有的从其他角度进行解释与说明,以考证木兰代父从军的真实性。

近些年,木兰代父从军的故事被改编成电影。在迪士尼动画电影中,开篇剧情是这样的:在古老的中国,有一位个性爽朗、性情善良的好女孩,她的名字叫作花木兰。身为花家的大女儿,花木兰在父母开明的教诲下,一直很期待自己能为花家带来荣耀。不过就在北方匈奴来犯,国家正大举征兵的时候,木兰年迈的父亲竟也被征召上战场,伤心的花木兰害怕父亲会一去不返,便趁着午夜假扮男装,偷走父亲的盔甲,代替父亲上战场。这是美国人的理解:木兰是在开明的家庭长大的,个性鲜明,所以才敢作敢当;又是家中大女儿,觉得有责任给家庭带来荣耀;木兰是偷走父亲的盔甲代父从军的。电影这样的改编并不符合原著的细节与情怀。

2009年,香港导演马楚成与演员赵薇、陈坤再次将这一故事搬上银幕。电影剧情是这样的:有个小女孩叫花木兰,与父亲花弧相依为命。花木兰从小受父亲影响偷练武功,私学阵法,武艺高强。木兰十八岁时,游牧民族犯境,军情紧急,朝廷全民征兵。木兰不忍年迈的父亲再上战场,便灌醉父亲,违抗军令,悄悄地替父从军。电影中,父女相伴,强化了他们之间的感情;偷学武功、私学阵法,为她的才华展示奠定基础;军情紧急,灌醉父亲,为实现代父从军作了很好的情节处理。

善于"自我发现",使得阅读充满快乐与意义。一部作品,其实藏着"故事"与自己感兴趣的秘密。一部作品更是一个与作家有关系、与作品有关系的"故事"。

《雷雨》中有一个被人忽视的"故事"。主人公周朴园,他出场的时候55岁,有两个女人,一个叫鲁侍萍,47岁;一个叫繁漪,35岁。作品交代三十多年前,准确的是"光绪二十年(1894年)"周朴园爱上鲁侍萍,当时,周朴园二十出头,鲁侍萍十六七岁。鲁侍萍后来离开周家,剧本交代:周家少爷就娶了一位有钱有门第的小姐。这位小姐是谁呢?读者很容易将她误认为是繁漪。这显然不对,三十多年前,繁漪才几岁。问题来了,这个女性到哪里去了?所以周朴园实际上有过三个女人:鲁侍萍、无名女性、繁漪。这个无名女性似乎也没有自己的孩子,可能是抑郁去世的。

周朴园具有封建家长与资本家双重本性,他的资本家本性,与他是从事实业的董事长和德国求学的经历有关。如若可行,我们可以这样去设想剧本中没有交代的"故事":鲁侍萍负气出走之后,周家给周朴园娶了一位有钱有门第的小姐,周朴园并不接受这段婚姻,可能因此到德国求学。这位小姐的婚姻有名无实,没有一儿半女,最终抑郁而死。周朴园三十七八岁才娶了繁漪,繁漪是位新女性,且年轻貌美,他们应该有过一段正常的感情(不能说美好,因为繁漪似乎没有这样的记忆),生下儿子周冲。但是夫妻之间很快陷入有名无实的状态,更糟糕的是,周朴园还打着"爱心"的幌子残酷地折磨着繁漪,集中表现在"吃药"的片段。因此,内在的冲突与危机就潜伏下来了。

《雷雨》始终值得争论的地方就是,周朴园是不是一个无情无义、心狠手辣的人?他和鲁侍萍之间有没有爱情?从周朴园身上,我们看到了人性的复杂性。他和鲁侍萍之间是有爱情的。没有证据表明,当初周朴园是利用公子的地位与家庭的权势使鲁侍萍爱上自己的,而且他们的爱情生活是公开的,周家也是认同的,所以单独开辟了一间卧室。这间卧室一直都保持原貌,不准任何人随便进入。这就不是一般的感情,而是深厚难忘、始终相守的感情。他们之间感情深厚,还在于公开同居了三四年期间,侍萍为周家生了两个孩子,一个是周萍,一个是出生三天就被抱离周家、后来改了名姓的鲁大海。

鲁侍萍为什么毅然决然离开周家?书中并没有交代清楚,只说"忽然周少爷不要她了",周家给周朴园又娶了一门亲。书中没有出现鲁侍萍被周家残酷赶出家门的情节,她应该是自愿离开,还把儿子留在了周家。从传统文化习俗角度理解,鲁侍萍之所以离开周家,主要是不愿意做周朴园的妾。鲁侍萍希望明媒正娶,周朴园无能为力,自然难以两全。为这件事,鲁侍萍和周家也存在不解的矛盾。鲁侍萍一辈子自然只是无奈悔恨,其实遇到困难时,她还可以回到周家,周朴园说"大概她是不愿意吧?"足见鲁侍萍是有自己独立的人格与个性的。中间有一个细节来衬托她,就是她姓梅,喜欢梅花,周朴园的衣服上出现一个窟窿,她用一朵梅花细心绣上。

所以,《雷雨》中讲述了一段带有悲剧性但是感人至深的爱情故事。直到后来两人见面,没有快意恩仇,只有绵绵情话与感伤怀旧,这里面同样值得品味与琢磨。

当代诗人海子的《面朝大海,春暖花开》,人们往往把它当成一首生活的赞美诗来欣赏。但细读这首诗,会发现许多"问题":比如,面朝大地才能看到春暖花开,而诗的标题却是"面朝大海,春暖花开";诗中说"从明天起,做一个幸福的人",为什么不"从今天起"？我们常说"从明天起六点钟起床","从明天起节约每一分钱",这些都是具体可行的事情,但可以"从明天起,做一个幸福的人"吗？诗中把"你"和"我"分得很清楚,"愿你有一个灿烂的前程,愿你有情人终成眷属,愿你在尘世获得幸福,我只愿面朝大海,春暖花开",那么"我"将会去哪里获得幸福？……从字面上来看,诗人在歌唱世俗的幸福,实际上暗藏着他心灵的痛苦。事实上,这首诗写成的两个月后,海子在山海关卧轨自杀。由此看来,《面朝大海,春暖花开》并不是一首热爱生活的赞歌,而是海子告别世界的内心独白。

思考与练习

一、就"自主性"问题,思考一下自我阅读的习惯、能力、特点及改进的方法。

二、如何理解"一千个读者就有一千个哈姆雷特"？

三、就文学阅读中流行的某个观点,写一篇具有批判性的小论文。

细读方法举隅——比较对照阅读

有比较才有鉴别,"不见高山,不知平地",世界上的事物都是相互对立、相互联系的,比较对照是认识事物的一种方式方法。

用比较的手法表现人、物的特征,以及作者的感情,在文学作品中十分常见。

林聚任、刘玉安主编的《社会科学研究方法》认为:比较研究方法,是指对两个或两个以上的事物或对象加以对比,以找出它们之间的相似性与差异性的一种分析方法。比较研究方法可以理解为是根据一定的标准,对两个或两个以上有联系的事物进行考察,寻找其异同,探求普遍规律与特殊规律的方法。①

有比较才有鉴别,"不见高山,不知平地",世界上的事物都是相互对立、相互联系的,比较对照是认识事物的一种方式方法。

用比较的手法表现人、物的特征,以及作者的感情,在文学作品中十分常见。

鲁迅的《故乡》,开篇写道:

> 我冒了严寒,回到相隔二千余里,别了二十余年的故乡去。时候既然是深冬;渐近故乡时,天气又阴晦了,冷风吹进船舱中,呜呜的响,从篷隙向外一望,苍黄的天底下,远近横着几个萧索的荒村,没有一些活气。我的心禁不住悲凉起来了。阿!这不是我二十年来时时记得的故乡?

其实这里面就含有"纵横比较"的方法。从"两千余里"之外,时隔"二十余年",是时空上的。古代有很多写"回乡"的诗文。贺知章:"少小离家

---

① 林聚任,刘玉安.社会科学研究方法[M].济南:山东人民出版社,2004:24

老大回,乡音无改鬓毛衰。儿童相见不相识,笑问客从何处来。"宋之问:"岭外音书断,经冬复历春。近乡情更怯,不敢问来人。"杜甫:"剑外忽传收蓟北,初闻涕泪满衣裳。却看妻子愁何在,漫卷诗书喜欲狂。白日放歌须纵酒,青春作伴好还乡。即从巴峡穿巫峡,便下襄阳向洛阳。"对于家乡,人们往往充满深厚的眷恋和爱意。鲁迅回乡应该也有这样的感情,但是随着故乡渐近,心理却出现巨大的落差。这种落差是通过比较体现的,第一是时间上的落差,二十多年,不见故乡的好,反见其衰败;第二是空间上的落差,外地都在变化,而故乡毫无"活气",于是"心禁不住悲凉起来"。通过现实与儿时记忆、心中希冀的对比,衬出作者失望、失落的心情。

鲁迅写《风筝》,一开始先从北京寂寞的春天、灰暗的春光写起:"灰黑色的秃树枝丫叉于晴朗的天空中"。然后,便是故乡"春二月"的回忆,是"一片春日的温和"。风筝是故乡春日的象征,是美好青春的象征,它引导读者进入"久经逝去的春天":故乡的风筝时节,杨柳发芽,山桃吐蕾。小时候故乡的春天,是天空中有风筝的春天,现在在北京,看见远处有一二风筝浮动,由风筝而联想到故乡风筝时节的春天,进而比较出两时两地的区别来,多少带有青春易逝、如今漂泊的感觉。这里面用了横向比较和纵向比较的手法。比较研究方法常常用在文学阅读、思考与研究的过程中。

01
发现异同

王维、孟浩然是盛唐山水田园诗的代表,他们的诗作有共通之处:都以山水田园为审美对象,把细腻的笔触投向静谧的山林、悠闲的田野,勾画出一种田园牧歌式的生活,表现出自然之美、诗意生活之美。而在主旨上,都是借颂扬田园生活以表达对现实的不满,对宁静平和生活的向往。

王维、孟浩然生活在同一时期,他们还有过交往,王维曾经为孟浩然画像,孟浩然还写过《留别王维》诗。诗中说道:"当路谁相假?知音世所稀。只应守寂寞,还掩故园扉。"李白与孟浩然也有交往,他十分敬仰孟浩然。后来李白专程去拜访孟浩然,没有见到他,特写诗《赠孟浩然》:"吾爱孟夫子,风流天下闻。红颜弃轩冕,白首卧松云。醉月频中圣,迷花不事君。高山安可仰,徒此揖清芬。"

王维本身是一个"文化传奇"式的人物。从才艺来说,他精通诗歌、绘画、音乐;从性情来说,官场失意时,他就隐居山林,学佛修禅;从经历来看,他在政治上起起伏伏,得意时就出来做官,失意时就隐居;就文学成就而言,王维的山水诗与前人相比,扩大了山水诗的内容,增添了山水诗的艺术风采,使山水诗的成就达到前所未有的高度,这是他对中国古典诗歌的突出贡献。

王维和孟浩然的山水田园诗有什么不同呢?以下面两首诗为例进行比较说明。

> 故人具鸡黍,邀我至田家。
> 绿树村边合,青山郭外斜。
> 开轩面场圃,把酒话桑麻。
> 待到重阳日,还来就菊花。
>
> (孟浩然《过故人庄》)

> 空山新雨后,天气晚来秋。
> 明月松间照,清泉石上流。
> 竹喧归浣女,莲动下渔舟。
> 随意春芳歇,王孙自可留。
>
> (王维《山居秋暝》)

这两首诗都是五言律诗,但细细品读,它们的差别与个性还是十分鲜明的。首先,从整体上看,王维山水田园诗具有空明的境界,宁静优美而神韵缥缈;孟浩然山水田园诗则朴素自然,写实如真。其次,王维的诗歌用提纯的景物表现净化了的情思,有种单纯明净的美;孟浩然的山水田园诗则更贴近自己的生活,景物描写带有即兴而发、不加雕琢的特点,诗语自然纯净,似比王维的诗更显淳朴,呈现出豪华落尽见真淳的境界。最后,王维的山居歌咏擅长表现空山的宁静之美;孟浩然则重在表现交游中的田园之趣。

这些特点在《鸟鸣涧》与《春晓》中也有反映。

> 人闲桂花落,夜静春山空。
> 月出惊山鸟,时鸣春涧中。
>
> (王维《鸟鸣涧》)

> 春眠不觉晓,处处闻啼鸟。
> 夜来风雨声,花落知多少。
>
> (孟浩然《春晓》)

从艺术特点来看:王维的诗是诗中有画,画中有诗;孟浩然的诗将随意点染的景物与清淡的情思相融,形成平淡清远而意兴无穷的明秀诗境。

从诗的风格来看:孟浩然和王维的山水诗都不追求华美的词藻,而是力求极自然地表现山水本身的美,同时他们也都在山水诗中尽力表现自己的个性。孟浩然常在山水描写中融入游子飘零之感,由于心情孤寂,山水也染上了一层清冷的色彩,有时诗人被当作画面的一部分而被写进诗里,呈现出恬淡孤情的基本风格。王维的山水诗则往往渗透着佛家虚无冷寂的情调,诗人努力去追求那种远离尘嚣的空寂境界,所以他的许多山水诗中不见诗人的影子。

从诗的内容来看,王维受佛教思想影响较深,王维山水诗处处可见绘画影响的痕迹,这些在孟诗中很难找到;就田园诗而言,王维善于写静,以有声写无声,写幽静,而孟诗中的静往往是"寂静",是直写其静;王诗中的景色是一幅幅静美的田园画,孟诗中的景致则如一个个蒙太奇镜头;王诗"物我一体",表达"无我之境",孟诗往往有诗人活动的影子,表达"有我之境"。孟诗喜直接抒情、议论,王诗多以景见情,情景交融。

孟浩然是南方人,王维是北方人,他们受到的自然与文化的熏陶不一样,使得诗歌有了不同的表现。"如果说孟浩然是以比兴寄托和壮逸之气充实了南方山水诗的骨力,那么王维就是在充分吸取南方山水诗表现艺术的基础上,开辟了北方山水田园诗的新境界,以雄浑壮丽与清新自然相结合的风格,实现了汉魏风骨与齐梁词彩相交融的艺术理想。如果说孟浩然的山水诗是以感受为主,而较少刻画,以淡化意象取胜的话;那么王维则更擅长于精确刻画形貌特征,用精心构造的画面表现丰富的感受,因此他笔下的山水无论色彩或构图都比孟浩然鲜明。王维的诗歌创作是丰富多彩的,艺术成就是多方面的,艺术风格同具'阴柔之美'和'阳刚之美',他不是'偏精独诣'的'名家',而是'具范兼容'的"大家"。总之,王维的诗是丰润而富有生趣的,孟浩然的诗是清淡而韵味悠长的。有如人在品尝一壶上好的茶,使人回味无穷。"

所以,求同比较重在寻求不同事物的共同点,以探寻事物发展的共同规律;求异比较注重比较两个事物的不同属性,以发现事物发生发展的特殊性。通过对事物的"求同""求异"分析比较,可以使我们更好地认识事物发展的统一性与多样性。

同属山水田园诗,王维、孟浩然和陶渊明又有什么不同?

少无适俗韵,性本爱丘山。
误落尘网中,一去三十年。
羁鸟恋旧林,池鱼思故渊。
开荒南野际,守拙归园田。

> 方宅十余亩,草屋八九间。
> 榆柳荫后檐,桃李罗堂前。
> 暧暧远人村,依依墟里烟。
> 狗吠深巷中,鸡鸣桑树颠。
> 户庭无尘杂,虚室有余闲。
> 久在樊笼里,复得返自然。
>
> (陶渊明《归园田居》)

诗歌生动地描写了诗人归隐后的生活和感受,表现了他对田园生活的热爱,对官场黑暗腐败生活的厌恶。诗歌集中体现了陶渊明追求自由、安于清贫、洁身自好、超脱世俗的美好情操。陶渊明写的"归园田居"其实是他自己理想的居所。

这首诗最突出的特点是写景,运用白描、远近景相交等手法描写田园风光。诗中多处运用对偶句(如"榆柳荫后檐,桃李罗堂前")和对比手法(如将"尘网""樊笼"与"园田居"对比),从而突出诗人对官场的厌恶和对自然的热爱。全诗语言明白清新,几如白话,质朴无华。

比较发现,三位诗人都热爱山水田园,乐于展示山水田园之美,崇尚真实自然,但是从思想内容到艺术表现都具有不同的个性特征。

总之,异同的比较既可以发现相似性、普遍性的东西,也可以发现差异化、个性化、丰富性的存在。曹操与其子曹丕、曹植是建安文学的代表,被后人尊称为"三曹"。建安文学真实地反映了现实的动乱和人民的苦难,抒发了作者建功立业的理想和积极进取的精神,同时也流露出人生短暂、壮志难酬的悲凉幽怨,意境宏大,笔调朗畅,雄健深沉,具有鲜明的时代特征、个性特征和艺术风格。曹操是建安时期杰出的文学家和建安文学新局面的开创者,他胸怀大志,心忧天下,诗歌深沉真实,清俊通脱,受乐府影响但是不拘一格。曹丕擅长诗文及辞赋,著有《燕歌行》《与吴质书》等,其中《燕歌行》全诗均用七言,句句押韵,在中国七言诗的发展史上占有重要地位。曹植在历史上有"才高八斗"之称,民间还用七步吟诗来敬仰曹植的才华。他是第一个大力创作五言诗的作家,把文人五言诗的发展推向了一个前所未有的高峰,标志着文人五言诗的完全成熟,他的散文和辞赋也表现出了很高的思想性和艺术性,代表作有《洛神赋》等。钟嵘赞曹植道:"骨气奇高,词采华茂。情兼雅怨,体被文质,粲溢今古,卓尔不群。"

作品经常会被改写,我们可以拿改写本与原作对照,将修改前后的文稿加以对照;我们还可以把作品跟其他作家的同类作品进行比较。《黄鹤楼送孟浩然之广陵》和《送元二使安西》都是唐代诗人的送别诗,但由于朋友去的地方不同,朋友此行的目的不同,两首诗抒发的感情以及惜别之情的表达方式就不相同。

解读文学文本,常常需要将已经读过的文本与新文本联系"贯通"起来,"以诗解诗",或"以诗证诗",以旧的经验来阐发新的体验,就可能真正地获得丰富而独特的阅读体验,获得一种美的享受。特别是对那些较为晦涩的作品,最好是联系已经读过的、与之有关的作品来解读,不失为一种"化难为易"的有效方法。

《题宣州开元寺水阁阁下宛溪夹溪居人》是诗人杜牧任宣州团练判官时所作,当时他游开元寺,登水阁,眺望敬亭山,俯瞰宛溪,只见江山风景依旧,而六朝文物却消失殆尽,不禁感慨,咏成此诗。诗书原文是:"六朝文物草连空,天淡云闲今古同。鸟去鸟来山色里,人歌人哭水声中。深秋帘幕千家雨,落日楼台一笛风。惆怅无因见范蠡,参差烟树五湖东。"我们在解读时,自然会联想到杜牧的《山行》对秋意的流连与寂寞,《泊秦淮》中对历史兴亡的悲慨与无奈,《江南春》"南朝四百八十寺,多少楼台烟雨中"的苍凉与感伤。我们还可以联想到李白《登金陵凤凰台》中的句子:"凤凰台上凤凰游,凤去台空江自流。吴宫花草埋幽径,晋代衣冠成古丘。三山半落青天外,二水中分白鹭洲。总为浮云能蔽日,长安不见使人愁。"还可以联想到崔颢《黄鹤楼》中的句子:"昔人已乘黄鹤去,此地空余黄鹤楼。黄鹤一去不复返,白云千载空悠悠。晴川历历汉阳树,芳草萋萋鹦鹉洲。日暮乡关何处是,烟波江上使人愁。"有了这重重的"联想",就可以在吟咏之间,感受到诗人杜牧内心的寂寥惆怅,感受到诗人对李唐王朝日渐衰落的哀痛与怜惜,感受到诗人爱国忠君却"英雄无用武之地"的忧愤与落寞。

异同比较,一方面取决于系统的阅读,一方面取决于细读与感悟,只有在这个基础上,才能使比较具有很好的说服力。一般情况下,现象或者数理的比较,可以用表格、数据的统计分析进行,尤其是异同比较,用表格分析法,可以更清楚直观地说明问题。但是文学异同比较,多借助一定的文学标准,通过对作品现象的分类、归类、分析等作定性的分析。

02
揭示承变

纵横结合的比较可以比较科学地认知一个事物的定位、特点与价值,因为所有的事物都在纵横两个坐标维度,纵向是时间维度,反映历史的沿革、变化与发展;横向则是同类事物所处的现实空间,反映现实处境。纵向观察可以认识事物的发展变化过程,揭示事物的发展规律;横向观察则可发现与同类事物的异同。但是在进行具体比较分析的时候,根据比较的目的与意义的不同一般会有所侧重,有时侧重纵向比较,有时侧重横向比较。

《西厢记》全名《崔莺莺待月西厢记》,其作者是元代戏曲家王实甫。《西厢记》曲词华艳优美,富于诗的意境,是我国古典戏剧的现实主义杰作,对后来以爱情为题材的小说、戏剧创作影响很大。历史上,"愿普天下有情的都成了眷属"这一美好的愿望,不知成为多少文学作品的主题,《西厢记》便是描绘这一主题的最成功的戏剧。在《西厢记》之前,类似的故事和题材早已出现,为什么《西厢记》会成为如此伟大的优秀作品?如果进行纵横比较,就会有所发现。

崔莺莺、张生的故事,源远流长。最早见于唐代著名诗人元稹所写的传奇小说《莺莺传》(又名《会真记》),小说中张生始乱终弃,遗弃了莺莺,是个悲剧。全篇不过数千字,却情节曲折,叙述婉转,文辞华艳,是唐代传奇小说的代表作之一。从思想性角度看,它是一部具有进步性同时带有争议的小说,既写出了封建时代少女对爱情的向往和追求,也反映了爱情理想被社会无情摧残的人生悲剧。

正是因为崔莺莺和张生的故事吸引人,有争议,才导致其流传广泛,诞生了不少歌咏其事的诗词。这些诗词,对莺莺的命运表示了同情,对张生始乱终弃的薄情行为进行了批评,但故事情节并没有新的发展。

在元代王实甫的《西厢记》之前,金代的董解元也有一部《西厢记》(全名为《西厢记诸宫调》),这两部"西厢"一般被人们称为"王西厢"和"董西厢"。

当《莺莺传》故事流传了400年左右的时候,金代董解元的《西厢记诸宫调》问世了,这就是所谓的"董西厢"。董解元,金代诸宫调作家,名不详,"解元"是金元时代对读书人的敬称。他性格狂放不羁,蔑视礼教,具备比较深厚的文化修养,并对当时的中国民间文学形式如诸宫调非常熟悉,喜欢写诗作曲。其鸿篇巨制《西厢记诸宫调》,是今存诸宫调中唯一完整的作品。"董西厢"是在《莺莺传》的基础上创造出来的一种以第三人称叙事的说唱文学,其无论是思想性还是艺术性,都远远超过前人。它对《莺莺传》中的故事情节和人物形象作了根本性的改造,矛盾冲突的性质衍变成了争取恋爱婚姻自由的青年男女同封建家长之间的斗争;张生成了多情才子,莺莺富有反抗性;故事以莺莺偕张生私奔作结,使旧故事开了新枝。随着情节的增加,"董西厢"中人物的感情更为复杂、细腻,性格也更为丰满。在文字的运用上,作者既善于写景,也善于写情,并善于以口语入曲,使作品更为生动和富于生活气息,艺术性较前有较大提高,为王西厢的出现,打下了坚实的基础。

但"董西厢"在艺术上尚显粗糙,对爱情的描写也有所欠缺,还不能满足人们的审美需求。到了元代,随着都市经济的繁荣,戏剧更加发达起来,这时大戏剧家王实甫在"董西厢"的基础上将崔、张故事改为了杂剧,这就是我们今天看到的《西厢记》。

"王西厢"直接继承了"董西厢",并在此基础上作出了巨大的贡献。在男主人公形象的塑造上,王实甫不仅写出了张生的痴情与风度,更写出了张生的才华以及张生的软弱,使他成为封建社会中多情软弱才子的代表。剧中聪明、伶俐、热心、正直的丫鬟红娘,给人们留下了深刻的印象,并且在后来的剧作中一再出现。同时,《西厢记》在中国戏剧史上首度成功刻画了爱情心理,其对矛盾冲突的设计也足以示范后人。全剧以莺莺、张生、红娘与老夫人的矛盾为基本矛盾,表现崔、张与家长的冲突;以莺莺、张生、红娘间的矛盾为次要矛盾,由性格冲突推进剧情,刻画人物。这样一种对冲突的组织,在古代戏曲中是很值得称道的。

"王西厢"与"董西厢"的故事情节大略相同,但"王西厢"的题材更集中,反封建的思想倾向更鲜明,又改写了曲文,增加了宾白,剔除了一些不合理的情节,艺术水平也有很大的提高。作为我国古典戏剧的典范,其规模之宏大、结构之严密、情节之曲折、点缀之富有情趣、刻画人物之生动细腻等,不仅前无古人,而且超过了元代的其他剧作家。正因为如此,元代贾仲明在《凌波仙》中称赞道:"新杂剧,旧传奇,《西厢记》天下夺魁。"

经过比较,我们会发现,任何优秀的文学作品都是既有传承又有创新的,其传承可以通过接受历史上业已形成的成果来证明,而它的创新就是在前人的基础上,在故事情节、人物形象、表现形式、情感个性、思想进步等方面进行了新的尝试。通过这种比较,我们能对作品作出客观公正的评判。

中国现代文学深受西方文化和文学的影响,体现了其求新求变的一面,这是横向比较。但是中国现代文学依然藏有对于传统文化的继承与创新,这种纵向关系不能被忽视,比如很多作家,其"旧学"功底深厚,情感的底色依然是"东方的"。徐志摩《再别康桥》抒发了对自己英国求学时光的眷恋,其中包含对于西方文化的认同。他崇尚西方"爱""自由""美"的价值观,但是无论他抒写什么样的对象,他"哀而不伤"的情感美、"低吟浅唱""整饬回环"的形式美,都是中国诗歌美学特有的气质。

纵横比较,需要有"纵深的历史感"与"开阔的现实感",善于从"历史"与"现实"两个维度把握问题、分析问题与解决问题。从阅读角度来看,就是围绕经典,一方面善于追根溯源,去阅读类似题材的作品,譬如《再别康桥》,其实就是一首离别诗,中国的离别诗历史悠久,成果丰富,梳理它们的发展脉络与特点,就会发现《再别康桥》有继承又有创新的一面。另一方面,阅读经典又要放到当时现实背景下进行考察。当时盛行白话自由诗,其中以"创造社"狂飙突进的浪漫风格成就突出,但是白话自由诗情感狂放不节制、形式随意不讲究的缺点也显而易见。当时"新月诗人"觉得自由诗不应该打着"自由"的幌子随意写,应该有基本要求,于是提出"三美":音律美、建筑美、绘画美。《再别康桥》就体现这种诗歌探索中的"三美原则"。纵横比较,取决于广博的阅读量,也取决于纵横回溯阅读,这都是善于阅读的人常用的方法。

03
洞悉因果

因果分析是认识事物的重要方法,因为凡事都有"因果",有因必有果,有果必有因。

因果分析注重对引起某一现象变化的原因进行分析,主要解决"为什么"的问题。因果分析就是在研究对象的先行情况中,把作为它的原因的现象与其他非原因的现象区别开来,或者是在研究对象的后行情况中,把作为它的结果的现象与其他非结果的现象区别开来。怎么进行因果分析,这是一个高深复杂的问题。传统的简单实用的因果分析,是19世纪英国哲学家J.S.密尔所提出的归纳方法。他在《逻辑体系》第3卷"论归纳"第8章"论实验研究四法"中,表述了五条规则,又称"密尔求因果五法"。

但是中国人对于"因果"的理解以及"因果分析"的方法有自己独特的见解。譬如,中国传统文化讲"天人感应",重视自然与人之间的和谐关系。"人在做,天在看","天作孽,尤可违,人作孽,不可活","不可活"不一定是指人惩罚你,似乎还有神秘的力量会随时对你施加惩罚。《雷雨》这部话剧里面有很多偶然的戏剧情节、复杂而巧合的人物关系,每个人都极力想掌握自己的命运,但是每一份努力恰恰带来的是事与愿违的后果。耐人寻味的是,《雷雨》中闷热的天气使人压抑,似乎证"天人感应",暗示一场大雷雨的来临,这显然不只是描述自然环境,还在暗示让人难以预测的结局。最后两位美好而充满希望的年轻人触电身亡,周家的罪恶受到惩罚。这些偶然的背后似乎有必然的因果。

中国人讲"因果报应",是从佛教中转变过来的。佛门讲因果报应,认为凡物有起因,必有结果,如农之播种,种豆必然结豆,种瓜定是结瓜。这些思想都影响了中国文学。

　　这里讲"因果分析",有两个重点:第一是对于"现象"或者"问题"的敏感。没有"现象"或者"问题",没有"果",做什么"因果分析"呢?任何一部文学作品,都是摆在读者面前的现象与问题,要弄懂它,就必须问一个"为什么",要去分析原因。有些原因的探究比较简单,而有些原因却要复杂深刻一些。其实,对于"现象"或者"问题"的敏感,本身就是"比较"的产物,它吸引读者的注意,就是因为读者不懂或者"现象""问题"与众不同。

　　陶渊明、王维、孟浩然都是山水田园诗人,有共性,也有差异性,一方面是缘于外部因素,又称外因,一方面是缘于自身,又叫内因。就外因而言,陶渊明生活在魏晋乱世,乱世不仅在于世道乱,还在于人心乱。陶渊明难以适应官场风气与规则,选择"不为五米斗折腰",辞官而去。陶渊明辞官之后,连一家人的基本生活都保障不了。"晨兴理荒秽,带月荷锄归。"生活虽贫苦,但精神愉悦。说一个人高洁,也是通过比较才能体会的。很多人与自己的内心、本性相背离,或出于世俗的目的,与心相违,或回归山林逃避遁世。陶渊明面临人生苦痛,依然归守田园、自修品格。"羁鸟恋旧林,池鱼思故渊","榆柳荫后檐,桃李罗堂前。暧暧远人村,依依墟里烟。狗吠深巷中,鸡鸣桑树颠。户庭无尘杂,虚室有余闲",他似乎告诉我们,美好的东西并不遥远,它其实就在你心里,就在你身边,就看你是不是真的愿意去选择。

　　王维和孟浩然生活在大唐盛世,诗歌中洋溢着生活安逸富足的味道。诗人的闲情逸致和个性自由,都和当时的风气有关。王维可以建"辋川别墅",过着半官半隐的生活,这些都反映太平盛世的宽松闲适。史传王维曾私邀孟浩然入内署,适逢玄宗至,浩然惊避床下。王维不敢隐瞒,据实奏闻,玄宗命孟浩然出见。浩然自诵其诗,至"不才明主弃"之句,玄宗不悦,说:"卿不求仕,而朕未尝弃卿,奈何诬我!"于是将孟浩然放归襄阳。一方面反映唐代皇帝的开明大度,另一方面也说明了孟浩然恃才傲物、直率天真的性格。

就个体而言,王维更像一个"贵族",他做官可以做到高层,玩艺术的水平也是他人难及。即便写诗,也达禅修无我的境界。孟浩然则更像一位真正的诗人,游历交友,出口成章,随意随情,追求自由。孟浩然一生阅历简单,诗歌创作的题材也较单一。孟诗绝大部分为五言短篇,多写山水田园和隐居的逸兴,以及羁旅行役的心情。其中虽不无愤世嫉俗之词,但更多属于诗人的自我表现之语。

阅读中国文学作品,我们会发现很多作家对于"月亮"这个形象情有独钟。为什么中国人对"月亮"富有感情?这些共性的表现里藏有什么样的秘密?

从《诗经》《古诗十九首》到张若虚的《春江花月夜》、李白的《静夜思》、苏轼的《水调歌头》,再到朱自清的《荷塘月色》、老舍的《月牙儿》、张爱玲的《金锁记》,在整个中国文学史上,几乎所有的文学家都对月亮表示出特有的青睐,从而使月亮成了中国文学中出现频率最高的意象之一。

月亮作为意象绝不是文人勾画的简单意象,而是一种镌刻在民族记忆中规范着我们思维、情感的自觉的心理范型。原型中所蕴涵的意义,既不是后天文化所赋予的,也不是某个伟大作家的独特创造。它是漫长的史前期由民族同一经验的无数次重复累积而成的。如果要回答月亮何以会成为中国诗歌中最重要的意象之一,并揭示这一意象中的深层意蕴,我们的目光就要关注到华夏民族心灵发展的内在历程。

月亮形象最早出现在神话中,如《山海经》有"有女和月母之国……"女娲、伏羲交尾产月的传说;后羿之妻嫦娥奔月的传说……如果说女娲抟土造人的传说反映了华夏民族对黄土高原血缘般的依存关系,进而形成故土难离的文化意识。那么嫦娥奔月的传说,则反映了华夏先民对月亮明而转暗,暗而复明,"死则又育"现象的思考,具有深远的文化影响。奔月的嫦娥从美女变为了蟾蜍永远独居月宫,令人悲惋。后世李商隐等许多诗人都在他们的诗作中表达了对嫦娥的怜惜,嫦娥奔月这一神话悲剧逐渐成为人性受压制、受束缚这一悲剧命运的象征,逐渐涵盖了包括男性在内的所有失败者的心灵。封建时代,当人性受压制、人生价值被贬抑的时候,文人很难摆脱藏在心底的孤寂和哀愁,当他们身处皎洁的月光中时,他们潜意识中的悲怨情结就被激活了。

正因为原始初民将月亮视为神灵,将月亮女神视为华夏民族的母亲和保护神,所以就产生了月亮崇拜,中国文学中的月亮情结就根植于月亮崇拜。上古先秦时期就有祭月之礼,到了隋唐时这种因崇拜月亮而进行的君王祭月之礼已经深深影响了民间,逐渐脱去祭礼的某些仪式,而在民间转换成一种特定的文化风俗习惯。从《西厢记》里崔莺莺拜月烧香祈求美好的爱情到《拜月亭》中王瑞兰拜月烧香祷祝亲人安康、夫妻团圆,上到统治阶层,下到平民百姓,不分地域南北,不分男女,都从不同的动机和目的出发拜月祈愿。月亮崇拜一直是华夏民族精神生活的重要组成部分,这就势必影响到作为精神生活活动的文学创作,因而在月亮原型形成以后,又在中国文学史上形成了特有的"月亮情结"。

这里有一个理论,叫"原型"理论。荣格将集体无意识的内容称为"原始意象","原始意象"一词意指一种本原的模型,其他相似的存在皆根据这种本原模型而成形。原始意象的同义词就是"原型",在《集体无意识的原型》中,荣格指出,"原型这个词就是柏拉图哲学中的形式",指的是集体无意识中一种先天倾向,是心理测验的一种先在决定因素,是一切心理反应所具有的普遍一致的先验形式,它使个体以其原本祖先面临的类似情境所表现的方式去行动。"原型"可以反映一个民族的"集体无意识"或者叫"民族无意识",就是每一个民族都会有自己共同的记忆与情感,这些共同的心理会使他们具有"向心"的情感基础与文化基础。他们未必能明确地认知到这一点,其带有原始性的、不自觉的特征,所以叫作"无意识",只能通过超越时空、不断重复的"意象"或者行为才能体现出来。

当然中国人崇拜月亮,寄情月亮,对于不同时代、不同作家来说,其文学表现却是不一样的,具有时代个性或者作家个体个性。

高悬于宇的明月,容纳着两千多年来无数中国文人的憧憬和幻想,希望和失落,困惑和烦恼,欢欣和感伤,沉静和觉悟……外国学者曾经用"高悬于中国文坛上空的月亮"这句话来表述中国文学的"月亮情结"。中国文学四大传统主题:死亡、爱情、隐逸、怀乡,无论在哪一类中,涉月诗作皆举目可见,离乡游子、闺中思妇、边关戍士、风月男女、王侯将相、山野逸人……虽众生纷纭,却都有一种恋月情结充裕在心。他们将人生的喜怒哀乐、爱恨悲忧等情绪都诉之于月,月亮成了负载文人情思的"心灵多媒体",并进而产生了游子月、思妇月、离别月等诸多诗歌意象。从整体上考察,这些意象固然常常伴随着四大文学主题的反复而交替更迭,然而其背后却大多萦绕着一种共同的心绪,一种或淡或浓的孤独和悲哀。从李白"对影成三人"的寂寥到柳永"杨柳岸,晓风残月"的悲戚,从"秦时明月汉时关"的亘古无期到"月有阴晴圆缺"的聚散无常,再到"明月夜、短松冈"的人生凄凉,文人们的内心涌动着几丝遗憾和感伤。

只有比较东西文化,才能发现中国文学的独特现象;只有不断追根溯源,才能发现深层次的原因;只有横向比较,才能发现它们之间的共性与个性。

04
比较中外

比较文学是两种或两种以上民族文学之间相互作用的过程,是对文学与其他艺术门类、其他意识形态的相互关系进行比较研究的文艺学分支。作为一门学科,它诞生于19世纪末20世纪初,发源于法国,兴起于美国,是基于世界范围内文化之间的冲突与交流而产生的。

在中国,鲁迅、茅盾、郭沫若等都曾广泛比较和研究过各国文学的发展,如鲁迅的《摩罗诗力说》、茅盾的《俄国近代文学杂谈》等。20世纪30年代中国开始介绍外国比较文学的历史和理论。陈铨的《中德文学研究》、钱钟书的《谈艺录》、朱光潜的《诗论》等,都曾在各自的方面对中国比较文学的发展作出了贡献。20世纪70年代以来,比较文学在中国取得了前所未有的新发展。

中华文化是一个多民族交融的文化,虽然汉民族文化始终占据着主导地位,具有强大的包容性、影响力与发展动力,但是我们不能忽视其他民族的优秀文化对中华文化的影响。"胡服骑射"就是有记载的较早的典型案例。据《战国策·赵策二》记载:"今吾(赵武灵王)将胡服骑射以教百姓。"当时的"胡服",是指类似于西北戎狄之衣短袖窄的服装,同中原华夏族人的宽衣博带长袖大不相同,所以俗称"胡服";"骑射"指周边游牧部族的"马射"(骑在马上射箭),有别于中原地区传统的"步射"(徒步射箭)。从此,军队中宽袖长衣的正规军装,逐渐改进为后来的衣短袖窄的装备,从而顺应了战争方式由"步战"向"骑战"发展的趋势,为国家的稳固和发展奠定了基础。

中华民族从秦汉时期就沿着一带一路与外进行文化交流。其中佛教的传入对于中国文学产生了深远的影响。

远在唐代,就有人对南朝吴均在《续齐谐记》中所写的"许彦鹅笼"故事的来源作过研究。"许彦鹅笼"故事说的是,阳羡(即今江苏宜兴)地方一个名叫许彦的人,在途中遇到一位十七八岁的书生,这位倒在路边的书生声称脚痛,要求坐进许彦的鹅笼里。许彦以为是说着玩的,谁知书生真的入笼与双鹅并坐,而许彦提起鹅笼竟不觉得重。等走到树下休息时,书生出了鹅笼,说要设宴答谢许彦,说完就从口中吐出美酒佳肴来款待许彦。过了一会儿,书生又从口中吐出一位芳龄十五六的美女来陪伴宴饮。又过一会儿,书生酒醉睡着后,此女子竟从她口中吐出一个二十三四岁的男子来作伴。许彦正同此男子寒暄之际,书生却像要醒的样子,美女忙又吐出屏风来遮住书生,并同书生一道睡了。可那男子却从他口中吐出年约二十的女子一道饮酒嬉戏。过了许久,听到书生发生响动声,此男子忙将二十岁的女子吞入口内,年方十六的美女醒后,也忙吞入那男子,并独对许彦而坐。书生起来后,就次第吞下美女与各种餐具,然后留下一个大铜盘留给许彦作纪念,然后告别而去。

鲁迅《中国小说史略》说:"然此类思想,盖非中国所故有,段成式已谓出于天竺(即古代印度)……当又为梵志吐壶相之渊源矣。魏晋以来,渐译释典,天竺故事亦流传世间,文人喜其颖异,于有意或无意中用之,遂蜕化为国有,如晋人荀氏作《灵鬼志》,亦记道人入笼子中事,尚云来自外国,至吴均记,乃为中国之书生。"鲁迅认为,印度佛教的思想与故事的确不是中国固有的,后来中国人有意无意去学,慢慢使佛教具有了"中国化"的特征。鲁迅运用的就是比较文学的方法。

比较文学研究,包括影响研究、平行研究和跨学科研究。

(一)影响研究

无论在中外文学之间还是在各国文学内部,都存在着众多并无影响事实却又十分相似的情况。唐代诗人白居易在《琵琶行》中写过无声之美:"冰泉冷涩弦凝绝,凝绝不通声暂歇。别有幽愁暗恨生,此时无声胜有声。"无独有偶,英国诗人济慈在他的《希腊古瓮颂》中也写道:"听得见的声音固然美,听不见的声音则加倍幽美。"同为抒写对意中人的倾慕之爱,明代《乐府吴调》中有一曲写道:"变一只绣鞋儿,在你金莲上套;变一领汗衫儿,与你贴肉相交;变一个竹夫人,在你怀儿里抱;变一个主腰儿,拘束着你;变一管玉箫儿,在你指上调;再变上一块香茶,不离你樱桃小。"而欧洲的诗歌、小说也常有这类描写,古希腊的诗人写过:"愿变为心上人的口边之笛。"西班牙十七世纪剧作家罗哈斯民剧中也写过:"愿变为意中人腰间之带。"甚至在德国文学中还写过:"愿变为心上人身边的跳蚤与虱子。"还有一些作品,不仅人物性格相似,连反映性格的细节也几乎一样。法国古典主义戏剧家莫里哀的名作《悭吝人》中的阿尔巴贡,同中国古典小说《儒林外史》中的严监生,都同样爱钱胜命,悭吝而无情,如阿尔巴贡要掐灭两支蜡烛中的一支,才称心如意;而严监生要灭掉油灯芯中的一根,才能咽气罢休。白居易与济慈、明代《乐府吴调》与欧洲古代戏剧、《悭吝人》中的阿尔巴贡与《儒林外史》中的严监生等之间的异同,并非彼此有过"影响联系",而是作家们在观察、体验现实生活基础上的加工塑造中的结果。

要说受到"影响",可能东西方文化都能在各自文化体系与文学传统中追溯到源头。吴敬梓塑造的严监生,可上溯到元杂剧《看钱奴》中的贾生,其吝啬劲就同严监生临死前十分相似,不同的是贾生要儿子舔净沾了油渍的手指方肯咽气;更早的可追溯到北魏《笑林》中的俭吝老人,甚至战国时《商君书》中的"东郭敞",他们都以爱物胜过爱人的吝啬与贪欲而名传后世。同样,莫里哀塑造的阿尔巴贡,可上溯到古罗马剧作家普拉图斯的喜剧《一罐金子》中的守财奴和更早的古希腊作家西俄夫拉斯培斯的论文《性格论》,论文里勾勒出了吝啬人的性格类型。崇尚古典主义并又热衷于从古希腊罗马文学中汲取创作题材的新古典主义作家莫里哀,受欧洲文学传统的影响,这一点连他本人也直言不讳。因此,在研究严监生和阿尔巴贡这二者相似性的问题上,就要撇开影响研究而从经济、政治和社会历史等方面去探索其"文心相通"的规律。通过对阿尔巴贡与严监生这组中外文学形象的比较,我们可以更清楚地发现:贪欲与吝啬尽管古已有之,然而到了资本主义降世之时,由于金钱渐渐成为取代封建社会等级与特权的一尊"至圣",于是在市民中最早出现的那批商人资产者身上,吝啬就成为他们积累财富与货币的一种手段。

(二) 平行研究

平行研究是对各民族文学所作的比较研究,由于其研究的对象是彼此之间并无直接影响交流的各民族文学,恰如互不相交的平行线,因此被称为"平行研究"。所以莎士比亚可以和汤显祖比较,《红楼梦》可以和《源氏物语》比较。比较文学研究甚至可以跨越学科,比如文学与音乐、哲学、宗教、心理学甚至数学,都可以进行比较。

宋代诗人宋祁在《玉楼春》中写道:"绿阳烟外晓寒轻,红杏枝头春意闹。"用一"闹"字形容无声杏花的茂盛。明代的李渔批评道:"若红杏之在枝头,忽然加一'闹'字,此语殊难著解。争斗有声之谓'闹',桃李'争春'则有之,红杏'闹春',予实未之见也。'闹'字可用,则'吵'字、'斗'字、'打'字皆可用矣!"而宋代的大诗人苏轼则更上一层,他在《夜行观星》中写无声的星星也说"小星闹若沸"。同样,清代的大学士、总纂了《四库全书》的纪晓岚也说此句不好,还批注为"似流星"。

无独有偶的是,这种把无声的事物进行有声描写的佳句,在西方文学中也有。19世纪意大利诗人帕斯科里有句写星星的名句:"碧空里一簇星星喷喷喳喳像小鸡儿似的走动。"18世纪的圣·马丁也说:"听见发声的花朵,看见发光的音调。"以李渔、纪晓岚之见,这些写法都违背了常识,因为无声的繁星怎么可能有声呢?但是,心理学与生理学告诉我们,人的感觉会有"感觉挪移"的现象,叫"通感",即视觉、听觉、嗅觉、触觉与味觉往往可以互通、相交。颜色似有形象,冷暖会有重量,气味也有锋芒。如臭气刺鼻,高音区响亮,颜色有冷色热色之分等。这些不是比喻,比喻是同类特征的扩大与缩小,而且不发生"感觉挪移"。星星太多,此闪彼闪,闹如沸水;红杏盛开在枝头,你红我更红,似乎在争闹一样。以上这些句子正是作家形象地反映了人类感知通感规律的记录,因此成为千古流传并魅力不减的修辞佳句。

比较文学研究有很多方法,譬如"阐发研究""异同比较法""文化模子寻根法""对话研究""整合与建构研究"等。如"阐发研究",即可以用西方的文学理论来解释中国文学。在国际交流的大环境下,这无可避免。但是这里面有两个问题,第一是要真正对西方理论有透彻的了解,第二是不能简单地套用西方的理论,有些现象是民族特有的,西方理论解释不了。所以"阐发研究"首先在于比较者对于东西方文化的融通与变通,不是简单发现现象差异从而简单进行价值判断。否则比较不仅站不住脚,同时也是没有价值与意义的。在全球化背景下,文化交流与融合越发广泛、深入、快捷、细致,文化输入与文化输出变成一种常态,我们不仅要学习西方优秀的文化,还要树立民族自信,打造并输出自身优秀文化。

文学阅读最好是读原著,也有人说"美文不可译",一翻译一转换,意义就大不一样了。很多人通过阅读译著的方式了解西方文化与文学。但是翻译家水平有高低,即便同一部作品,译者的翻译也不一样。

近代翻译西方文学且作出突出贡献的人是林纾。他不懂外文,是让一个懂外文的人口述翻译,他迅速笔录翻译内容。林纾译书的速度是他引以为豪的。"口述者未毕其词,而纾已书在纸,能限一时许,就千言,不窜一字。"这样层层转述,翻译的作品自然有瑕疵,但是他翻译的几十种外国文学作品曾经广受欢迎。

严复提出翻译要"信""雅""达",依然是衡量译著优劣的重要准则。"信"指真实,尤其是指选择权威可信的原著版本。"雅"主要是指文辞生动优美。"达"就是将原著的意义与价值尽可能最大的呈现。如此说来,接受经过不断转化的外族文化,需要鉴别能力与怀疑精神。

思考与练习

一、尝试比较陶渊明与苏东坡文学风格或者个性特点的异同。

二、如何理解"越是世界的,越是民族的"?

三、比较《三国演义》中曹操、刘备、孙权三位人物的异同。

细读方法举隅——知人论世

　　"知人论世"是文学鉴赏的前提,只有在"知人论世"的基础上,综合运用各种鉴赏方法,实现感性与理性的完美结合,我们才能认识作品的本质与精髓,才能真正体味到作品的美之所在。

阅读的过程其实就是交流、理解的过程,读者在与作品的互动中会有自己的阅读收获。一个有趣的现象是,"作品"作为一种阅读对象是客观存在的,读者想怎么读就怎么读,爱怎么思考就怎么思考,"作品"自身无法干预。这里有一个问题,无论你怎么读,怎么思考,一定是读"作品",一定是"作品"激发你的思考。那么,在阅读的过程中,你是这样理解,别人是那样理解,到底谁是正确的?

"读者"与"文本"之间这种特殊的互动关系,有一些基本规律可循,"知人论世"就是其中一种。"知人论世"是中国古代文论的一种观念,是鉴赏和评论文学作品的一条重要原则。这一原则对后世的文学批评产生了深远的影响,为历代文学批评家所自觉或不自觉地遵循。

"知人论世"最早见于《孟子·万章下》。孟子曾对其弟子万章说:

"一乡之善士,斯友一乡之善士。一国之善士,斯友一国之善士。天下之善士,斯友天下之善士。以友天下之善士为未足,又尚论古之人。颂其诗、读其书,不知其人,可乎?是以论其世也,是尚友也。"

这段话的意思是,品德高尚的人只和品德高尚的人打交道,一乡如此,一国如此,天下如此。如果得不到天下的善士,人们就会追论古人。人们读古人的诗,读古人的书,必须了解这个人,了解他所处的时代,这才是交友之道。"知人论世"就出自这段文字。

关于知人论世流传较广的解释出自清人章学诚。章学诚在《文史通义·文德》中说:"不知古人之世,不可妄论古人之辞也。知其世矣,不知古人之身处,亦不可遽论其文也。"章学诚把知人论世分成两个部分:了解作者所处的时代背景、了解作者的个人际遇。实际上知人论世就是对作品本体的客观研究,它包含作者和作品两个方面的研究。所以,"知人论世"可以离析为"知人"与"论世"两部分,它们既相互联系,又各有其独立的含义。"知人",就是研究、了解和理解作者。"人"有两层含义:一是作为社会的人,他的生活经历、政治遭遇、思想观念,乃至籍贯、家世、交游等,都在研究的范围之内;二是作为作家的"人",还必须加上若干特定的主观条件,如创作才能、个性气质、文学修养、审美情趣等因素,甚至有关的客观条件,如师承、流派等,也都应当列入研究的内容。对这两层意义做全面的研究、了解,恐怕才能算得上"知"其"全人"。而"论世"中,"世"指时代,这是作者生活的时间与空间的统一体。从广义上说,可以包括一定时期、一定范围的社会和自然两个方面;从狭义上说,仅指社会,而社会的涵盖面相当广泛,诸如政治上的治乱、经济上的兴衰、下层社会面貌,乃至典章制度、文化思潮、学术风气、风俗习惯,等等。

这里存在一个问题,"知人"也好,"论世"也好,最终是读者自己的理解与看法。怎么才能保证读者的理解与看法基本合理呢?孟子《孟子·万章上》提出了一个观点,叫作"以意逆志"。

> 咸丘蒙曰:"舜之不臣尧,则吾既得闻命矣。《诗》云:'普天之下,莫非王土;率土之滨,莫非王臣。'而舜既为天子矣,敢问瞽瞍之非臣,如何?"曰:"是诗也,非是之谓也。劳于王事,而不得养父母也。曰:'此莫非王事,我独贤劳也。'故说诗者,不以文害辞,不以辞害志。以意逆志,是为得之。如以辞而已矣,《云汉》之诗曰:'周馀黎民,靡有孑遗。'信斯言也,是周无遗民也。"

这是孟子与咸丘蒙的一段对话。咸丘蒙说："舜不以尧为臣,我已经领受您的教诲了。《诗经》说过,'普天之下没有土地不是属于王的,环绕国土四周,没有人不是王的臣民。'舜既然做了天子,请问瞽瞍却不是臣民,又是什么道理呢?"孟子说:"《北山》这首诗,不是你所说的意思,而是说作者本人勤劳国事不能奉养父母。他说:'这些事都是天子的事啊,为什么只有我一个人做得多呢?'所以解说诗的人,不要拘于文字而误解词句,也不要拘于词句而误解诗人的本意。要通过自己读作品的感受去推测诗人的本意,这样才能真正读懂诗。如果拘于词句,那《云汉》这首诗说:'周朝剩余的百姓,没有一个留存。'相信这句话,那就会认为周朝真是一个人也没有了。"

孟子在此提出,读者要按照自己的"意"去反推作品或者作家之"志",但是,需要注意的是,"不以文害辞,不以辞害志"。不要拘于文字而误解词句,也不要拘于词句而误解诗人的本意,要弄清楚其中真实的意思。如果将孟子的话联系起来,"知人论世"是方法,"以意逆志"是目的,也就是读者需要借助正确的方法,真正理解作品的意义与价值。

这个思想对后世影响深远,但历来引起各种争议。譬如,"以意逆志"的"志"怎么理解?"志"是指作者、作品,还是读者?譬如,"知人论世"的方法是对的,但是怎么知人、怎么论世、怎么知人论世,依然值得思考。

01
人物品鉴

这一方法首先有益于阅读与鉴赏文学作品中的人物。文学人物常常出现在小说、戏剧、叙事性作品(包括叙事散文、传记等)以及叙事性诗歌中,如中国诗歌经典《孔雀东南飞》《木兰辞》《长恨歌》等。欣赏并品读人物成为阅读重要的组成部分。

欣赏人物，如同生活中与人交往一样，要经历一个走近、了解、选择、判断的过程，阅读也是如此。如何与人打交道，是一门大学问。俗话说："知彼知己，百战不殆。"知己是一个方面，知人则是很容易被忽视的另一个方面。古人说"己所不欲，勿施于人"，又说"推己及人"，说的是最基本的做人原则，即不能只顾及自己，要站在对方的角度换位思考。和人打交道应该不断提升自己"知人"的本领。所以孟子首先提出"知人"，"不知其人，可乎？"

文学作品中的人和现实世界中的人不同，其突出的特征在于"典型性"。文学作品中的人来自生活，但高于生活。阅读文学作品之所以有价值、有意义，是因为阅读文学作品一方面可以更加丰富而深刻地了解人，另一方面可以加深读者对人生的反省与思考。

《世说新语》记载了魏晋时期很多风流名士的故事。其中有一篇《雪夜访戴》：

> 王子猷居山阴，夜大雪，眠觉，开室，命酌酒，四望皎然。因起彷徨，咏左思《招隐诗》，忽忆戴安道。时戴在剡，即便夜乘小船就之。经宿方至，造门不前而返。人问其故，王曰："吾本乘兴而行，兴尽而返，何必见戴？"

王子猷在历史上是真实存在的，但在现实生活中我们很难见到这样的人。我们常提倡一个人要有真性情、真个性，王子猷大约就是其中的表率。他"乘兴而行，兴尽而返"，一切全凭兴之所至，酌酒、咏诗、思友、赏景，喜形于色，无拘无束，使人无限向往。

阮籍是"竹林七贤"之一。《世说新语》和《晋书》均载有其人。《晋书》卷四十九《阮籍列传》记载阮籍的嫂子回娘家，阮籍为她送行，颇遭非议，他的回答是："礼岂为我设邪！"也就是说，一般人视为天经地义的礼制，他是不屑一顾的。阮籍还有更惊人的举动。

> 邻家少妇有美色,当垆沽酒。籍常诣饮,醉,便卧其侧。籍既不自嫌,其夫察之,亦不疑也。兵家女有才色,未嫁而死。籍不识其父兄,径往哭之,尽哀而还。

阮籍的做派与现实中的风俗规矩显然不合,实际上他是人性与人品表现得最具极致的人。所谓人性就是真实表达自己的感情,所谓人品就是把分寸拿捏得最精准的人。

"知人"有着最基本的方法。"知人"要从作品的实际出发。孟子说"颂其诗、读其书",就是提倡认真细读作品,把握作品表现出的人物行为与心理特征,在此基础上进行品鉴。

(一)故事情节

细读要善于从故事情节把握人物。情节是小说中用以表现主题或人物性格的一系列有组织的生活事件。我们需要从情节的发展中把握人物形象,因为情节是人物性格形成和发展的关键,离开了情节,就不知道人物怎样做事,也就无法分析人物性格特征。

故事情节或是发展了人物性格,或是表现了人物性格。司马懿如果不是深知诸葛亮善用伏兵之计,他就不会退兵,反之,如果诸葛亮不是深知司马懿生性多疑,他也不会冒险用"空城计",那样"空城计"的情节也就无法诞生了。由此可见,"空城计"的情节发展是两个不同性格的人物发生联系后的必然结果。

(二)矛盾冲突

细读要善于从矛盾冲突中把握人物。矛盾冲突是构成情节的基础,是展示人物性格的手段。优秀的小说总是充分地揭示社会生活本质的矛盾和斗争,在典型的矛盾冲突中展示人物的性格特征。

一般说来,矛盾冲突展开得越充分,人物性格也就越鲜明。如《祝福》中祥林嫂被卖改嫁时的号骂,体现了她与族权的矛盾冲突,体现出她性格特征中的主要一面——反抗。祥林嫂用积攒的全部工钱捐了门槛,自以为可以参加祭祀,却被四婶大声呵止,这是本文的一个主要冲突,至此,祥林嫂完全绝望,精神支柱被彻底摧毁。

(三)描写方法

细读要善于借助描写方法分析人物。

1.从直接描写入手

直接描写(也叫正面描写),就是通过直接描写人物的肖像、行动、语言、心理等,揭示人物思想品质和性格特点,反映作品的主题。(1)肖像描写(也叫外貌描写)。它的作用不只在于勾画出这个人物的外部特征,而是为了以"形"传"神",因此分析人物外貌可以揭示人物性格特征。如《林黛玉进贾府》中对贾宝玉、林黛玉的肖像刻画。(2)动作描写和语言描写。人物行动最能体现人物的性格特点。言为心声,人物的语言也体现着人物的思想性格。例如《药》中华老栓买药时,黑衣人的动作、语言描写形象地刻画了人物的性格。"'喂!一手交钱,一手交货!'一个浑身黑色的人,站在老栓面前,眼光正像两把刀,刺得老栓缩小了一半。那人一只大手,向他摊着;一只手却撮着一个鲜红的馒头,那红的还是一点一点的往下滴。老栓慌忙摸出洋钱,抖抖的想交给他,却又不敢去接他的东西。那人便焦急起来,嚷道,'怕什么?怎的不拿!'老栓还踌躇着;黑的人便抢过灯笼,一把扯下纸罩,裹了馒头,塞与老栓;一手抓过洋钱,捏一捏,转身去了。嘴里哼着说,'这老东西……'"(3)心理描写。分析人物的心理描写,能很好地揭示人物的内心世界。心理描写是对人物在一定环境中的思想活动的描写,它往往和外貌、语言、行动交叉在一起。小说描写人物心理活动常见的方法有以下几种。一是内心独白。这是一种直接剖析人物思想活动的心理描写方法。例如,《水浒传》中:"鲁提辖假意道:'你这厮诈死,洒家再打!'只见面皮渐渐的变了。鲁提辖寻思道:'俺只指望痛打这厮一顿,不想三拳真个打死了他。洒家须吃官司,又没人送饭,不如及早撒开。'拔步便走。回头指着郑屠户道:'你诈死,洒家和你慢慢理会!'一头骂,一头大踏步去了。"这段心理描写,写了鲁达对这个不曾料到的人命案的认真思考。他逃避官司只是因为担心没人送饭,这说明他即使仔细考虑人命案的后果,也不过是"鲁达式的思考"。二是动作暗示。这是一种以动态的方式,通过对动作、表情的描写反映人物心理活动的方法。例如,孔乙己买酒时"排出九文大钱"这一动作,正反映了他在短衣帮面前炫耀的心理。《项链》:"她跳起来,搂住朋友的脖子,狂热地亲她,接着就带着这件宝物跑了。"这段文字就充分展现了马蒂尔德的内心世界,体现了她拿到项链后的狂喜之情。三是通过梦境、幻觉写人物的思想、愿望。这是一种展现人物精神世界的特殊方式,常用来展示人物思想感情变化的曲折历程。例如,《红楼梦》中的"病潇湘痴魂惊噩梦"。

2. 从侧面描写入手

侧面描写,概括地说就是通过其他人物的言行,间接写主人公。如用有关人物的对话、心理活动、事件叙述等烘托所要描写的主要人物的性格特征。如《我的叔叔于勒》关于于勒的叙述(据说他当初行为很不端正,就是说他曾经挥霍过一些钱财,这在穷人的家庭里是罪恶当中最大的一种。在有钱人的家里,一个人吃喝玩乐无非算是糊涂荒唐。大家笑嘻嘻地称呼他一声花花公子。在生活困难的家庭里,一个人要是逼得父母动老本儿,那他就是一个坏蛋,一个流氓,一个无赖了)和结尾景物描写(在我们面前,天边远远地仿佛有一片紫色的阴影从海里钻出来。那就是哲尔塞岛了。)都属于侧面描写。

3. 从细节描写入手

所谓细节描写是指对人物的肖像、语言、动作、服饰、神情变化以及事物、环境的细微处进行具体描写。分析细节描写，首先要注意细节是否真实，是否经得起推敲；其次看是否具有典型意义，看其是否经过精心选择和巧妙安排。如《变色龙》中奥楚蔑洛夫为摆脱尴尬，要叶尔德林不断地帮他脱下大衣、穿上大衣的细节描写，生动地表现了他见风使舵的变色龙性格。

（四）自然和社会环境

细读要善于通过环境描写分析人物形象。小说中的人物是生活在特定的历史背景和特定的生活环境之中的，人物的思想感情总要打上时代的烙印，留下环境的痕迹。自然环境对人物的衬托作用有正衬和反衬两种。正衬，是指环境与人物和谐一致，即社会风气、自然风光、气氛和景物色调等与人物的性格、命运、言行等组成和谐统一的艺术画面。反之，则是反衬。例如，《祝福》中写祥林嫂的死，色调是低沉与凄凉的，画面是悲惨的，但祥林嫂却死在了欢乐热闹的"祝福"中。这两幅反差极大的画面，可以使我们更深刻地认识到封建宗法制度和封建礼教吃人的本质。自然环境对人物命运有时有影响，但决定人物命运的主要是社会环境，像祥林嫂、别里科夫等，他们的命运与性格无不为环境所决定。

（五）人物关系

细读要善于通过人物间的关系分析人物。许多小说作品所提供的人物往往不止一个，这就要求我们准确分析几个人物之间的关系，确定主次，从他们之间的复杂关系中，把握主要人物的性格特征。例如2008年高考江苏卷所选小说《侯银匠》，虽然小说的主要人物是侯银匠，可是小说的主要文字却是写侯菊的。如果考生不能准确地把握二者之间的关系，就很难全面总结出侯银匠的形象特点。

（六）作者倾向

细读要善于通过把握作者倾向分析人物形象。小说主题是作家在描写、叙述人物性格、人物命运时显示出的对生活的理解和认识，我们要在阅读中认识和评价人物的性格、品质、典型性和社会意义，就要体会作者的感情倾向。《装在套子里的人》结尾写到别里科夫死后才一个月，生活又变得沉闷，清楚地表明了别里科夫是个典型人物，只要专制制度还在，别里科夫式的人物便不可能死绝。《阿Q正传》那叫读者笑中有泪的精神胜利法，明显地表达了作者哀其不幸、怒其不争的感情倾向。确定作者的感情倾向是褒还是贬，是颂扬还是讽刺，首先要高度概括故事情节（什么人什么事），其次揣摩作者的态度（赞扬什么还是批判什么，最好从正反两个方面理解）。

无论人多么复杂、多么丰富、多么具有差异性，人的基本特征还是"个性与共性"的统一。所谓"个性"，就是生命个体独一无二的特征，仅仅属于他"这一个"。譬如《三国演义》中曹操、诸葛亮、关公都是独具自身个性特征的艺术形象。"共性"有两层理解。第一层理解是，它代表或者象征了一类人的主要特征，或者说它代表了普遍的"现实"与"理想"，正因为具有这样的共性，所以不同的读者都会产生阅读共振或者共鸣。第二层理解是，这些艺术形象具有各自的个性特征和不同的成长经历，以及不同的命运结局，这些都是"个体"与"环境"相互作用的产物。马克思说："人是一切社会关系的总和。"这的确是对人的本质最简洁准确的解释。任何一个人性格的形成都同他的成长环境有关，这一点，古人早就说过，"性相近，习相远"。"习"自然是自己"习"，但是"为什么习""向谁习""习什么"，这些都隐含着环境因素。

如《范进中举》中的人物塑造，"胡屠户"和"范进"代表了当时社会不同阶层的两类人，一类是趋炎附势、嫌贫爱富、前倨后恭、市侩小人的代表,另一类则是热衷追逐功名利禄、人格扭曲、思想空虚、人性腐朽、精神颓废的读书人的代表。个性则是指即使是同一类的人,由于他们的生活经历、所受教养和所处的具体环境互不相同,他们也有着各自不同的、独特的生活习惯、心理气质、兴趣爱好、精神状态等。在《范进中举》一文中,"胡屠户"是一个卖肉的屠户,生活上能解决温饱,但没有社会地位,在有钱有势人面前卑躬屈膝,在比他生活得差的人面前吆五喝六。在"胡屠户"身上,我们看见了虚伪势利、嗜钱如命、愚昧迷信、庸俗市侩等社会底层"小人物"的人性弱点,这一人物的鲜明个性在典型环境中得到淋漓尽致的表现。

这是一个看上去简单,但是运用起来复杂的基本方法,因为每一个人物其具体环境与具体表现不一样,所以要具体情况具体分析。要客观公正地品读或者评价人物,就要有比较正确的看人方法。

02
作品品读

阅读《世说新语》时,我们往往会遇到这样一个难题,那就是怎么才能合理理解"魏晋风度"。解决方法就是将小说中所谓的"魏晋风度"还原到历史文化中去。魏晋文人所谓的"风流"是对汉儒那种高度理性化的思想行为准则的一种极端否定,是对人的个性的一种空前张扬,是个人本性的自然流露。魏晋时期,玄学流行,士人谈玄论道,玄学思想深刻地影响着士大夫,儒家思想再也不是处于独尊地位。阮籍、嵇康、王羲之、陶渊明等人都是魏晋风流的代表人物,他们那种对个性的向往,对个人自由和人格尊严的追求,表现了人的觉醒,有其思想解放和社会进步的意义。当时司马氏统治国家,杀戮名士。阮籍、嵇康等不愿意与统治者合作,因此有的沉迷醉酒而逃避现实,如阮籍,常常酩酊大醉,以回避司马氏的姻亲关系;有的逃到山林打铁,如嵇康,以逃避朝廷的征召。他们的风流行为,是对当朝统治者的一种反抗。但是我们应该看到,魏晋风流实际上是对社会政治的一种极端的、扭曲的、甚至是病态的反抗。其反抗流俗的精神值得肯定,但其具体行为并不值得模仿,如刘伶醉酒之后,赤身裸体待在自己房间迎接访客。我们应该理性地分析魏晋风流产生的历史文化背景。

阅读《诗经·东山》,怎样翻译和理解其中的诗句"熠燿宵行"呢?朱东润主编的权威教材《中国历代文学作品选》这样翻译:鬼火在夜间流动,其光甚盛。《东山》讲周公东征多年,戍守边疆的士兵还乡途中思念家乡。戍卒久征沙场,突然回家,路上想象家乡是不是荒芜了,亲人是否流散他乡了,甚是担心。他回忆家乡过去的种种美好,包括新婚的幸福和漂亮的妻子。这种回忆是温馨的,也是美好的,但是,如果翻译为鬼火夜间流动,这就给读者一种非常恐怖的感觉,不符合诗的温馨的情感氛围。如果翻译为萤火夜间在荒芜的乡村闪烁,那么这样既可以衬托家乡荒凉的境况,也可以带来一种美好的诗意氛围。鬼火流动,这是民间迷信的说法,《诗经》是儒家经典,《论语》说"子不语怪力乱神",翻译为"鬼火"不符合儒家温柔敦厚的诗教理论,因此不宜这样翻译。

作品的品读包括对作品的整体感悟以及对作者思想感情的品鉴。有一种特殊情况,很多作品的作者是无名氏,或者具体作者有争议,不确定。似乎"知人论世"工作不好进行。还有很多读者阅读的是作品本身,并不关心作者对于作品究竟存在怎样的影响关系。

对于第一个问题,譬如《诗经》《古诗十九首》等诗歌就是无名氏所作。为了进一步了解《诗经》,我们要弄清楚为什么要"采风""采诗",这些采诗官显然是文官,这些文官对民间和官方好出现的诗歌,或是民歌民谣等,进行润色处理,这也是《诗经》辞章华彩的原因,里面自然含有文人理想。《诗经》之所以被称为现实主义诗歌,就是因为其反映的生活与情感是真实的。《古诗十九首》的作者是无名氏,但其文人身份是明确的。文人的多愁善感,文人的笔墨才华,文人的时代思考,集中反映在这本诗集中。所以,《古诗十九首》深刻地再现了文人在汉末社会思想大转变时期,追求的幻灭与沉沦,心灵的觉醒与痛苦。《古诗十九首》语言朴素自然,描写生动真切,具有浑然天成的艺术风格。同时,《古诗十九首》所抒发的是人生最基本、最常见的几种情感和思绪,令古往今来的读者常读常新。刘勰的《文心雕龙》称它为"五言之冠冕",钟嵘的《诗品》赞颂它"惊心动魄,一字千金"。所以,即使没有具体的作者信息,也并不妨碍"知人论世"方法的运用。

对于第二个问题,如果阅读不是一般性的闲读与泛读,而是进入了深度阅读或者有所思考,那么,"知人论世"就会具有重要的作用与价值。

首先,了解作者的家世出身、人生经历,有助于认知作者,体会作品所寄托的情感。

不同的家世会培养出不同性情和风格的作者,不同的生活阅历会使作者原有的风貌或者继续延伸,或者发生转变,所以在鉴赏文学作品时,作者的家庭背景和生活经历是不容忽视的。例如李清照的生活巨变改变了她创作的才情和风格。闺房绣户的舒适生活和美满如意的婚姻生活,使她有着热爱自然、眷顾自然的博大与仁慈。夫妻的暂离又使她弹奏出略带苦涩与忧伤的望夫词,但在这苦涩与忧伤中不乏美丽的幻想和幸福的思念,然而家破人亡的命运巨变使她的心境随之产生变化,她的词也充满了孤寂和凄苦。看到曾经传递爱的信息的鸿雁,如今却因丈夫的亡故"征鸿过尽,万千心事难寄","雁过也,正伤心,却是旧时相识"。当年的佳人在西风中摇曳得黄花一般,凋零枯萎、憔悴不堪。"这次第,怎一个愁字了得!"由于人的境遇、情感的变化,同一位作家在不同时间、不同环境所创作的作品会表现出不同的意境。恰当地把握作者感情的脉搏对理解鉴赏文章是至关重要的。李清照的词常借景抒情,言在此而意在彼,所以只有了解作者的生平,以"知人论世"的方法认真揣摩作者创作时的处境与心境,才能更准确地体会出作品的内涵和情感。

学习苏轼的《前赤壁赋》时,怎样理解赋中"客人"的感情呢?本来泛舟于赤壁之下,"清风徐来,水波不兴",美好的月夜,激发的应该是愉快的情感,为什么在饮酒乐甚之中突然有了"客人"的悲观情怀。原来赋中的"客人"也就是苏轼自己,其抒发的是自己的悲观情怀。苏轼这篇赋写于宋神宗元丰五年(1082年),1079年苏轼因为"乌台诗案"被贬至黄州,任团练副使。他渴望建功立业,却遭此贬谪,内心的苦闷可想而知,在赋中抒发其悲观情怀,这符合苏轼当时的感情状态,但是苏轼能够用老庄哲学和禅宗思想排遣其悲观情绪,最终呈现给读者的是一种清旷的情怀。苏轼在赋中借"客人"之口表达忧伤情怀,借自己来排遣"客人"的忧伤,通过巧妙的构思,抒发了两种情怀,读者也全面完整地体会了赋中的情感。

其次,了解作者创作的时代背景,有助于把握作品的内涵。

文学是时代的产物,文学作品会直接或间接地反映作者所处的那个时代,正如《文心雕龙·时序》中所说:"歌谣文理,与世推移。"要真正把握作品的内涵,决不能脱离作者创作的时代背景。李白之所以有大量歌颂祖国壮丽山河的篇章,这与他所处的盛唐时代密切相关。盛唐经济、文化的繁荣,使盛唐文人有着积极、活跃、自信的人生态度,因此李白的山水诗歌大力表现了人的自豪、人所创造的奇迹,以豪放俊逸的浪漫主义风格表达了他的人格追求。与之相比,杜甫可被称为苦难的诗人,他经历了"安史之乱",见证了大唐的由盛转衰,目睹了百姓的离乱与漂泊,他的文学作品充满了沉郁与凝重。"朱门酒肉臭,路有冻死骨","穷年忧黎元,叹息肠内热",他的诗真实再现了那个时代人民的疾苦,反映了那个时代的苦难和痛楚,同时他强烈的忧国忧民的情思也在那个时代的衬托下越发震撼人们的心灵。唐代的鼎盛与衰落造就了"诗仙"和"诗圣"的产生。以把握作者创作时代为基点,我们就会更深层次地理解作品所深蕴的内涵。

再次，了解作者的个人经历及时代背景，有助于破解比兴的本体。

有些诗歌作品乍看起来不知所云，成为"不能解"之作。如辛弃疾在《摸鱼儿·更能消几番风雨》一词中忽然对伤春和宫怨这两个传统题材产生了兴趣，可能使读者大惑不解，而当人们一旦明白赵宋王朝南渡后的局势，以及辛弃疾南归十七年中屡遭投降派排斥的孤危处境，便会对传统题材的背后所隐藏的象征意义了然于胸。正如王国维所说："是故由其世以知其人，由其人以逆其志，则古诗虽有不能解者，寡矣。"

最后，了解作者的思想情感，有助于纠正前人赏析的失误。

花间派鼻祖温庭筠有一首《菩萨蛮》，写一位富贵华丽的女子晨起梳妆、穿衣打扮的情态，表现了她盛年独处空虚寂寞的心境。可是清人张惠言在《词选》中评云："此感士不遇也。篇法仿佛《长门赋》，而用节节逆叙。……'照花'四句，《离骚》初服之意。"按照这样的理解，此词便是运用了类似于《离骚》的比兴、象征手法。而考察温庭筠的平生事迹，我们可以发现他是一位潦倒失意、有才无行的文士，既没有屈原那样的身世，又没有屈原那样的情操，怎么可能写出忠爱之思和家国之感呢？

03
作家品评

文学批评离不开对作家的了解与评价。文学史的记忆总会有某某作家写了某某作品这样的知识模式，因为"作家"与"作品"之间存在某种外在与内在的联系。

从作家的角度看，"作品"就是他存在价值的体现。只要作家的"作品"存在，作家就存在，甚至可以不朽。所谓"文以人做，人以文传"说的就是这个道理。《左传》中说人生不朽，有"三立"——"立德""立功""立言"。

作家是"立言"者,也正因为这点,作家一直是被敬仰与受尊重的职业。

从"作品"的角度看,一部作品的好坏并不是作家本人说了算,而是要接受读者的检验。有没有生命力,还要接受历史的考验。世界上的文学作品很多,坏作品、有争议的作品很多,伟大的、被不断传承的作品也很多。我们提倡阅读经典原著,就是因为这些作品已经成为被认同的精神的一部分。

"作家"与"作品"之间存在着复杂关系,每一位作家和每一部作品之间的关系又呈现出不同的情形,所以这是一个古老而常说常新的话题。对作家"知人论世"具有以下几个方面的作用。

首先,对作家的"知人论世"有助于从发生学角度理解作家创作。

白居易主张"文章合为时而著,歌诗合为事而作",诗歌要起到"救济人病,裨补时阙"或"泄导人情""补察时政"的作用。其之所以持有政治功利的文学观,有其特定的时代背景。

其实白居易的文学思想很复杂,正如他的诗歌有讽喻诗、感伤诗、闲适诗一样,其文学思想既有强调干预现实,"为民请命"的一面;也有提倡修身养性、抒写闲情逸趣的一面。这与他的"达则兼济天下,穷则独善其身"的哲学观相一致。当他身为朝廷的监察官时,他就不再主张文学的风情作用,更不会写《长恨歌》那样的风情诗,而是主张诗歌要反映现实政治,他的大量的讽喻诗实践了他的这种文学观。这种主张有其合理性,有其进步价值,尤其可以救治文学创作中那种脱离生活、局限于个人的无病呻吟等弊病。从理论上讲,文学的功能应当有更宽泛的规定,白居易主要是针对他所关心的现实问题有的放矢、有感而发,在这个范围内他的观点值得肯定。但是,白居易对文学与政治关系的认识,与儒家传统文学思想一样,存在极为简单化和片面化的倾向,他把文学的社会功能局限于直接干预政治的狭小范围内,而忽略了文学功能的广阔性、多面性,同时他还忽略了文学的教育作用要通过审美作用来实现这一层面。

创作是怎么产生的？这依然是古老没有标准答案的课题。如同文学现象的发生，要想找到答案，就不得不将因由指向作者本人。譬如一个人为什么热爱写作并最终成为作家，这个问题的背后是对"如何成为一位作家"的探秘。其实，对于每一个人来说，答案都是不一样的：他可能出身书香门第，耳濡目染，从小熏陶，传承家学；可能是出于成长困惑、精神寄托的需要，可能是因为环境所迫，逼上"梁山"，最后无心插柳柳成荫；也可能是因为追求功名，圆梦求成，希望名利双收。譬如王勃写《滕王阁序》，曹雪芹写《红楼梦》，前者怀才不遇，没有施展抱负的机会，后者缘于家道变故。作家还有不同的气质类型：天才型，激情型，勤奋型，才子型，大器晚成型，多才多艺型，术业专攻型等，这些个性气质与创作之间是相互关联的。它是一个复杂的问题，但是具体到每一位作家的创作之路，就显得十分重要。

张爱玲的散文尤其是小说，拥有女性的细腻与古典的美感，对人物心理的把握令人惊异。其独特的人生态度与艺术观都使她成为现代文学极具代表性的作家。她是一位具有艺术天赋同时早慧的女作家，八岁开始创作，十二岁在校刊上发表了短篇小说处女作《不幸的她》，中学没有毕业，就在一些刊物上发表了多篇小说，二十刚出头，在上海滩就家喻户晓。她的传奇经历与文学天赋一直被人们津津乐道。其实张爱玲的个人经历与生活十分简单，就是读书与写作，但是她的家世对她成长与情感的影响、她与上海的关系、她的个性特征，乃至她成名后的婚姻关系，都是进一步理解张爱玲创作的重要信息。

想体会李白"天生我材必有用，千金散尽还复来"的豪迈，我们最好考虑到他的家世：李白是富二代出身，其先世数代定居西域，直到李白的父亲这一辈方才大举迁居，由胡入蜀。这大约是为了躲避仇家或官府的缘故，而当时李白已有五岁，西域的风俗文化成为他身上最早植下的文化基因。定居巴蜀之后，李白的父亲过着深居简出的低调生活，李白却以极其高调的姿态成长了起来。自幼习惯了锦衣玉食,李白当真视金钱如粪土,完全有痛饮狂歌、飞扬跋扈的经济基础。李白有太多的忧心事,为天下兴亡忧心,为政治前途忧心,为修仙大业忧心,为朋友的困境忧心,唯独不曾为钱财忧心。"天生我材必有用,千金散尽还复来",这样的诗句,寒门出身的诗人是写不出的。单读李白的"但用东山谢安石,为君谈笑静胡沙",我们可能认为李白真的很有政治才能,一腔热血无处安放,一身才华无处施展,但了解到李白在安史之乱中的表现,你恐怕就不那么想了。事实上,认识到李白政治上的天真,再回过头来看他的诗,你会发现李白最大的特色其实还是真性情:一高兴就认为"天生我材必有用",一受点挫折就抱怨"骅骝拳跼不能食,蹇驴得志鸣春风",四处干谒求达官贵人引荐的时候就说"生不用封万户侯,但愿一识韩荆州",偃蹇不顺的时候就慨叹"安能摧眉折腰事权贵,使我不得开心颜"。

其次,对作家的"知人论世"有助于理解作家具体的创作作品。

这里首先需要说明的是,在语文教育中,教师往往会强调让学生关注作者信息、创作背景等,但是这种方法如果使用不当,还不及让学生自己主动阅读、自我阅读、自由阅读。这里主要是基于两个原因。第一,这种简略促泛的"知人论世"其实只是知识层面的认知而已,对于理解作者和创作没有实质性的内在帮助,第二,时代、生活、作家和作品之间存在着十分复杂的关系,不能将其简单化。

阅读白居易的诗歌《长恨歌》时会遇到一个难题,就是这首诗歌的思想主题。关于本诗主题,学术界有三种观点:第一种,这首诗歌是歌颂唐玄宗和杨贵妃的伟大爱情的;第二种,这首诗歌批判了唐玄宗的荒淫误国;第三种,这首诗歌有双重主题:既歌颂爱情,又批判玄宗荒淫误国。那么到底怎么理解本诗的主题呢?首先看看诗歌文本。诗歌开头这样写道:"杨家有女初长成,养在深闺人未识。"白居易在诗中认为杨贵妃在成为唐玄宗的宠妃之前还是少女。可是,笔者还原历史,比照《新唐书》,却发现是这样的:"玄宗贵妃杨氏,……始为寿王妃。开元二十四年,武惠妃薨,后廷无当帝意者,或言妃资质天挺,宜充掖廷,遂召内禁中,异之,即为自出妃意者,丐籍女官,号'太真',更为寿王聘韦诏训女,而太真得幸。"原来,杨贵妃先为玄宗的儿子寿王的妃子,后来被玄宗抢过去做妃子。玄宗抢自己的儿媳妇做妃子,这很荒淫。很显然白居易在《长恨歌》中对杨贵妃的身世进行了美化,说杨贵妃成为玄宗妃子之前是良家少女——"杨家有女初长成"。美化的目的就是为了歌颂他们的爱情。如果是批判玄宗荒淫误国的话,就不会美化杨贵妃的身世,只会批判后宫的淫乱。还原历史,就理解了作者的创作目的,也就明白了诗的主题。

和《长恨歌》相反,白居易在《胡旋女》中将杨贵妃写成了迷惑君心的妖女:"贵妃胡旋惑君心,死弃马嵬念更深。"严肃地批判了唐玄宗不能辨别是非、沉溺于声色享受而不能自拔的生活。《李夫人》中将杨贵妃比作惑人的尤物:"又不见:泰陵一掬泪,马嵬坡下念杨妃?纵令妍姿艳质化为土,此恨长在无销期。生亦惑,死亦惑,尤物惑人忘不得。"告诫君王"人非木石皆有情,不如不遇倾城色",规劝君王要遏制自己的荒淫思想和行为。

上面两首讽喻诗中,杨贵妃的形象同《长恨歌》中的形象完全不一样,与《新唐书》里面的历史人物形象相符合。在这一点上,历史和诗歌高度吻合了,史与诗一致。如果在古代文学教学中,经常进行这种诗史互证,将人物事件还原到历史之中去,就能够深刻地理解文学作品的主题意蕴。

最后,对作家的"知人论世"有助于理解一个民族的历史文化。

作者与时代,作者与民族,也是相互联系、相互印证的关系。从一个作者身上可以理解一个民族、一个时代,一个时代、一个民族也会在一个作家身上打上鲜明具体的印记。

19世纪的俄罗斯出现了许多世界级的文学大家,比如普希金、列夫·托尔斯泰、陀思妥耶夫斯基等,为什么19世纪俄罗斯文学取得了如此高的成就?这一时期的俄罗斯文学具有什么特色?这些特色又是怎样形成的？要回答这些问题，首先要知道一点俄罗斯的历史文化，"俄国在很长的一段时间里，是一个封建的、军事的、农奴制的国家，非常野蛮、愚昧、落后"，"东正教文化和欧洲启蒙主义是19世纪俄罗斯文化的两大源泉"。只有知道这些，才能更好地理解19世纪俄罗斯文学。

19世纪俄罗斯文学总是围绕着两大主题展开，这两大主题我们可以用俄罗斯文学中的两部作品来表示，一部是赫尔岑的《谁之罪》，另外一部是车尔尼雪夫斯基的《怎么办》。整个19世纪的俄罗斯批判现实主义文学都是围绕着这两大主题进行的：谁之罪和怎么办。当时的俄罗斯苦难极其深重，受到了西欧启蒙主义思想影响的作家们，面对俄罗斯严酷的社会现实，不能不问这个问题——谁之罪？所以对当时封建的、军事的、农奴制的俄国专制制度的批判就成了几乎所有重要作家的文学主题。思索"谁之罪"，就是在思索俄国应该"怎么办"。从普希金开始，就提出了推翻沙皇专制的命题，后来有些作家主张改良，也有些作家处在一种犹豫的状态，而车尔尼雪夫斯基则唱出了当时的最高音——他提出了一个新人的理想。

又比如俄罗斯文学总有强烈的自我反省和忏悔的意识。东正教较之天主教，对于忏悔寄予更大的期待，认为人通过忏悔不仅可以救赎，而且可以接近上帝。进入批判现实主义文学时期以后，作家对自身的忏悔和反思在西欧作品中很少有直接的显露，他们都在批判社会，把所有的事情都归罪于社会。我们看英国的小说也好，法国的小说也好，很难找到作家对知识分子社会职责和自身欠缺的思考，几乎看不到对自身的忏悔。

而在俄罗斯则大不一样，这是因为俄罗斯受东正教影响很深，知识分子本身具有一种忏悔的传统，而这种传统在启蒙思想的影响下，同严峻的社会问题结合起来，变成了对自身社会责任感的思考。许多作品反映了知识分子对自己未能尽到社会责任的忏悔，这些作品中的主人公形成了一个叫作"多余人"的画廊。其中包括普希金的《叶甫盖尼·奥涅金》、莱蒙托夫的《当代英雄》、屠格涅夫的《罗亭》中的主人公。

作为"多余人",他们大都觉得不满当时封建贵族的生活,厌恶这个群体。但是当他们转向贫苦的农民,转向工人,转向受苦的市民的时候,又觉得和这些人格格不入。当矛盾双方激烈地斗争时,他们反而觉得自己无事可做,是一个多余的人。这种多余人的位置是由他们自己的思想格局、心理气质、性格上的弱势造成的。

当然,"知人论世"在文学鉴赏中也存在着一定的局限性。

"知人论世"的方法运用不当,还会人为地贬低或拔高作品,不能真正认识作品的文学价值。比如范仲淹的《渔家傲》:

> 塞下秋来风景异,衡阳雁去无留意。四面边声连角起。千嶂里,长烟落日孤城闭。
>
> 浊酒一杯家万里,燕然未勒归无计。羌管悠悠霜满地。人不寐,将军白发征夫泪。

这是一首"苍凉悲壮,慷慨生哀"的边塞诗,抒发了作者壮志难酬的悲愤心情。明人瞿佑却认为:"然句语虽工,而意殊衰飒,以总帅而所言若此,宜乎士气之不振,所以卒无成功也。欧阳文忠呼为'穷塞主'之词,信哉!"他只是从国势疲弱、御侮不力的时事出发,从意殊衰飒、士气不振的一面来立论,没有看到这首词的文学价值。此词以边塞生活为题材,在宋初惯于樽前吟唱的软媚词坛上,自标一格,写得苍凉悲壮,气魄宏大,开启宋代豪放词的先河。

总之,"知人论世"是文学鉴赏中重要原则,它是一个合二为一的命题,我们既不能单一侧重"知人",又不能单一侧重"论世",只有全面地了解作者本人,全面地了解他所处的时代,才能对文学作品了解得深刻、透彻。周裕楷曾指出:"由于作者及其所生活的时代已成为过去,只是在文献中留下了印记,这就意味着要'知人论世'。""知人论世"是文学鉴赏的前提,只有在"知人论世"的基础上,综合运用各种鉴赏方法,实现感性与理性的完美结合,我们才能认识作品的本质与精髓,才能真正体味到作品的美之所在。

思考与练习

一、怎么评价《水浒传》中潘金莲的形象?

二、有人说,鲁迅的作品已经过时,不宜过多选入中小学教材,你怎么看?

三、杜甫的诗歌与杜甫的身世经历有何关系?

细读的尺度

阅读是一种复杂的接受过程与精神活动过程。作品本身一旦社会化,它的意义与价值就由读者赋予,读者阅读与理解的自主性、自由度难以受控制,也无法控制。从理论上说,阅读过程是"客观性"与"主体性"相统一的过程。

阅读是一种复杂的接受过程与精神活动过程。作品本身一旦社会化,它的意义与价值就由读者赋予,读者阅读与理解的自主性、自由度难以受控制,也无法控制。从理论上说,阅读过程是"客观性"与"主体性"相统一的过程,即一方面,"一千个读者就有一千个哈姆雷特",另一方面,阅读无论存在怎样的个性差异,形成怎样不同的阅读印象与判断,还是建立在作品的语言事实以及固化存在的形象基础之上,即"哈姆雷特"还是"哈姆雷特",个别认知的"哈姆雷特"一定是由作品表现出的"哈姆雷特"生发出来的。但是在实践中,作品中所谓客观存在的"哈姆雷特"依然是无法被客观证实、客观还原的。这就导致"客观性"与"主观性"在实践上如何统一依然是难以把握的。

如苏东坡"乌台诗案"。元丰二年(1079)三月,苏东坡由徐州调任太湖滨的湖州。他作《湖州谢上表》,表叙自己过去无政绩可言,再叙皇恩浩荡,但他后又在文中夹上几句牢骚话:"知其愚不适时,难以追陪新进;察其老不生事,或能牧养小民。"句中"其"为自称,他将自己同"新进"相对,说自己不"生事",就是暗示"新进"人物"生事"。古代文人因为客观环境使然,习惯于在遣词造句上做文章,而读者也养成一种习惯,本能地寻求字里行间隐藏的含义。六月,监察御史里行何正臣摘引"新进""生事"等语上奏,说苏轼"愚弄朝廷,妄自尊大"。此时正值王安石变法时期,保守派和变法派斗争激烈,两派领袖分别是丞相司马光和王安石,因前者写给后者的信文中有"生事"二字,于是"生事"成了攻击变法的习惯用语;"新进"则是苏轼对王安石引荐的新人的贬称,他曾在《上神宗皇帝》中说王安石"招来新进勇锐之人,以图一切速成之效",结果是"近来朴拙之人愈少,而巧进之士益多"。北宋神宗年间苏轼因为反对新法,并在自己的诗文中表露了对新政的不满,引起了变法派的反扑。考虑到苏轼当时已是文坛的领袖,任由其诗词在社会上传播会对新政的推行很不利,但是单凭《湖州谢上表》里一两句话给苏轼定罪是不行的,《元丰续添苏子瞻学士钱塘集》给御史台的新人提供了收集材料打击苏轼的机会。监察御史台里行舒亶经过四个月的潜心钻研,找了几首苏轼的诗,上奏弹劾:"至于包藏祸心,怨望其上,讪讟慢骂,而无复人臣之节者,未有如轼也。盖陛下发钱(指青苗钱)以本业贫民,则曰'赢得儿童语音好,一年强半在城中';陛下明法以课试郡吏,则曰'读书万卷不读律,致君尧舜知无术';陛下兴水利,则曰'东海若知明主意,应教斥卤(盐碱地)变桑田';陛下谨盐禁,则曰'岂是闻韶解忘味,迩来三月食无盐';其他触物即事,应口所言,无一不以讥谤为主。"他举的例子,"赢得"两句及"岂是"两句出自《山村五绝》;"东海"两句出自《八月十五日看潮》;"读书"两句出自《戏子由》。国子博士李宜之、御史中丞李定也随后历数苏轼的罪行,声称必须因其无礼于朝廷而斩其首。李定举了四项理由说明为什么应当处苏轼极刑,他说:"苏轼初无学术,滥得时名,偶中异科,遂叨儒馆。"接着说苏轼急于获得高位,在心中不满之下,乃讥讪权要。再次,皇帝对他宽容已久,冀其改过自新,但是苏轼拒不从命。最后,虽然苏轼所写诗荒谬浅薄,但对全国影响甚大,"臣叨预执法,职在纠奸,罪有不容,岂敢苟止?伏望陛下断自天衷,特行典宪,非特沮乖慝之气,抑亦奋忠良之心,好恶既明,风俗自革"。苏轼由此百口莫辩,身陷囹圄,度过一段教训深刻的人生时光。

倘若撇开政敌所用的各种伎俩,苏轼自己也承认写"杭州山村"的几首诗,讲叙农夫无盐可吃,批评农民贷款等,确有批评"新政"的倾向,其他的如"中伤朝廷""恶意攻击"苏轼是不承认的,如描写两棵老桧树的律诗,其中两句"根到九泉无曲处,世间惟有蛰龙知",被认为有侮辱皇帝之意,这显然十分牵强附会。

政敌们从白纸黑字中找证据,不失为置人于绝地的做法,虽然他们的解释未必都经得起推敲,结论未必确凿,但是他们利用了文字中存在的"可能性",让苏东坡难以自辩。

历来文学阅读与理解,存在着以下几种现象。第一是过度诠释。过度诠释是阐释者自觉或不自觉地对文学作品进行穿凿附会的认知和评价,曲解了文本话语,违背了文本的连贯性及原初意义生成系统。阐释者在文本中所发现的东西不是文本所要表达的东西,阐释者由于过度好奇、自负、自信,将一些偶然的东西视为至关重要的东西,对文本诠释呈现出一种过度倾向。第二是随意想象,将个人主观臆想强加于作品与作家,随意联系与生发,从而将作品价值与意义人为贬低或者人为放大,对作品与作家作了不客观、不公平的处理。所以,如何避免阅读过度自由化、主观化、随意化,就需要把握细读与理解的尺度问题。第三是强制阐释。它不是从实践出发,从文本的具体分析出发,而是从既定理论出发,从主观结论出发,直接从文学以外其他学科截取和征用现成理论阐释文学文本,解释文学经验。为了能够达到主观目的,论者不惜违背作品解读的基本原则,从作品的片言只语里、边边角角中,拼接剪裁,甚至无中生有,对文学作品作出符合其主观意图的阐释,并将之推广为普遍的文学规则,颠倒了认识和实践的关系。理论不是来源于文学实践,在许多情况下,文学文本只是这些理论阐述自身的例证,研究对象也偏离了文学本身。

阅读、理解、阐释边界的问题一直充满争议。要解决这个问题,在实践性操作上并没有切实可行的标准与模式,但就态度与方法而言,以下几点是应该值得提倡的。

01
求究本义

基于"表达"与"言说"的需要,作品的目的与意图是客观存在的。贴近本义,就是基于"本义"的存在。孟子提出"尚友"原则,刘勰提出"知音"理论,都是希望读者在面对文本时,能在欣赏、理解的基础上领会作品真实的目的与意图。

苏轼诗句"根到九泉无曲处,世间惟有蛰龙知"出自《王复秀才所居双桧二首》其二。"九泉"是指地下极深的地方,"蛰龙"指潜伏在地下待机飞天的龙。这两句大意是,桧树的根直插到九泉也是直的,不曾盘曲,但根在地下,人不能见,只有蛰龙才能知道。苏轼借此赞美王复的才能和品德表里一致,劲节不屈,只是无人了解。没想到在"乌台诗案"中,当时的宰相王珪竟对神宗说:"今陛下龙飞在天,轼欲求之地下之蛰龙,不臣孰甚焉。"给苏轼扣上"不臣"的可怕罪名,意欲置苏轼于死地,神宗却明白,说:"彼自咏桧尔,何预朕事。"没有将其作为苏轼的罪证。

本义是不是存在呢?答案是肯定的。首先,语言不仅是思维的工具,也是表达思想感情的工具,所以,语言与思想感情表达是存在同一性的。"诗言志",就是这样的命题表达。"《志》有之:'言以足志,文以足言。'不言,谁知其志?言之无文,行而不远。"认为语言足以充分表达思想,文字足以充分表达语言。《文心雕龙·知音》篇称"夫志在山水,琴表其情,况形之笔端,理将焉匿?故心之照理,譬目之照形,目瞭则形无不分,心敏则理无不达"。语言与思想具有同一性的观念在中国古人思想中源远流长。司马光亦说:"扬子《法言》曰:'言,心声也;书,心画也。'声画之美者,无如文,文之精者,无如诗。诗者,志之所之也。然则观其诗,其人之心可见矣。今人亲没,则画像而事之。画像,外貌也,岂若诗之见其中心哉?"他继承"诗言志"说和扬雄"心声心画"说,认为画仅可见其貌,而观诗却能洞察人的心灵世界。欧阳修《试笔·系辞说》曰:"'书不尽言,言不尽意',然古圣贤之意,万古得以推而求之者,岂非言之传欤?圣人之意所以存者,得非书乎?然则书不尽言之烦而尽其要;言不尽意之委曲,而尽其理。谓'书不尽言,言不尽意'者,非深明之论也。"认为今人能知晓古代圣贤之意,靠言作为传播媒介,圣人之意能流传千古赖书得以幸存。作者把对世界和个人的感受融入作品中,因而读者通过作品可接触到作者的心灵,重现作者之志。

其次是古今志一。"心同,志斯同"。

姚勉《雪坡舍人集》卷三十七《诗意序》曰:

> 孟子曰:"说《诗》者,不以文害辞,不以辞害志,以意逆志,是为得之。"文之为言,字也;辞之为言,句也。意者,诗之所以为诗也。在心为志,发言为诗。诗者,志之所之也。《书》曰:"诗言志。"其此之谓乎?古今人殊,而人之所以为心,则同也。心同志,斯同矣。是故以学诗者,今日之意,逆作诗者,昔日之志,吾意如此,则诗之志必如此矣。

姚勉的说法建立在孟子"以意逆志"说的基础之上。《孟子·万章上》提出"不以文害辞,不以辞害志。以意逆志,是为得之"。赵岐注曰"人情不远,以己意逆诗人之志,是为得其实矣"。人情不远就是人心皆有之,人心历千载而能相通。孟子曰:"恻隐之心,人皆有之;羞恶之心,人皆有之;恭敬之心,人皆有之;是非之心,人皆有之。恻隐之心,仁也;羞恶之心,义也;恭敬之心,礼也;是非之心,智也。仁义礼智,非由外铄我也,我固有之也,弗思耳矣。"认为人类具有共同的人性,因此,在心与心相同的基础上运用以意逆志的阐释方法能达到心心相通的目标。

古今之人都有共同的心理结构,因此读者可以根据自己的设想揣测重现作诗者"昔日之志"。一方面,语言能够有效地表达思想,另一方面,古今人情具有同一性,因此可通过语言沟通古今,追寻作诗时的意图。正如《文心雕龙·知音》所说:"世远莫见其面,觇文辄见其心。"美国学者赫施的观点与此有相似之处。赫施强调理解的真正目的是重建作者的意图,作者的意图已经以语言符号这类客观形式固定下来,而语言符号的含义具有客观一致性,因此作者的意图是可以复制的。他还认为意义不可能是个人的,不同的人可以共有某一类型的意义。"不同的意向行动可以指向同一意向目的。"批评家应消除自我,通过心理重建去重新经历作者的创作过程,复制出作者的本意。总之,应该将作品、作者视为欣赏对象,将能恢复作者写作时的原意以及作品意义表达的本义作为阅读与解读的最终目标,并试图从"语言与思想的同一""古今志一"两方面的同一性保证阐释的有效性和合理性。

据文求义,是求究本义的第一步。即直接解读诗篇语言文字,探求创作者的本义。怎样做到据文求义?首先,应做到不断章取义,正如孟子所说,"不以文害辞,不以辞害志"。《静女》一诗,毛郑以为言卫国正静女子,德行高洁,可以匹配国君。毛郑释"城隅"谓"正静之女,自防如城隅",将"城隅"两字单独拈出,穿凿附会。欧阳修解此诗则谓:"诗曰:'静女其姝,俟我于城隅。爱而不见,搔首踟蹰。'据文求义,是言静女有所待于城隅,不见而彷徨尔。其文显而义明,灼然易见。"将此诗看作男女幽会的一首情诗,如此解说合理近情。

其次,据文求义还应分析作品意象与作品所表达的深沉含义是否一致。如《唐风·扬之水》篇,毛郑将"扬之水"意象理解为"波流湍疾,洗去垢浊,使白石凿凿然"。《王风》《郑风》《唐风》中均有"扬之水"意象,欧阳修将三者归类比较,指出《王风》《郑风》中的"扬之水"意象表现"激扬之水力弱不能流移束薪"之情形,以示微弱之意,《唐风》中"扬之水"之意如依毛郑之义则与《王风》《郑风》中的含义相悖,因此毛郑之说不可通。

最后,据文求义还需考查上下文文意,以创作者的心态考查诗篇句与句之间、章与章之间内在的行文逻辑。如解《卫风·氓》:"今考其诗,一篇皆是女责其男之语,凡言'子'、言'尔'者,皆女谓其男也。郑于'尔卜尔筮',独以谓告此妇人曰:'我卜汝宜为室家。'且上下文初无男子之语,忽以此一句为男告女,岂成文理?"由上下文人称指代不一致而判断郑说不合理。欧阳修从文本出发寻求诗之本义,后人亦沿用此法。如王质解诗提出"即辞求事,即事求意",认为读诗须"先平心精意,熟玩文本,深绎本意"。

求究本义,并非轻而易举之事。因为作品是"显""隐"的存在物,是独一无二的意义系统。孟子说"以意逆志",是指面对作品索源求究的过程。朱熹进一步发展了孟子的"以意逆志"说。朱熹在《答吕子约书》中说:"如《诗》《易》之类,则为先儒穿凿所坏,使人不见当来立言本意。此又是一种功夫,直是要人虚心平气本文之下,打叠交空荡荡地,不要留一字先儒旧说。""虚心平气"则要求阅读者要排除个人主观成见,也要排除前人旧说的影响,凝神专注,使心如明镜一般客观呈现作者本意。除具备平易的心胸,还需借助涵咏的手段。朱熹《诗集传序》:"于是乎章句以纲之,训诂以纪之,讽咏以昌之,涵濡以体之,察之情性隐微之间,审之言行枢机之始,则修身及家、平均天下之道,其亦不待他求而得之于此矣。"他将文本理解分为两个层次:第一层次是文学作品的外在层次,如音韵、训诂、名物,分章析句,理解文意。第二层次通过讽诵涵咏以发掘文字所暗示的深沉意蕴,体会隐微的性情和创作意图。涵咏本为道学家的体道方式,指从容平和地优游于儒家典籍中,通过对自身内在意念的体悟与审查来达到提升自己的人格境界和心灵境界的目的。朱熹借以指读诗的方法,"大凡读书,多在讽诵中见义理,况《诗》又全在讽诵之功"。通过对语言文字以及声调和韵律的熟读,反复玩味领悟作品的意象,把握文章之气脉,最终获得作品的深沉审美意蕴。

求究本义,还需要掌握作品抒情表意的手法。诗歌有"赋比兴",小说有"叙事""隐喻""再现""表现"等,这些手法使得作品的意义可能出现的结构,话语出现丰富的意义,但是无论多么复杂,作品都有核心,"形散而神不散",说的就是这个道理。所以虚心静气,凝神聚力,求究本义,是为阅读中应首先具备的一种态度与精神。

能求究本义,"共识共知",追求"知音",当是细读的功夫与境界。细读强调慢读,要看个人的修炼养成。汪曾祺有一篇小说《鉴赏家》,讲两个人交往的故事。

全县第一个大画家是季陶民,第一个鉴赏家是叶三。叶三是个卖果子的,他给别人家送果子是为了挣钱,他给季陶民送果子是为了爱他的画。季陶民从不当众作画,对叶三却例外,他很愿意有这样一个人在旁边看着,他认为叶三真懂,不是假充内行,也不是谄媚。季陶民最讨厌听人谈画。但是他对叶三另眼相看。叶三只是从心里喜欢画,他从不瞎评论。季陶民画完了画,钉在壁上,自己负手远看。有时会问叶三:"好不好?"叶三大都能一句话说出好在何处。季陶民画了一幅紫藤,问叶三。叶三说:"紫藤里有风。""唔!你怎么知道?""花是乱的。""对极了!"季陶民提笔题了两句词:"深院悄无人,风拂紫藤花乱。"季陶民最爱画荷花。有一天,叶三送了一大把莲蓬来,季陶民一高兴,画了一幅墨荷,好些莲蓬。画完了,问叶三:"如何?"叶三说:"四太爷,你这画不对。""不对?""'红花莲子白花藕'。你画的是白荷花,莲蓬却这样大,莲子饱,墨色也深,这是红荷花的莲子。""是吗?我头一回听见!"季陶民于是展开一张八尺生宣,画了一张红莲花,题了一首诗:"红花莲子白花藕,果贩叶三是我师。惭愧画家少见识,为君破例着胭脂。"

02
感知整体

盲人摸象之所以是一个表达贬义的成语,主要原因在于这些盲人只知其一不知其二,只感受到了他们所接触的,不能从整体上看待事物。整体性是客体的基本特性,看问题没有整体观,必然造成对客体的分割。

对于作品的阐释也是如此,如果阐释者紧紧抓住作品中的某一点,或者只是作品当中某一非常不重要的细节去阐释,那阐释就会偏离主题,造成实际所作的阐释与作品关系不大,所得出的结论违背作品的本有之意。人们应从不同的角度切入,考虑作品的整体内容,进而结合阐释者个人的知识素养、时代的审美理想等作出对作品的多种可能的理解。尽管阐释的结果有所不同,但终归都可以看成是对作品的合理性阐释,因此,对作品整体的把握在阐释中显得非常重要。

鲁迅与朱光潜本没有什么直接交往,偏偏在晚年,"好斗"的鲁迅还是给了朱光潜一击。

1936年1月,《海燕》月刊第一期发表了鲁迅《〈题未定〉草(之六)》和《〈题未定〉草(之七)》两篇文章。在《〈题未定〉草(之六)》中,并没有直接针对朱光潜。文章总体上是对"选本家""句读家"不满,鲁迅认为"认真读书的人,一不可倚仗选本,二不可凭信标点"。字里行间,鲁迅对有人过度推崇陶渊明"采菊东篱下,悠然见南山"之判断很不以为然:

"就是诗,除论客所佩服的'悠然见南山'之外,也还有'精卫衔微木,将以填沧海,刑天舞干戚,猛志固常在'之类的'金刚怒目'式,在证明着他并非整天整夜的飘飘然。"

鲁迅的意思是,人是一个复杂的整体,"倘有取舍,即非全人,再加抑扬,更离真实"。这里不仅亮出了鲁迅文艺批评的"人学观"与立场方法,同时已经锋芒暗指朱光潜。

鲁迅集中批评朱光潜的文字体现在《〈题未定〉草(之七)》。该篇文章的基本逻辑是:旗帜鲜明地摆明对于"摘句"的态度,称其"吹嘘附会",很容易迷惑读者。他以朱光潜《说"曲终人不见,江上数峰青"》一文为例,指出其"有以割裂为美的小疵"。接着摘引了朱文的一段文字,对朱光潜推崇的"静穆"的意境进行驳斥。

> 凡论文艺,虚悬了一个"极境",是要陷入"绝境"的,在艺术,会迷惘于土花,在文学,则被拘迫而"摘句"。但"摘句"又大足以因人,所以朱先生就只能取钱起的两句,而踢开他的全篇,又用两句来概括作者的全人,又用这两句来打杀了屈原、阮籍、李白、杜甫等辈,以为"都不免有些像金刚怒目、愤愤不平的样子"。其实是他们四位,都因为垫高朱先生的美学说,做了冤屈的牺牲的。

鲁迅接着细读钱起的《省试湘灵鼓瑟》,指出"曲终人不见,江上数峰青"这两句,"要证成'醇朴'或'静穆',在全篇实在是不宜援引的"。这不过是钱起"圆转活脱"的体现而已。于是,鲁迅写下了对后世批评家影响深远的话语:

> 世间有所谓"就事论事"的方法,现在就诗论诗,或者也可以说是无碍的罢。不过我总以为倘要论文,最好要顾及全篇,并且顾及作者的全人,以及他所处的社会状态,这才较为确凿,要不然,是很容易近乎说梦的。

这是鲁迅直接也是唯一论及朱光潜的文字。再从朱光潜方面来看。朱光潜一直致力于诗学、美学研究与文学教育工作。1935年12月,朱光潜在《中学生杂志》第60号刊登了《说"曲终人不见,江上数峰青"——答夏丏尊先生》的文章。文章中说：

> 前几天接得丏尊先生的信说："近来颇有志于文章鉴赏法。昨与友人谈起'曲终人不见,江上数峰青',这两句大家都觉得好。究竟好在何处？有什么理由可说：苦思一夜,未获解答。"这封信引起我重新思索,觉得在《谈美》里所说的话尚有不圆满处。我始终相信"欣赏一首诗,就是再造一首诗",各人各时各地的经验,学问和心性不同,对于某一首诗所见到的也自然不能一致。这就是说,欣赏大半是主观的,创造的。我现在姑且把我在此时此地所见到的写下来就正于丏尊先生以及一般爱诗者。

《谈美》是朱光潜1932年写的一本美学入门书。他在谈到"创造与想象"时,列举了几首诗词,说明"许多不相关的意象如果在情感上能调协,形成完整的有机体"这样一个道理。就"曲终人不见,江上数峰青"而言,曲终人杳虽然与江上峰青绝不相干,因为都可以传出凄清冷静的情感,所以它们可以调和,单说其中一句,"意味便索然"了。朱光潜说"《谈美》里所说的话尚有不圆满处",是指在《谈美》中并没有真正揭示佳句"好"的秘密所在。他由此做进一步思考以期来说明"美"的普遍规律。文章的主要思想是：

> "玩味一首诗,最要紧的是抓住它的情趣。"

> "艺术的最高境界都不在热烈。就诗人之所以为人而论,他所感到的欢喜和愁苦也许比常人所感到的更加热烈。就诗人之所以为诗人而论,热烈的欢喜或热烈的愁苦经过诗表现出来以后,都好比黄酒经过长久年代的储藏,失去它的辣性,只剩一味醇朴。"

> "这种境界在中国诗里不多见。屈原、阮籍、李白、杜甫都不免有些像金刚怒目,愤愤不平的样子。陶潜浑身是'静穆',所以

他伟大。"

"古希腊人何以把和平静穆看作诗的极境,把诗神阿波罗摆在蔚蓝的山巅,俯瞰众生扰攘,而眉宇间却常如作甜蜜梦,不露一丝被扰动的神色?这里所谓'静穆'(serenity)自然只是一种最高理想,不是在一般诗里所能找得到的。"

按说,诗无达诂,见仁见智,文学论争本来是一件平常的事。鲁迅的批评从表面上看,就是认为朱光潜将"静穆"作为诗歌最高境界甚至是美学规律过于"主观",而为了证明自己观点不惜脱离"全文全人",偏颇附会则更是不负责任的做法。

感知整体,就是对于"全篇""全文""全人"的阅读、感悟与认知。无论是一首小诗,还是一部长篇小说,都是"自足自立"的整体性文本。它的整体性,不仅表现在外在的形式上,也表现在思想情感运动的轨迹上,还表现在每一个词汇、细节的选择与组织上,其每一个组织元素、局部都是整体性的有机构成。从这个意义上说,忽视整体、断章取义是不足取的。

不可否认,一个文本的某个局部、某个句群或者句子、某个细节的处理会成为作品最精彩甚至最经典的部分,它可以独立出来,代表作品的特征、意义与价值。名篇名言、名句语录被广为传颂,在一定程度上,它们是一种新的"文本",具有独立的价值与意义。但是将它们直接作为评判原著的依据甚至作为评价作者的依据却是需要谨慎对待的。鲁迅与朱光潜的论争,其实就是基于在这一点上的认知立场不同。

03
尊重文学

文学阅读历来充满争议。

杜牧有名诗《江南春》："千里莺啼绿映红,水村山郭酒旗风。南朝四百八十寺,多少楼台烟雨中。"这首诗可谓众口皆碑,然而未必人人称好。明代文学家杨慎就提出过批评:"千里莺啼,谁人听得?千里绿映红,谁人见得?若作十里,则莺啼绿红之景,村郭、楼台、僧寺、酒旗皆在其中矣。"杨慎之言似乎言之凿凿,在他看来,诗应当写实求真。就是眼见为是,亲听为真,否则就言过其实,当视为不妥,说白了,那就是虚假的。但杨慎之说是否有道理呢?清代文学家何文焕就曾驳斥过,"即作十里,亦未必尽听得着,看得见"。如此说来,杨慎所谓眼见为是、耳听为真的说法就让人怀疑了。若把杨慎所建议的"十里"再改成"一里""半里"似乎也行不通,因为"四百八十寺"绝不可能散落在"一里""半里"之内。

类似的例子还有不少。苏东坡《惠崇春江晚景二首》诗云:"春江水暖鸭先知",这是名句,但当时就有人说,"鸭先知,鹅不能先知耶?"林和靖有咏梅诗,"疏影横斜水清浅,暗香浮动月黄昏",是千古名句。宋代就有人问苏东坡,这两句写桃、杏亦可,为什么就一定写的是梅花?东坡笑曰:"此写桃杏诚亦可,但恐桃杏不敢当耳!"有人对"红杏枝头春意闹"有意见,说"杏花没有声音,'闹'什么?"也有人说诗歌尽说废话,"满宫明月梨花白",梨花本来就是白的,"说它干什么?"

所以,文学阅读充满趣味,一方面要品读感悟,吟咏推敲,另一方面又不能较真抬杠。诗歌作为一种艺术形式,更侧重以审美的方式关注人的精神和内心世界。诗人可以运用联想、想象、意念甚至超验的心理行为方式去处理他与世界的关系,并常常自觉或不自觉地运用或夸大或缩小或变形或抽象的艺术手法,使他诗中的世界与现实世界常常有相当的距离和差异。倘只用现实世界所谓"真实"的标准要求诗,则是对诗理解的无知与浅薄。

"比海洋大的是天空,比天空大的是心灵",普通人都有这样的体验,作为关注心灵的诗人自然更是如此。诗人关注事物,是伴随情感运动的,会改变物理学意义上的光学与声学作用的效果。"情人眼里出西施",便体现了人人共知的心理常识。在情感作用下,事物的精确性会降低甚至会被改变。杜牧诗中的"千里",是确指还是不确指很难说清楚。

这里就提出文学阅读应该持有文学立场的问题。

即使是一首"仿真"诗或"摹写"诗,其好坏评判标准最终是依据其是否以独特的形式给人以精神的、情感的力量。作为读者或批评家,可以各有所爱,各有所好,但如果无视诗歌的基本规律,只是偏执一端,则是诗的不幸。倘按杨慎之见,则天下无诗矣。"感时花溅泪,恨别鸟惊心",不可理喻,就连"两只黄鹂鸣翠柳,一行白鹭上青天"这样信手拈来的诗句也大可挑剔。其实,"虚"是诗歌的一种特有品质。其一,诗是一种精神性的东西,不能完全用现实原则来衡定。对现实的"实"而言,它是"虚"的。其二,诗用"虚"的方式去表现事物,绝不是机械的临摹或复制,这是诗歌使人联想、想象、回味的秘密所在。

当然,这并不意味着诗可以胡言妄说,恣肆无凭。诗同现实生活是有关系的,杨慎是文学家,不会不懂诗,发此刺言也许是因为当时文坛"虚""假"之风甚盛,他的挑剔也许是在警示文坛。

文学文本的确具有多重价值功能——认知价值、教育价值与审美价值。《诗经》作为文学作品,被推到"经"的地位,杜甫的诗歌被推到"史"的地位,《红楼梦》被推到"百科全书"的地位,文学被作为"非文学"的研究对象,使文学具有潜在的丰富的文化价值与意义。

阅读的过程会伴随着读者的不同个性而呈现不同的取向与诉求,但是文学作品究其本质还是文学,不能被直接作为"经""史"等其他文本形式来看待。各个学科都有不同的特定研究对象、理论和方法,可以相互影响、彼此渗透,但其研究理论和方法并不具有普适性,跨学科运用时,需要依据特定的研究对象进行相应的变通和调适。而强制阐释通过对概念的堆砌搬弄、理论的生吞活剥,直接从其他学科截取和征用现成理论,脱离文本和文学本身,消解文学指征,对文本作非文学的阐释,无法给出具有文学价值的理论探讨。

红学大师俞平伯逝世前对自己毕生研究的《红楼梦》只说了一句,"《红楼梦》说到天边,还不是一部小说?",这是对《红楼梦》研究中某些消解文学指征、缺乏文学价值的强制阐释行为的拒绝。强制阐释挪用、转用或借用种种文学场外的理论如传统人文科学特别是哲学、政治、社会、文化理论以及自然科学领域的理论和方法对文学作品进行阐释,生搬硬套,盲目移植,使阐释背离了文学的特质。强制阐释运用话语置换、硬性镶嵌、词语贴附以及溯及既往这四种策略,把非文学的理论转化成文学的理论对文本进行阐释。这样的做法,或将文本的原生话语锁定于场外理论的话语框架之内,或打碎分割文本,镶嵌到场外理论的模式之中,或将场外术语注入文本,使作品获取疏离文本的意义,或以后生场外理论来检视前生的历史文本,并不能恰当地解释文本,对文学、对理论,有百害而无一利,不具备任何文学意义或价值。

什么是"文学",或者说什么是"文学性",这本身的确是一个复杂的问题。关于文学本体论的定义,即有人认为文学语言的参照物不是历史的真实,而是幻想中的人和事。这种定义其实也是很不严谨的。日常言语、语言学和哲学文本、说教性寓言和戏剧里也有虚构成分;而文学作品确实经常把历史真实和心理真实推上舞台。应该说,文学不是对非虚构性"严肃"语言行为的虚构性模仿,而是一种特殊的语言行为,例如叙事性的语言行为、描述性的语言行为或抒情式的语言行为等。

文学阅读与细读首先应尊重文学规律,从审美性出发往外延伸,不能简单理解甚至将它等同于思想教育、道德教育、知识教育等。

文学形式美启发我们观察、欣赏世界与社会的态度与方法,陶冶人们的性情。人是通过感觉器官来与外界建立审美关系的,比如用耳朵来感受音乐,用眼睛来欣赏画卷。因此,外物必须首先匹配我们的感觉器官,然后才能被我们接受,从而引起心理的愉悦,产生美感,平时所言的"悦目赏心""悦耳动听"即是如此。在这方面,文学作品具有得天独厚的优势。如先秦诗歌规整的短句、鲜明的节奏,读来朗朗上口;汉代大赋辞藻华丽、场面铺排,形成一种宏大的气势压倒读者;唐诗、宋词、元曲更是以其独特的音韵风骚独领千秋历代。新诗虽无固定的押韵格式,但韵脚灵活富于变化,呈现出一种流动的美,如徐志摩的《再别康桥》像小溪流水般婉转而流畅,不知令多少读者倾倒。诗的押韵、节奏,音调的高低、轻重、长短、停顿和间歇,使诗句呈现出抑扬顿挫的音乐美,被人们所欣赏和喜爱。柏拉图在评价音乐教育时说:"节奏与乐调以最强烈的力量浸入人心灵的最深处……(我们)很快乐的把它们吸收到心灵里,作为滋养,因此自己的性格也变得高尚优美。"因此,文学作品的外在美,吸引我们通过反复的诵读去体会和领略文学艺术的魅力,使我们获得一种音乐欣赏般的感官刺激,这种生理的兴奋和快感,转移到心理即成为恬适和愉悦,古人亦称此为"感物斯应"。这种长时间的欣赏和领会,让我们在知其意或不知其意之时,即让美充溢于胸怀,明朗了心志,净化了心灵,提高了情趣,陶冶了情操,从而潜移默化地改变着我们的精神面貌,使我们不知不觉提高了做人的品位和修养。美学家席勒曾说:"对待现实不关心,并对外观发生兴趣,这是人性的真正扩大,并且是走向有教养的一个决定性的步骤。"可见,文学的外在美对人类性情的滋养具有积极作用。

  文学形象对自我形象的认识和塑造具有涵泳的作用。在文学欣赏中,面对一个个生动的、特别的文学形象时,读者都会自觉或不自觉地进行学习模仿。这是一种较明显也是层次较浅的塑造自我的方法。除此以外,我们还可以在审美的最高层次,通过反观自我来达到对自身的认识和重塑,这就需要认识到文学的个别性。如《红楼梦》中的林黛玉、《水浒传》里的李逵、《西游记》中的孙悟空、《三国演义》中的诸葛亮,都是独具个性、与众不同的形象。这些形象,就其优点而言,个个形态生动、感情丰富,能够打动我们的心灵,引起情感的共鸣;就其缺点来说,则受到了个别性的局限,超脱不了时间、空间的限制。更超脱不了作品所构筑的环境的限制。试想林黛玉的谨小慎微、多愁善感在大观园中是美的、脱俗的,令我们欣赏动容。如果把林黛玉从大观园里"拽"出来,放在现实生活中妻子或母亲的位置上,那么她就会变成鼠肚鸡肠、疑神疑鬼的一个角色,这时她的存在也失去了意义。这种超越时空的思考与反观,会让我们学会对人物性格的全面评价,对人物命运的客观认识,在品评文学形象的同时对自身的性格进行重新认识和重新塑造。因此,在欣赏文学形象时,我们要学会感受和关注文学形象的个别性,观照和沉思生活现实的普遍性。在这个过程中,我们通过比较、思考、琢磨、品味,加深和丰富了对人性、人生、社会的认识,这是一种极大的进步,正如席勒所言:"人性失去了它的尊严,但是艺术拯救了它。"此时,文学作品犹如一位无形的雕塑大师,将我们雕刻得尽可能完美。对人物形象的关注如此,对自然形象的关注也是如此。如李白的《渡荆门送别》有"山随平野尽,江入大荒流"一句,句中普通的青山、绿水和原野,大家看惯了,不以为意,但诗人却以自己独特的想象和感情色彩,把它们联系起来,让它们变得不平凡,变得意味深长。这些自然形象,不仅深深印在读者的心灵上,而且不知不觉间唤起每个人内心深处对自然、人生甚至苍茫宇宙的某种感怀。这种直观个别、却神游九天的遐思遐想实际上使我们的认识从个别的表象深入普遍性的真理。在此,感悟人生,人的情怀释然;顿悟空灵,人的精神豁然。这样使我们的心理气质、精神面貌发生了跃进,美育就成功了。

"夫缀文者情动而辞发,观文者披文以入情。"由于文学作品丰富的情感内涵满足了我们的兴趣和乐趣,容易使我们心醉神驰,将整个心灵灌注到作品中去,与文学形象相契合、相拥抱,从而达到"神与物游"的境界。主体的感情和客体的对象融二为一,以假当真,物我两忘。此时,我们如能从这种浸润中解脱出来,转移到旷达和赏玩中,即能获得人性的升华。例如,在欣赏话剧《白毛女》时,有许多人会为主人公喜儿落泪伤感,会对黄世仁切齿痛恨,甚至有人拔枪要将黄世仁的扮演者打死。其实这种"喜"和"忧"对我们的人生起不到锤炼作用,所以,我们要摆脱剧中狭隘的功利观,把自己提升到作者所要表现的更伟大的美丑善恶的高度之上。要"入乎其内",又要"出乎其外",即从作品中跳出来,以一种轻松愉悦的心境去欣赏作品,要用客观的、冷静的眼光去审视衡量剧中的人和事。只有这样我们才能获得理性的思考,获得更多的感悟和提高。欣赏时,"入乎其内"使我们沿着作品所设定的心灵与道德的轨道向前走去,全面地提高我们的道德修养;思考时"出乎其外"又让我们从作品中的名缰利锁中解放出来,以一种超然物外的旷达心境和赏玩态度去面对,无功利之心,长此以往,就能不断锤炼心灵,提升人性,即使遭遇千山万水,都能泰然处之。柏拉图认为:"整个心灵的和谐就是德行。"这种"寓教于乐",真正起到了文学作品娱人又育人的作用,是我们在美育中对文学作品美育功能最大的开掘。

04
细辨"人""文"

作品与作者的关系也需要细辨。

《论语》就提出"有德者必有言"。扬雄《法言·问神篇》说:"故言,心声也;书,心画也。声画形,君子小人见矣。"认为从作品中能看出一个人是君子还是小人。白居易《读张籍古乐府》云:"言者志之苗,行者文之根。所以读君诗,亦知君为人。"也在论及文品与人品的关系。

所以,文如其人,一直是历史久远、影响深远的观念,德艺双馨也是优秀文艺家的优良传统。陆游与毛泽东,都做过一首词《卜算子·咏梅》。

驿外断桥边,寂寞开无主。已是黄昏独自愁,更著风和雨。
无意苦争春,一任群芳妒。零落成泥碾作尘,只有香如故。

(陆游《卜算子·咏梅》)

风雨送春归,飞雪迎春到。已是悬崖百丈冰,犹有花枝俏。
俏也不争春,只把春来报。待到山花烂漫时,她在丛中笑。

(毛泽东《卜算子·咏梅》)

综观陆游全词,词人以物喻人,托物言志,巧借饱受摧残、花粉犹香的梅花,比喻自己虽终生坎坷,绝不落俗的忠贞,这也正像他在一首咏梅诗中所写,"过时自合飘零去,耻向东君更乞怜"。陆游以他饱满的爱国热情,谱写了一曲曲爱国诗篇,激励着一代又一代人,真可谓"双鬓多年作雪,寸心至死如丹"。

毛泽东这首词上阕描写梅花傲寒开放的美好身姿,表现梅花不畏严寒、开放在坚冰悬崖的特点,下阕则揭示其精神品格,由外而内呈现了梅花不畏严寒的动人景象。全词以梅言志,表达了一个共产党人的革命乐观主义精神和战胜一切困难的决心和信心。

两首词真实反映了个人理想、气质、境界等个性差异,传达了不同的时代信息及个人际遇,可谓"文如其人"的明证。

但是,同样有很多事实证明,"文如其人"的理论未必通用,大奸能为大忠之语。大奸严嵩窃弄权柄,构结祸乱,动摇宗祐,屠害忠良,心迹俱恶,终身阴贼。可他居然在《生日》诗中写"晚节冰霜恒自保"。再看这样一首诗:"卧听钟声报夜深,海天残梦杳难寻。舵楼欹侧风正恶,灯塔微茫月半阴。良友渐随千劫逝,神州又见百年沉。凄然不作零丁叹,检点平生未尽心。"如果不点明,你很难想到它是大汉奸汪精卫写的。

清人笔记《啸亭续录》卷三记有王西庄事。此人工于心计,科场得意,为人极贪婪。人知其"所著书多慷慨激昂语,盖自掩贪陋也"。于是有人问他:"先生学问富有,而乃贪吝不已,不畏后世之名节乎?"他得意地答道:"贪鄙不过一时之嘲,学问乃千古之业。余自信文名可以传世。至百年后,口碑已没,而著作常存,吾之道德文章犹自在也。"把作者的心理活动暴露得一清二楚,他的贪吝之言也恰道出了历史的常情实况。

故"文如其人"有同一性的一面,也有"文不如其人"的非同一性的一面。"文""人"之间更存在复杂的关系。如果不能具体分析,认真细辨,可能有害无益。

在京剧《尤三姐》中,尤三姐生性孤傲,有巾帼豪杰之慨,她在一次堂会上看上了在《林冲夜奔》中扮演林冲的柳湘莲,"回首西山日又斜,天涯孤客真难度。""投宿休将他门户敲,遥瞻残月,暗度重关,奔走荒郊。"念着凄凉悲怆的台词,一身短打,一朴刀,一酒壶,林冲精悍地登台亮相,飘零无寄而有侠肝义胆的尤三姐为之神牵魂绕。她于是视柳湘莲为多情英雄,立誓非他不嫁。谁知柳湘莲,白铁大刀,中看不中用,他开始一口应允与尤三姐的婚事,送鸳鸯剑作聘礼,后来听到一些流言蜚语,胆怯怕事,便要退婚。其冒失懦弱,反复无常,哪里有英雄的影子?所以当他向尤三姐索还宝剑时,刚烈的三姐便用这鸳鸯剑自刎了。尤三姐混淆了戏中的英雄和扮演英雄的人,混淆了戏和生活,舞台上演英雄,舞台下不见得是英雄,尤三姐竟没有明白这道理,自己上演了一出真实的悲剧。

一般情况下,"文如其人"适用以下三种情况。第一种是文学家希望表现自己的本来面目,使作品与自己的内心相一致。第二种是作品确实反映了作者的内心与为人。第三种是作品如实地再现了作家所欲表达的意图与目的。应该说,优秀的文学作品,都具有"修辞立其诚"的特点,表达了对于真善美的追求,都具有较高的文字水平与表现力。这些魅力与价值,如果不是作者本人一定程度上的特意为之,一般是做不到的。即便如此，读者也更愿意相信，这些美好的文字应该出自德才俱佳的艺术家之手。如叶燮《原诗·外篇》所言："故诗以人见，人又以诗见。使其人其心不然，勉强造作而为欺人欺世之语，能欺一人一时，决不能欺天下后世。"

需要谨慎对待的是，"文如其人"，不能简单通过"文"来对作者进行简单的道德化评价。写闺房之事的，未必一定是好色喜淫之徒；写人性缺陷的，未必一定是心理阴暗之人；抒写志高行远的，未必一定是道德高尚者。那么为什么大奸能有大忠之语，人格卑下的人反能写出高清千古的文章呢？一是因为人是丰富复杂的，人的情感世界更是千变万化的。人的生活会发生变化，人的情感也会随之发生变化，得意时与失意时的情绪状态不可同日而语。二是因为才性可合亦可离。德才兼备者有之，有才无德者有之。人的本性中既有见孺子入井援之以手的善，亦有从他人的悲剧中获得自恃和平衡的恶。即便是同一个人的善和恶，也会此时相合彼时相离，这是由人类共同的文化基础决定的。人类的、民族的共同文化基础、文化滋养，内化为人的先验的心理情感和体认的共有价值，所以真正的恶人在公众场合，也要披上善的外衣。大恶如严嵩之诗，小恶如王西庄之文，当以此解。三是因为人格的分裂。人格有多种表现形式，比如两面三刀、首鼠两端，还有像贪鄙愚钝、投机钻营、处处讨巧，等等。四是因为才有其独立性，有其独立价值。无论好人坏人，我们都可以用同一个标准去衡量，即有才无才。好人有才是锦上添花，坏人有才是如虎添翼。有才方能写胸怀，有才亦能造胸怀；有才方能写活凶犯娼妓，有才方能妙造英雄豪杰。因此，你不得不说柳湘莲有演艺之才，潘安仁有文章之才，严嵩有伪善之才。

做人与为文既可以合二为一，又可以一分为二。做人靠的是良知善心，为文靠的是知识才能。做人是内圣之学，为文是事功之学。从做人的角度看，为文是做人的一个方面，所以二者应当并且可以统一，于是"有德者必有言"；从为文的角度看，为文是一种艺术，只是一种才能的显示，与做人无关,所以"有言者不必有德"。

当下,语言学理论、叙事学理论、心理分析理论等,进一步揭示了文学作品是一种自我表达、交流方式、文化实践行为,与创作者之间存在内在而复杂的关系,突破了"文""人"之间简单对应的"如"或者"不如"的认识方式,更倾向于揭示作品是如何生成的,或者作品隐含着怎样丰富复杂的心灵活动与精神信息。

譬如小说,属于叙事文学,是一种特定的声音用特定的方式讲故事或者叙事。这个特定的声音未必指向作者日常的真实状态,它可能或真或假,或者借托他人的身份,或者将自己"伪装",甚至是"反自我"的。这不是"自我"本身出了问题,而是特定语境下一种话语策略,如《红楼梦》"假作真时真亦假",如鲁迅小说中的"我",如老舍小说《月牙儿》等。对小说的分析,如果简单与作者联系,就是对作品简单粗糙的阅读处理。再如文学中呈现的歌颂、批判、讽刺等叙事情感倾向、价值判断等立场,则未必一定是作者本人品质与态度的真实体现。如鲁迅的作品,多批判讽刺语气,非简单与现实不和、内心失望愤懑,而是"爱之愈深恨之愈切","哀其不幸怒其不争"。

很多自传体作品,即便建立叙事立场,也未必是作者本人的写真。心理分析理论进一步揭示了作品与作家"潜意识"之间、"集体无意识"之间的复杂关系。如《简·爱》就是作家带有自传性的作品,"幻想"与"压抑"的紧张关系,使得作品充满对于浪漫爱情的热情甚至狂热,"阁楼上的疯女人"则体现了潜意识对于现实的恐惧与不安。郁达夫的《沉沦》,即便带有自我表现与"自传性",但并非是以自我"不道德"而欲惊世骇俗,亦并非是作者自我现实写真,而是出于对多重压抑与压迫的宣泄与反叛。

所以细辨"人""文",主张要针对具体作品实际,作具体细致的分析。既不能执其一端,也不能简单判断,而是要真正细读、细悟、细辨。

思考与练习

一、查阅资料,列举几个文学论争的公案,叙述其过程,并对其论争进行评价。

二、举例说明什么是"过度阐释",并分析其原因与实质。

三、思考"作者"与"作品"之间的内在关系。